柳诒徵文选

柳诒徵 著

泰山出版社·济南·

图书在版编目（CIP）数据

柳诒徵文选 / 柳诒徵著. -- 济南：泰山出版社，
2025.6. --（中国近现代思想文库）. -- ISBN 978-7
-5519-0919-8

Ⅰ.C52

中国国家版本馆CIP数据核字第20258TK939号

LIUYIZHENG WENXUAN

柳诒徵文选

责任编辑	徐甲第
装帧设计	路渊源

出版发行	泰山出版社
社　　址	济南市泺源大街2号　邮编 250014
电　　话	综 合 部（0531）82023579　82022566
	出版业务部（0531）82025510　82020455
网　　址	www.tscbs.com
电子信箱	tscbs@sohu.com
印　　刷	山东通达印刷有限公司
成品尺寸	165 mm×240 mm　16开
印　　张	19.25
字　　数	254千字
版　　次	2025年6月第1版
印　　次	2025年6月第1次印刷
标准书号	ISBN 978-7-5519-0919-8
定　　价	49.00元

凡　例

一、本书收录了作者的经典文章或片段节选，主要展现了作者的学术造诣、思想追求和情感操守，以及当时的时代风貌等。

二、将所选文章改为简体横排，以符合现代阅读习惯。原文存在标点不明、段落不分、标题缺失等不便于阅读之处，编者酌情予以调整。

三、所选文章尽量依照原作，保持原作风格及其时代韵味，同时根据需要，对原文进行了适当的删减和订正。

四、对有些当时惯用的文字，如"的""地""得""作""做""哪""那""化钱""记帐"等，仍多遵照旧用。

目 录

《中国文化史》弁言　/001
《中国文化史》绪论　/004
国史要义十篇　/012
　史原第一　/012
　史权第二　/033
　史统第三　/070
　史联第四　/090
　史德第五　/109
　史识第六　/138
　史义第七　/166
　史例第八　/205
　史术第九　/241
　史化第十　/271

《中国文化史》弁言

往忝学校讲席，草创文化史稿，管窥蠡测，无当万一，未敢以问世也。吴君雨僧猥附之学衡社友论撰，缪赞虞、张晓峰诸子设钟山书局，复因中华纸版印布千部，蜀中又有线装本及缩印本，转相流布。复视之，恒自愧汗，不足语于述作。既病懒，复牵迫他务，不克充其意增削之，良惧传播之误学者。顾是稿刊布后，梁新会有纵断之作，才成一二目，未竟其绪。王君云五复鸠各作家分辑专史，所辑亦未赅备，且分帙猥多，只可供学者参考，不便于学年学程之讲习。又凡陈一事，率与他事有连，专治一目者，必旁及相关之政俗，苟尽芟重复，又无以明其联系之因果，此纵断之病也。他坊肆有译籍及规仿为之者，率不餍众望。荏苒迄今，言吾中国文化，盖尚未有比较丰约适当之学校用书。吴君士选乃为正中书局订约复印是稿，且属再为弁言。嗟乎！此复酱瓿之本，阅廿年无进境，尚安足言！无已，姑仍其管蠡言之。

史非文学，非科学，自有其封域。古之学者治六艺，皆治史耳。故汉志有六艺，不专立史目。刘宋以史俪文、儒、玄三学，似张史学，而乙部益以滋大。顾儒学即史学，而玄又出于史，似四学之并立未谛。近世学校史隶文科，业此而隽其曹者称文学博士，名实诡矣。西国史籍之萌芽，多出文人，故以隶文科，与吾国邃古以来史为政宗异趣。近人欲属之科学，而人文与自然径庭，政治、经济、社会诸学皆产于史，子母不可偶，故吾尝妄谓今之大学宜独立史学院，使学者了然于史之封域非文学、非科学，且创为斯院者，宜莫吾国若。三二纪前，吾史之丰且函有亚洲各国史实，固俨有世界史之性。丽、鲜、越、倭所为国史，皆师吾法。夫以数千年丰备

001

之史为之干，益以近世各国新兴之学拓其封，则独立史学院之自吾倡，不患其异于他国也。

吾国圣哲遗训曰：立天之道曰阴与阳，立地之道曰柔与刚，立人之道曰仁与义。持仁义以为人，爰以参两天地，实即以天地之道立人极，故曰天地之道，博也，厚也，高也，明也，悠也，久也。博厚配地，高明配天，悠久无疆。又曰：惟天下之至诚，为能尽其性；能尽其性，然后能尽人之性；能尽人之性，然后能尽物之性；能尽物之性，则可以赞天地之化育；可以赞天地之化育，则可以与天地参矣。人之性根于天地，汩之则日小，而人道以亡；尽之则无疆，而人道以大。本之天地者，极之参天地，岂惟是营扰于物欲，遂足为人乎！故古之大学明示正鹄，曰明明德，曰新民，曰止于至善。立学校，非以为人之资历，为人之器械也。又申之曰：古之欲明明德于天下者，先治其国，欲治其国者，先齐其家；欲齐其家者，先修其身；欲修其身者，先正其心；欲正其心者，先诚其意；欲诚其意者，先致其知；致知在格物。又曰：自天子以至于庶人，壹是皆以修身为本。庶人修其身，不愧天子；天子不修其身，不足侪庶人。此是若何平等精神！而其大欲在明明德于天下，非曰张霸权于世界，攫政柄于域中也。彝训炳然，百世奉习，官礼之兴以此，文教之昌以此。约之为史，于是迁、固之学为儒之别子史之祖构者，亦即以此。迁之言曰："夫学者载籍极博，犹考信于六艺。"又曰："究天人之际，通古今之变，成一家之言。"固之言曰："修六艺之术，观九家之言，舍短取长，可以通万方之略矣。"又曰："凡《汉书》叙帝皇，列官司，建侯王。准天地，统阴阳，阐元极，步三光。分州域，物土疆，穷人理，该万方。纬《六经》，缀道纲，总百氏，赞篇章。函雅故，通古今，正文字，惟学林。"呜呼！吾圣哲之心量之广大，福吾族姓，抚有土宇，推暨边裔，函育万有，非史家之心量能翕受其遗产，恶足以知尽性之极功。彼第知研悦文藻，标举语录，钻索名物者，盖得其偏而未睹其全。而后史之阙冗，又缘政术日替，各族阑入，虽席圣哲之余绪，而本实先拨。顾犹因其服习之久，绵绵然若存若亡，而国史、方志、文儒之传记，得托先业而增拓其封畛焉。吾之谫劣，固不足以语史，第尝妄谓学者必先大其心量以治吾史，进而求圣哲、立人极、参天地者何在，是为认识中国文化之正轨。徒姝姝暖暖于一先生之言，扣槃扪籥，削足适履，则所谓不赅不备一曲之士耳。

虽然，世运日新，吾国亦迈进未已，后此之视吾往史，殆不过世界史中之一部域，一阶程，吾人正不容以往史自囿。然立人之道，参天地，尽物性，必有其宗主，而后博厚高明可推暨于无疆。故吾往史之宗主，虽在此广宇长宙中，若仅仅占有东亚之一方，数千祀之短晷，要其磊磊轩天地者，固积若干圣哲贤智创垂赓续以迄今兹，吾人继往开来，所宜择精语详，以诏来学，以贡世界，此治中国文化史者之责任。而吾此稿之择焉不精语焉不详之不足副吾悬想，即吾所为复视而愧汗者也。迁《史》曰："述往事，思来者。"吾岂甘为前哲之奴，正私挟其无穷之望，以企方来之宗主耳！

《中国文化史》绪论

历史之学，最重因果。人事不能有因而无果，亦不能有果而无因。治历史者，职在综合人类过去时代复杂之事实，推求其因果而为之解析，以昭示来兹，舍此无所谓史学也。人类之动作，有共同之轨辙，亦有特殊之蜕变。欲知其共同之轨辙，当合世界各国家、各种族之历史，以观其通；欲知其特殊之蜕变，当专求一国家、一民族或多数民族组成一国之历史，以觇其异。今之所述，限于中国。凡所标举，函有二义：一以求人类演进之通则，一以明吾民独造之真际。盖晚清以来，积腐襮著，综他人所诟病，与吾国人自省其阙失，几若无文化可言。欧战既辍，人心惶扰，远西学者，时或想象东方之文化，国人亦颇思反而自求。然证以最近之纷乱，吾国必有持久不敝者存，又若无以共信。实则凭短期之观察，遽以概全部之历史，客感所淆，矜馁皆失。欲知中国历史之真相及其文化之得失，首宜虚心探索，勿遽为之判断，此吾所渴望于同志者也。

吾书凡分三编：第一编，自邃古以迄两汉，是为吾国民族本其创造之力，由部落而建设国家，构成独立之文化之时期；第二编，自东汉以迄明季，是为印度文化输入吾国，与吾国固有文化由抵悟而融合之时期；第三编，自明季迄今日，是为中印两种文化均已就衰，而远西之学术、思想、宗教、政法以次输入，相激相荡而卒相合之时期。此三期者，初无截然划分之界限，特就其蝉联蜕化之际，略分畛畔，以便寻绎。实则吾民族创造之文化，富于弹性，自古迄今，缅缅相属，虽间有盛衰之判，固未尝有中绝之时。苟从多方诊察，自知其于此见为堕落者，于彼仍见其进行。第二、三期吸收印欧之文化，初非尽弃所有，且有相得益彰者焉。

《中国文化史》绪论

中国文化为何？中国文化何在？中国文化异于印、欧者何在？此学者所首应致疑者也。吾书即为答此疑问而作。其详具于本文，未可以一言罄。然有一语须先为学者告者，即吾中国具有特殊之性质，求之世界无其伦比也。夫世界任何国家之构成，要皆各有其特殊之处，否则万国雷同，何必特标之为某国某国？然他国之特殊之处，有由强盛而崩裂者，有由弱小而积合者，有由复杂而涣散者，事例綦多。而求之吾民族、吾国家，乃适相反。此吾民所最宜悬以相较，藉觇文化之因果者也。

就今日中国言之，其第一特殊之现象，即幅员之广袤，世罕其匹也。世界大国，固有总计其所统辖之面积广大于中国者，然若英之合五洲属地，华离庞杂号称大国者，固与中国之整齐联属，纯然为一片土地者不同。即以美洲之合众国较之中国，其形势亦复不侔。合众国之东西道里已逊于我，其南北之距离则尤不逮。南北距离既远，气候因以迥殊。其温度，自华氏表平均七十九度以至三十六度，相差至四十余度。其栖息于此同一主权之下之土地上之民族，一切性质习惯，自亦因之大相悬绝。然试合黑龙江北境之人与广东南境之人于一堂，而叩其国籍，固皆自承为中国之人而无所歧视也。且此等广袤国境，固由汉、唐、元、明、清累朝开拓以致此盛。然自《尧典》《禹贡》以来，其所称领有之境域，已不减于今之半数。

> 《书·尧典》："分命羲仲，宅嵎夷，曰旸谷。""申命羲叔，宅南交。""分命和仲，宅西，曰昧谷。""申命和叔，宅朔方，曰幽都。"
>
> 《禹贡》："东渐于海，西被于流沙，朔南暨声教，讫于四海。"

圣哲立言，恒以国与天下对举。

005

《老子》:"以正治国,以奇用兵,以无事取天下。""大国者下流,天下之交。"

《大学》:"古之欲明明德于天下者,先治其国。""国治而后天下平。"

此虽夸大之词,要必自来所见,恢廓无伦,故以思力所及,名曰"天下"。由是数千年来,治权时合时分,而国土之增辟初无或间,今之拥有广土,皆席前人之成劳。试问前人所以开拓此天下,抟结此天下者,果何术乎?

第二,则种族之复杂,至可惊异也。今之中国,号称五族共和,其实尚有苗、瑶、僮诸种,不止五族。其族之最大者,世称汉族。稽之史策,其血统之混杂,决非一单纯种族。数千年来,其所吸收同化之异族,无虑百数。春秋战国时所谓蛮、夷、戎、狄者无论矣,秦、汉以降,若匈奴,若鲜卑,若羌,若奚,若胡,若突厥,若沙陀,若契丹,若女真,若蒙古,若靺鞨,若高丽,若渤海,若安南,时时有同化于汉族,易其姓名,习其文教,通其婚媾者。外此如月氏、安息、天竺、回纥、唐兀、康里、阿速、钦察、雍古、弗林诸国之人,自汉、魏以至元、明,逐渐混入汉族者,复不知凡几。

《汉书》:"金日䃅,字翁叔,本匈奴休屠王太子也。"

《晋书》:"卜珝,字子玉,匈奴后部人也。""段匹䃅,东郡鲜卑人也。""乔智明,字符达,鲜卑前部人也。"

《通志·氏族略》:"党氏本出西羌。"

《唐书》:"王世充,字行满,本姓支,西域胡人也。""李怀仙,柳城胡人也。""哥舒翰,突骑施首领哥舒部落之裔也。""代北李氏,本沙陀部落。""王武俊,契丹怒皆部落也。""李光弼,营州柳城人,其先契丹之首长。""李怀光,勃海靺鞨人也。""高仙芝,本高丽人。""王毛仲,本高丽人。""高崇文,其先渤海人。""姜公辅,安南人。""史宪诚,其先出于奚虏。""李宝臣,范阳城旁奚族也。"

《通志》:"支氏,其先月支胡人也。""安氏,安息王子入侍,遂为汉人。""竺氏,本天竺胡人。"

《元史》:"昔班,畏吾人。""余阙,唐兀人。""斡罗思,康里氏。""杭忽思,阿速人。""完者都,钦察人。""马祖常,世为雍古部。""爱薛,西域弗林人。"(此类甚多,姑举以示例。)

《日知录》卷二十三:"《章邱志》言:洪武初,翰林编修吴沈奉旨撰《千家姓》,得姓一千九百六十八,而此邑如'术'、如'伛',尚未之录。今访之术姓,有三四百丁,自云金丞相术虎高琪之后。盖二字改为一字者。而撰姓之时,尚未登于黄册也。以此知单姓之改,并在明初以后。而今代山东氏族,其出于金、元之裔者多矣。""永乐元年九月庚子,上谓兵部尚书刘儁曰:'各卫鞑靼人多同名,宜赐姓以别之。于是兵部请如洪武中故事,编置勘合,赐给姓氏。'从之,三年七月,赐把都帖木儿名吴允诚,伦都儿灰名柴秉诚,保住名杨效诚,自此遂以为例。"

凡汉族之大姓,若王、若李、若刘者,其得氏之始,虽恒自附于中国帝王,实则多有异族之改姓。其异族之姓,如金、如安、如康、如支、如竺、如元、如源、如冒者,在今日视之,固亦俨然汉族,与姬、姜、子、姒若同一血统矣。甄克思有言:"广进异种者,其社会将日即于盛强。"

《社会通诠》（甄克思）："世界历史所必不可诬之事实，必严种界，使常清而不杂者，其种将日弱而驯致于不足以自存。广进异种者，其社会将日即于盛强，而种界因之日泯。此其理自草木禽兽以至文明之民，在在可征之实例。孰得孰失，非难见也。……希腊邑社之制，即以严种界而衰灭，罗马肇立，亦以严种界而几沦亡。横览五洲之民，其气脉繁杂者强，英、法、德、美之民，皆杂种也。其血胤单简者弱，东方诸部，皆真种人矣。"

顾欧陆诸国，虽多混合之族，而其人至今犹严种界，斯拉夫、条顿、日耳曼之界，若鸿沟然。而求之吾国，则"非族异心"之语，"岛夷索虏"之争，固亦时着于史，如：

《左传》成公四年："史佚之《志》有之曰：非我族类，其心必异。"

《通鉴》卷六十九："宋魏以降，南北分治。南谓北为索虏，北谓南为岛夷。"

而异族之强悍者，久之多同化于汉族，汉族亦遂泯然与之相忘。试问吾国所以容纳此诸族，沟通此诸族者，果何道乎？

第三，则年祀之久远，相承勿替也。世界开化最早之国，曰巴比伦，曰埃及，曰印度，曰中国。比而观之，中国独寿。

《西洋上古史》（浮田和民）："迦勒底王国，始于公元前四千年以前，至一千三百年而亡。亚述兴于公元前一千三百年，至六百零六年而亡。巴比伦兴于公元前六百二十五年，至五百三十八年，为波斯所灭。……埃及旧帝国兴于公元前四千年，中帝国当公元前二千一百年，新帝国当公元前一千七百年,至五百二十七年,为波斯所灭。"

《印度五十年史》(高桑驹吉):"印度吠陀时代,始于公元前二千年,公元后七百十四年,为回教徒所征服。"

中国历年之久,姑不问纬书荒诞之说。

《春秋元命苞》:"天地开辟,至春秋获麟之岁,凡二百七十六万岁。"

即以今日所传书籍之确有可稽者言之,据《书经·尧典》,则应托始于公元前二千四百年;据龟甲古文,则作于公元前一千二百年;据《诗经》,则作于公元前一千一百年,至共和纪元以后,则逐年事实,皆有可考,是在公元前八百四十一年。汉、唐而降,虽常有异族入主之时,然以今日五族共和言之,则女真、蒙古、满洲诸族,皆吾中国之人。是即三四千年之间,主权有转移,而国家初未亡灭也。并世诸国,若法、若英、若俄,大抵兴于梁、唐以后,即日本号称万世一系,然彼国隋唐以前之历史,大都出于臆造,不足征信。则合过去之国家与新兴之国家而较之,未有若吾国之多历年所者也。试问吾国所以开化甚早、历久犹存者,果何故乎?

答此问题,惟有求之于史策。吾国史籍之富,亦为世所未有。今日所传之正史,共计三千五百四十三卷:《史记》一百三十卷,西汉司马迁撰。《汉书》一百二十卷,东汉班固撰。《后汉书》一百二十卷,宋范晔撰。《三国志》六十五卷,晋陈寿撰。《晋书》一百三十卷,唐房玄龄等撰。《宋书》一百卷,梁沈约撰。《南齐书》五十九卷,梁萧子显撰。《梁书》五十六卷,唐姚思廉撰。《陈书》三十六卷,唐姚思廉撰。《魏书》一百三十卷,北齐魏收撰。《北齐书》五十卷,唐李百药撰。《周书》五十卷,唐令狐德棻等撰。《隋书》八十五卷，唐魏徵等撰。《南史》八十卷，唐李延寿撰。《北史》一百卷，唐李延寿撰。《旧唐书》二百卷，晋刘昫等撰。《新唐书》二百五十五卷，宋欧阳修、宋祁撰。《旧五代史》一百五十二卷，宋薛居正等撰。《新五代史》七十五卷，宋欧阳修撰。《宋史》四百九十六卷，元脱脱等撰。《辽史》一百十六卷，元脱脱等撰。《金史》一百三十五卷，元脱脱等撰。《元史》二百十卷，明宋濂等撰。《新元史》二百五十七卷，民国柯劭忞撰。《明史》三百三十六卷，清张廷玉等撰。

自《隋书·经籍志》以下，史部之书，每较经、子、集为多：

《隋书·经籍志》

六艺经纬	六二七部	五三七一卷
史部	八一七部	一三二六四卷
子部	八五三部	六四三七卷
集部	五五四部	六六二二卷
道佛	二三二九部	七四一四卷

《旧唐书·经籍志》

经录	五七五部	六二四一卷
史	八四〇部	一七九四六卷
子	七五三部	一五六三七卷
集	八九二部	一二〇二八卷
释道书	二五〇〇部	九五〇〇卷

《新唐书·艺文志》

经	五九七部	六一四五卷
史	八五七部	一六八七四卷
子	九六七部	一七一五二卷
集	八五六部	一一九二三卷

《宋史·艺文志》

经	一三〇四部	一三六〇八卷
史	二一四七部	四三一〇九卷
子	三九九九部	二八二九〇卷
集	二三六九部	三四九六五卷

《明史·艺文志》

经	九四九部	八七四六卷
史	一三一六部	二八〇五一卷
子	九七〇部	三九二一一卷
集	一三九八部	二九九六六卷

清《四库书目》

经	六九四部	一〇二六〇卷
史	五六三部	二一九四一卷
子	九〇七部	一七八九六卷
集	一二七七部	二九二五四卷

然经、子、集部，以至道、释二藏之性质，虽与史书有别，实亦无不可备史料。其第以编年纪事，及纪、传、表、志诸体为史书之界限者，初非深知史者也。世恒病吾国史书为皇帝家谱，不能表示民族社会变迁进步之状况，实则民族社会之史料，触处皆是，徒以浩穰无纪，读者不能博观而约取，遂疑吾国所谓史者，不过如坊肆纲鉴之类，止有帝王嬗代及武人相斫之事，举凡教学、文艺、社会、风俗以至经济、生活、物产、建筑、图画、雕刻之类，举无可稽。吾书欲祛此惑，故于帝王朝代，国家战伐，多从删略，惟就民族全体之精神所表现者，广搜而列举之。兹事体大，挂漏孔多，姑发其凡，以待来哲尔。

国史要义十篇

史原第一

史之初兴，由文字以记载，故世称初造文字之仓颉、沮诵为黄帝之史。

《世本》：沮诵、苍颉作书。宋衷曰：黄帝之世，始立史官，苍颉、沮诵居其职。（《初学记》）为黄帝左右史。

纪述事迹，宣明时序，推迁之久，历数以兴，故世亦称羲和、大挠之伦为黄帝之史。

《世本》：黄帝使羲和占日，常仪占月，臾区占星气，伶伦造律吕，大挠作甲子，隶首作算数。容成综此六术，著调历。（《史记·历书·索隐》）宋衷曰：皆黄帝史官也。（《左传序疏》）

盖先有创作，而后人追溯而锡之职名，非当部族初兴之时，已有史官也。然经籍论文字历数之用，皆重在施政教民。

《易·系辞》：上古结绳而治，后世圣人易之以书契，百官以治，万民以察。
《说文序》：黄帝之史仓颉，见鸟兽蹄远之迹，知分理之可相别异也，初造书契。百工以乂，万品以察。

《尧典》：钦若昊天，敬授人时。

则凡民众之需要，皆恃部落酋长左右疏附者之聪明睿知以启之，而后凡百事为，乃有所率循而不紊。民之所仰，职有所专，由是官必有史。而吾国之有史官乃特殊于他族。《说文》释"史"字曰："史，记事者也。"是为通义。吾国与他族之史，皆记事也。《周官》释史曰："史掌官书以赞治。"此为吾史专有之义。由赞治而有官书，由官书而有国史。视他国之史起于诗人、学者得之传闻，述其轶事者不同。世谓吾民族富于政治性，观吾史之特详政治及史之起原，可以知其故矣。

《周官》：宰夫掌百官府之征令，辨其八职。……六曰：史掌官书以赞治。

国产多竹，编削为书，可执可记，可阁可藏，是亦异于他族，而言史原者所宜究也。《王制》曰：太史执简记。《国语》曰：右执鬼中。皆执竹也。与竹并用者，亦有木版，曰方。《聘礼记》曰：百名以上书于策，不及百名书于方。《中庸》曰：文武之政，布在方策。《周官》：司书掌邦中之版。木版固与竹简并用，然以其不利于编排，故用竹为多。编集竹片，则名曰册。重要之册，以丌阁藏，则名曰典。司此要籍，因亦曰典。

《说文》：典从册在丌上，尊阁之也。

古史孔多，唐虞时已有五典。史克述《虞书》慎徽五典。《左传·文公十八年》《皋陶谟》称五典五惇。是唐虞之前，已有若干典也。五惇之义，自来未析，稽之《内则》，盖古有惇史，记载长老言行。《皋陶谟》所谓五典五惇，殆即惇史所记善言善行可为世

013

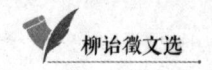

范者。故历世尊藏，谓之五典五惇。惇史所记，谓之五惇，犹之宋元史官所编之书，谓之《宋史》《元史》矣。

《内则》：凡养老，五帝宪，三王有乞言。五帝宪，养气体而不乞言，有善则记之为惇史。（吾史注重嘉言懿行，盖自惇史以来即然。）三王亦宪，既养老而后乞言，亦征其礼，皆有惇史。

典册相承，历世滋多。周公诰《多士》曰："惟尔知：惟殷先人有册有典。"吾史首《尧典》，固即夏商相传之典矣。史典旧典，通知程式，记事命官，必资史以作册。《周书·克殷》载尹佚笑，《洛诰》曰：王命作册，逸祝册。世存金文，亦多本史册。史册之积累者，不知凡几。今所传诵，特选择宝藏亿万中之一二耳。第竹简短狭，不能多书，一简裁二十许字。记事尚简，实缘限于工具，故必扼要而言，或为综述之语。今人以他国古代诗歌繁衍，或近世史传详赡，病吾古史之略，至诋《春秋》为账簿式，不足称史书者，皆未就古人用竹简之时代着想。即刘氏《史通》谓叙事之工者，以简要为主，推本《尚书》寡事，《春秋》省文，亦未能说明其所以寡事省文之原也。

古史官之可考者，盖始于虞之伯夷。

《大戴记·诰志》：丘闻周太史曰：政不率天，下不由人。则凡事易坏而难成。虞史伯夷曰：明，孟也。幽，幼也。……雌雄迭兴，而顺至正之统也。（孔广森曰：引之言率天之事。）

孙星衍《尚书今古文注疏·皋陶谟疏》：史公云：禹、伯夷、皋陶相与语帝前。经文无伯夷者。《大戴礼·诰志篇》子引虞史伯夷曰：明，孟也。幽，幼也。以解幽明庶绩咸熙。是伯夷为虞史官。史迁以皋陶方祗厥叙，及夔曰戛击鸣球至庶尹允谐，为史臣叙事之文，则即伯夷所述语也。

夏商之史，相传有终古及向挚，皆掌图法。

《吕氏春秋·先识》：夏桀迷惑，太史令终古出其图法，执而泣之。殷纣迷惑，内史向挚载其图法，出亡之周。

《酒诰》称太史友、内史友，足证商代有太史、内史诸职，第其职务不可详考。周之史官若史佚、辛甲之伦，皆开国元老，史官地位特尊，故设官分职，视唐虞夏商为多，而其职掌又详载于《周官》。自《隋志》以来，溯吾史原，必本之周之五史。惟后世囿于史官但司记注撰著，初不参加当时行政，故于《周官》五史之职掌，若与史书史学无关，但知溯职名所由来，而不悟政学之根本。实则后史职权，视周代有所减削而分析，而官书史体，及其所以为书之本，皆出于周也。

《周官·春官宗伯》序官：太史下大夫二人，上士四人，小史中士八人，下士十有六人，府四人，史八人，胥四人，徒四十人。……内史中大夫一人，下大夫二人，上士四人，中士八人，下士十有六人，府四人，史八人，胥四人，徒四十人。外史上士四人，中士八人，下士十有六人，胥二人，徒二十人。御史中士八人，下士十有六人，其史百有二十人（此句特殊，载明其史，且载于府之上），府四人，胥四人，徒四十人。

又，太史掌建邦之六典，以逆邦国之治，掌法以逆官府之治，掌则以逆都鄙之治。凡辨法者考焉，不信者刑之。凡邦国都鄙及万民之有约剂者藏焉，以贰六官。六官之所登，若约剂乱，则辟法，不信者刑之。正岁年以序事，颁之于官府及都鄙，颁告朔于邦国。闰月，诏王居门终月。大祭祀，与执事卜日。戒及宿之日，与群执事读礼书而协事。祭之日，执书以次位常，辨事者考焉，不信者诛之。大会同朝觐，以书协礼事，及将币之日，执书以诏王。大师，抱天时，与太师同车。大迁国，抱法以前。大丧，执法以莅劝防，遣之日，读诔，凡丧事考焉。小丧，赐谥。凡射事，饰中舍算，执其礼事。

又，小史掌邦国之志，奠系世，辨昭穆，若有事，则诏王之忌讳。大祭祀，读礼法，史以书叙昭穆之俎簋。大丧、大宾客、大会同、大军旅，佐太史。凡国事之用礼法者，掌其小事。卿大夫之丧，赐谥读诔。

又，内史掌王之八枋之法，以诏王治。一曰爵，二曰禄，三曰废，四曰置，五曰杀，六曰生，七曰予，八曰夺。执国法及国令之贰，以考政事，以逆会计。掌叙事之法，受纳访，以诏王听法。凡命诸侯及孤卿大夫，则策命之。凡四方之事书，内史读之。王制禄，则赞为之，以方出之。赏赐亦如之。内史掌书王命，遂贰之。

又，外史掌书外令，掌四方之志，掌三皇五帝之书，掌达书名于四方。若以书使于四方，则书其令。

又，御史掌邦国都鄙及万民之治令，以赞冢宰。凡治者受法令焉，掌赞书，凡数从政者。

总五史之职，详析其性质，盖有八类。执礼，一也。掌法，二也。授时，三也。典藏，四也。策命，五也。正名，六也。书事，七也。考察，八也。归纳于一则曰礼。五史皆属春官宗伯。春官为典礼之官，即《尧典》之秩宗。伯夷以史官典三礼，其职犹简。故宗伯与史不分二职。历夏商至周，而政务益繁，典册益富，礼法益多，命令益夥，其职不得不分。然礼由史掌，而史出于礼。则命官之意，初无所殊。上溯唐虞，下及秦汉，官制源流，历历可循。《汉书·百官公卿表》：奉常，秦官，掌宗庙礼仪，属官有太史令、丞。景帝更奉常为太常，后汉因之，太史仍属太常。此非本于《周官》五史之隶春官宗伯欤！

于此有最宜注意之一事，即《曲礼》述古官制，太史与太宰，同为天官，典司六典。与五官之典司五众者，显有司天与治人之分。而《周官》则冢宰为天官，太史属春官，皆为治人事之官也。

《曲礼》：天子建天官，先六大，曰大宰、大宗、大史、大祝、大士、大卜，典司六典。天子之五官，曰司徒、司马、司空、司士、司寇，典司五众。

推迹初民，震耀于自然现象，祷祈祭祀，最归仰于神明。故宗祝卜史，皆司天之官。而所谓太宰者，实亦主治庖膳，为部落酋长之下之总务长。祭祀必有牲牢，故宰亦属天官。《曲礼》所述，盖邃古之遗闻，距周已久远矣。颛顼以来，绝地天通，司天者渐趋重于司人。观《楚语》观射父述天地神明类物之官之演变可见。其中论宗之职，以能知牺牲之物而又心率旧典者为言，足知宗与宰史之联系。

《楚语》：观射父曰：古者民神不杂。……使名姓之后，能知四时之生，牺牲之物，玉帛之类，采服之仪，彝器之量，次主之度，屏摄之位，坛场之所，上下之神，氏姓之出，而心率旧典者为之宗。

舜命伯夷典三礼，即以其心率旧典也。《吕刑》述"命重黎绝地天通"之后，称伯夷降典，折民惟刑，在禹平水土、稷降播种之上。知伯夷所典之礼之中，已有法制刑章，而非徒专治祭祀矣。马融释三礼，为天神、地祇、人鬼之礼。郑玄易之曰：天事、地事、人事之礼也。义各有当。最古之礼，专重祭祀，历世演进，则兼括凡百事为。宗、史合一之时已然，至周则益崇人事。此宗与史古为司天之官，而后来为治人之官之程序也。

古之宰为天官也，与史联事。周之冢宰为天官也，仍与史联事。盖部落酋豪之兴，必倚一人副之以绾百务，又必倚一人随之以记所为。于是总务长与秘书长之两员，为构成机关必不可少之职务。相沿既久，而史与相乃并尊。相绾百务，史司案牍，互助相稽，以辅首领。故虽由司天者演变而治人事，其联系不可变也。周之六官，惟宰握典法则柄全权，其他百僚，不能相抗，惟史所掌，与宰均衡。虽宰之所属，如小宰司会司书，亦掌典法则之贰。但小宰等仅以助长官之本职，非相考察也。五史之职则全部官书咸在，据之以逆、以考、以辨、以赞，非司会司书之比。宰及百官，不能紊法违章，实由于此。行政妙用，基于累世之经验，非一时一人凭理想而制订也。

《大戴记》曰：德法者，御民之衔勒也。吏者，辔也。刑者，策也。天子御者，内史、太史左右手也。古者以法为衔勒，以官为辔，以刑为策，以人为手。故御天下数百年而不懈堕。又曰：是故天子御者，太史、内史左右手也。六官亦六辔也。天子三公，合以正六官，均五政，齐五法，以御四者，故亦惟其所引而之。《盛德篇》此解释周官史职，最为精卓。古之有史，非欲其著书也，倚以行政也。然倚史以行政，而又属之春官，不为天子私人，其秩亦止中下大夫，而非公卿。虽得考察冢宰及百官，而必守礼奉法，有宗伯以临之，有冢宰以统之。尊卑总别之间，所以能得设官之利而无其弊也。

古制既明，史原乃有可考。史官掌全国乃至累世相传之政书，故后世之史，皆述一代全国之政事。而尤有一中心主干，为史法、史例所出，即礼是也。传称韩宣子适鲁，观书于太史氏，见《易》《象》与《鲁春秋》，曰：周礼尽在鲁矣。吾乃今知周公之德与周之所以王也。《左传·昭公二年》此《春秋》者，鲁史官相传之书，尚非孔子所修者。然已非泛泛记事之书。其所书与不书，皆有以示礼之得失。故韩起从而叹之。使为普通书记所掌档案，他国皆有，韩起何必赞美？故世谓古者止有书记官之史，而无著作家之史，必至汉魏以来始有著作家之史者，正坐不知此义也。古史浩繁，人难尽阅，掌档案者，既有全文，必为提要。苟无提要，何以诏人？故史官提要之书，必有定法，是曰《礼经》。《左传·隐公七年》春，滕侯卒，不书名，未同盟也。凡诸侯同盟，于是称名，故薨则赴以名，告终称嗣也，以继好息民，谓之《礼经》。杜预谓此言凡例，乃周公所制《礼经》也。周公所制，虽无明文，要以五史属于礼官推之，史官所书早有《礼经》以为载笔之标准，可断言也。

世传夏殷已有《春秋》，墨子尝见百国《春秋》。

> 《史通》：春秋家者，其先出于三代。案《汲冢琐语》记太丁时事，目为夏殷《春秋》。……《孟子》曰：晋谓之《乘》，楚谓之《梼杌》，而鲁谓之《春秋》，其实一也。然则《乘》与《纪年》、《梼杌》，其皆《春秋》之别名者乎？故墨子曰：吾见百国《春秋》。盖皆指此也。

鲁之《春秋》何以能见周礼，而他国之《春秋》不能见乎？此一疑问也。学者但取《墨子·明鬼篇》所述周之《春秋》、燕之《春秋》、宋之《春秋》、齐之《春秋》所载神鬼之事，与孔子所修之鲁之《春秋》相较，即知鲁之《春秋》，最重人事，不载一切神话，其体最为纯洁，其书最有关于政治。故韩愈以谨严二字目之。古史起于神话，吾国何独不然。惟礼官兼通天人，而又总摄国政，知神话之无裨人事，乃有史例以定范围。《史记》析《封禅书》与《礼书》为二。《汉书·郊祀志》亦不并入《礼乐志》。皆以别神话史与人事史也。虽周宣王时之《春秋》，尚记杜伯之事，亦见《国语》，非墨子所臆造。以至左丘明之所传，《山海经》之所载，搜神述异，往往而有。而鲁之《春秋》，不此之务，惟礼为归。此韩起所以云然。惟鲁史虽一禀礼经，而犹有未尽谛者。如晋侯召王，虽为实事，不明君臣之分，故必改书曰：天王狩于河阳。

《左传·僖公二十八年》：晋侯召王，以诸侯见，且使王狩。仲尼曰：以臣召君，不可以训。（据此知鲁旧史盖据实书晋侯召王。）故书曰：天王狩于河阳。言非其地也，且明德也。

又有属辞未简，有所改订。如雨星不及地尺而复，修之曰：星陨如雨。则著作之演进而益精者也。

《公羊传·庄公七年》：不修《春秋》曰，雨星不及地尺而复。君子修之曰，星陨如雨。

三传之释《春秋》也，各有家法，不必尽同，而其注重礼与非礼则一也。例如天王使家父来求车，丹桓宫楹，刻其桷，三传皆言其非礼。

《左传·桓公十五年》：春，天王使家父来求车，非礼也。

又，庄公二十三年秋，丹桓宫之楹。二十四年春，刻其桷。皆非礼也。

《公羊传·桓公十五年》：春二月，天王使家父来求车。何以书？讥。何讥尔？王者无求，求车非礼也。

庄公二十三年秋，丹桓宫楹。何以书？讥。何讥尔？丹桓宫楹，非礼也。二十四年春王三月，刻桓宫桷。何以书？讥。何讥尔？刻桓宫桷，非礼也。

《穀梁传·桓公十五年》：春二月，天王使家父来求车。古者诸侯时献于天子，以其国之所有，故有辞让而无征求。求车非礼也。求金甚矣。

庄公二十三年秋，丹桓宫楹。礼，天子诸侯黝垩，大夫仓，士黈。丹楹非礼也。二十四年春王三月，刻桓宫桷。礼，天子之桷斫之砻之，加密石焉。诸侯之桷斫之砻之，大夫斫之，士斫木。刻桷非正也。夫人，所以崇宗庙也，取非礼与非正而加之于宗庙，以饰夫人，非正也。（《穀梁》尤尚正义，故迭言非正非礼之原起于非正之心，斥庄公以非正之心饰夫人，因之肆行非礼也。）

其他言礼与非礼者，不可胜举。后史承之，褒讥贬抑，不必即周之典法，要必本于君臣、父子、夫妇、兄弟之礼，以定其是非。其饰辞曲笔无当于礼者，后史必从而正之。故礼者，吾国数千年全史之核心也。伯夷所典，五史所掌，本以施于有政，范畴当时。久之社会变迁，人事舛悟，史官所持之礼，仅能为事外之论评，不能如周官之逆辨考赞矣。而赖此一脉之传，维系世教，元凶巨憝有所畏，正人君子有所宗。虽社会多晦盲否塞之时，而史书自有其正大光明之域。以故他族史籍，注重英雄宗教物质社会，第依时代演变，而各有其史观，不必有绳绳相承之中心思想。而吾国以礼为核心之史，则凡英雄、宗教、物质、社会依时代之演变者，一切皆有以御之，而归之于人之理性，非苟然为史已也。

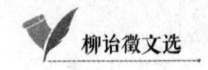

《史通·书志篇》：夫刑法礼乐，风土山川，求诸文籍，出于三礼。及班马著史，别裁书志，考其所记，多效礼经。章学诚《礼教篇》亦曰：史家书志之原，本于官礼。《史记》之《天官》《平准》等书，犹以官职名篇，惜他篇未尽然也。两君皆以史之书志本于官礼，盖仅就著述之形式言之，而不知史家全书之根本皆系于礼。何其视礼之隘也！夫本纪、世家何以分？分于礼也。封爵、交聘何以表？表以礼也。列传之述外戚、宦官、佞幸、酷吏、奸臣、叛逆、伶官、义儿，何以定名？由礼定之也。名臣、卓行、孝友、忠义，何以定名？以礼定之也。不本于礼，几无以操笔属辞。第以镕冶之深，相承有自，漫谓故事当尔，遂未溯其本原，斯则就史言史者之失也。然即就史言史，亦必基于此中心思想而后有所评衡。例如马迁之纪项羽，蔚宗之纪后妃，刘氏何以讥之？（见《史通·本纪》《列传》等篇。）《晋史》党晋而不有魏，《齐史》党齐而不有宋，郑氏何以讥之？（见《通志序》。）一经谛思，本末具见。特前人习之而不必言，今人忘之而以为不足言耳。

以史言史者之未识史原，坐以仪为礼也。仅知仪之为礼，故限于史志之纪载典章制度，而若纪表列传之类不必根于礼经。不知典章制度节文等威繁变之原，皆本于天然之秩叙。故《皋陶谟》之言典礼，曰：天叙天秩，天不可见，则征之于民。曰：天聪明自我民聪明，天明畏自我民明威。

《皋陶谟》：天叙有典，敕我五典五惇哉。（郑玄曰：五典，五教也。五教据《左传》谓父义、母慈、兄友、弟恭、子孝。据《孟子》谓父子有亲、君臣有义、夫妇有别、长幼有序、朋友有信。）天秩有礼，自我五礼有庸哉。（郑玄曰：五礼，天子也，诸侯也，卿大夫也，士也，庶民也。）天命有德，五服五章哉。天讨有罪，五刑五用哉。天聪明自我民聪明，天明畏自我民明威。

五典由惇史所传，条举人类之伦理，而爵赏刑章由之而渐行制定。此五种伦理思想，必非一王一圣所创垂，实由民族之聪明所表现。于何征之？《尧典》曰：放勋乃殂落，百姓如丧考妣，三年，四海遏密八音。可见唐虞以前，吾民族早有孝念考妣之风尚，故史臣举此以形容其思君之哀。使其时民众但知昵其妻孥，不知有考妣，则状况哀痛，当曰：如丧艳妻爱子。胡为举考妣乎？民俗之兴，发源天性，圣哲叙之，遂曰天叙。推之天子、诸侯、大夫、士庶，宜有秩次，亦出于天。而礼之等威差别，随以演进矣。从民俗而知天，原天理以定礼。故伦理者，礼之本也；仪节者，礼之文也。观秩叙之发明，而古史能述此要义。司马迁所谓究天人之际者，盖莫大乎此。徒执书志以言礼，不惟隘于礼，抑亦隘于史矣。

　　天人之际，所包者广。本天叙以定伦常，亦法天时以行政事。故古者太史之职，在顺时覛土，以帅阳官，守典奉法，以行月令。

　　　　《周语》：古者太史顺时覛土。……先时九日，太史告稷曰：自今至于初吉，阳气俱蒸，土膏其动。……稷以告王，曰：史帅阳官，以命我司事。……太史赞王，王敬从之。……后稷省功，太史监之。

　　　　《月令》：先立春三日，太史谒之天子曰：某日立春。……（夏、秋、冬同）乃命太史守典奉法，司天日月星辰之行，宿离不贷，毋失经纪，以初为常。……季冬之月……天子乃与公卿大夫共饬国典，论时令，以待来岁之宜。乃命太史次诸侯之列，赋之牺牲，以共皇天上帝社稷之飨。

　　《周官》太史之职，赅之曰正岁年以叙事。此叙事二字，固广指行政。而史书之以日系月，以月系时，以时系年，所以纪远近别同异者，亦赅括于其内矣。古史年月，或有简略。《周书·宝典》，首曰：维王三祀二月丙辰朔，王在鄗，则年月日地四者具焉。其纪时者，若尝麦书维四年孟夏，王初祈祷于宗庙。又曰：太史乃藏之盟府，以为岁典。其后史例益进，则虽无事必书首时，编年史之渊源若此。视他族由教堂纪事之牌乃渐汇而为编年史者，何如乎？

复次，古史授时，重在行政。记言记事，挚乳相因，其体制必多复杂。孔子曰：我欲载之空言，不如见之行事之深切著明也。而纯粹记事不杂空言之《春秋》乃成定体。其后若《虞氏春秋》《吕氏春秋》，殆沿古者有杂记空言之《春秋》而为之。而《吕览》首十二纪，尤可见其名"春秋"之意。战国时，孔子所修之《春秋》已盛行，观《庄子》《韩非子》所称《春秋》可见。亦有记空言之《春秋》，如《桃左春秋》曰：人主之疾死者，不能处半。（《韩非子·备内篇》）即记空言者也。为《吕览》者，首陈时令，而又以纪治乱存亡，盖欲在孔子所修《春秋》之外，别树一记言之《春秋》之帜。要亦出于古法，不得谓之非史。故史公与孔子之《春秋》牵连言之。刘知幾不明斯义，世之专攻吕书者亦未之思也。

　　《吕氏春秋·序意》：凡十二纪者，所以纪治乱存亡也（推当时人著书之意，盖重在能使读此书者知治乱存亡，不必逐年依次书写事实。且人之所以欲知前古之治乱存亡者，在能本之以治当时之国政。故摘取史实，参以议论，以证明其授时行政之重要而已。孔子之《春秋》，主旨亦在纪治乱存亡，而其言约义丰，别有《左氏春秋》辅之，纲举目张，不同诸子。且其法在假日月以定历数，藉朝聘以正礼乐。《吕纪》授时行政之意，亦在其中矣），所以知寿天吉凶也。上揆之天，下验之地，中审之人。若此则是非可不可，无所遁矣。行也者，行其理也，行数循其理。（今《月令》在《小戴记》中，即礼也，礼即循理之谓。）

《史记·十二诸侯年表序》：赵孝成王时，其相虞卿上采《春秋》，下观近世，亦著八篇为《虞氏春秋》。吕不韦者，秦庄襄王相，亦上观尚古，删拾《春秋》，集六国时事，以为八览六论十二纪，为《吕氏春秋》。及如荀卿、孟子、公孙固、韩非之徒；往往捃摭《春秋》之文以著书，不可胜纪。

《史通·六家》：儒者之说《春秋》也，以事系日，以日系月，言春以包夏，举秋以兼冬。年有四时，故错举以为所记之名也。苟如是，则晏子、虞卿、吕氏、陆贾，其书篇第本无年月，而亦谓之《春秋》，盖有异于此者也。（刘书专泥形式，故拘守《汉志》左史记言、右史记事，事为《春秋》、言为《尚书》之语，谓《尚书》为例不纯，执班书为断代史，力诋《古今人表》，皆未观其通也。）

举百国《春秋》《梼杌春秋》《吕氏春秋》，与孔子所修之《春秋》及《左氏春秋》相较，皆有不逮。故治史者祖之，非漫然传习其术也。知《春秋》者，莫若庄周，揭其要旨，曰：《春秋》以道名分。（《庄子·天下篇》）名分者何？礼也。礼者，史之所掌。天子、诸侯、卿大夫、士之于君臣、父子、夫妇、兄弟及国际友朋之礼，胥有典法，示人遵守。故《春秋》依其名分，辩其是非，以求治人之道。《记》曰：名者，人治之大者也。《春秋》操之，故长于治人。

《史记·太史公自序》：《春秋》辨是非，故长于治人。

《大传》：名者，人治之大者也，可无慎乎！

顾名之源流，亦多曲折，治史者不可不知也。古之文字，即曰名。《祭法》曰：黄帝能正名百物，以明民共财。当时之所谓正名，盖推行仓、沮之文字，使知分理之相别异，远夷遐方，盖不相通。《禹贡》曰：揆文教。又曰：声教讫于四海。则吾华夏之族，推行文字，教之发音，渐广而及于其时之四海矣。《周官》外史，掌达书名于四方。《大行人》曰：王之所以抚邦国诸侯者……九岁属瞽史，谕书名，听声音，明文字，为史之专职，而其赞治之效不徒记事，尤重同文。周宣王太史籀作大篆，秦太史令胡毋敬作博学七章，皆史官所有事。汉法，太史试学僮能讽书九千字以上，乃得为吏，故其时谓通行之文字为史书。（段氏《说文注》详述汉人之习史书。）则据古谊而言，后世谓乙部为史书者，乃冒古者文字之名。而世所矜言之小学出于保氏六书者，亦当谓之史学矣。惟此史学为后世经生及闾里书师所尸，而史官不之重，故迄今同文正名之功，犹有未竟。苗猺诸族，不能通吾秦汉以来之文字，则由古史职之义不明也。

名之为用，明民广教，为政治统一之工具，初非为礼家表文彰，史家立义法也。然世变相沿，文质递变，为礼者乃详为区别，以表文彰。如同一祭祀也，别之以祠、礿、尝、烝；同一田猎也，别之以苗、搜、狩、狝。名号凡目，粲然各殊，在今人视之，若甚无谓；而深察其意者，且以之言天人之际焉。

《春秋繁露·深察名号篇》：名也者，名其别离分散也。号凡而略，名详而目。目者遍辩其事也，凡者独举其大也。享鬼神者，号一曰祭。祭之散名，春曰祠，夏曰礿，秋曰尝，冬曰烝。猎禽兽者，号一曰田。田之散名，春苗秋搜冬狩夏狝。无有不皆中天意者。物莫不有凡号，号莫不有散名。如是，是故事如顺于名，名各顺于天，天人之际，合而为一。

推之人之命名，以昭彼己之别。生之有死，初无贵贱之殊。男女之有匹偶，公务之有主从，由质而言，均可表示。而尚文之世，必广为之礼，以寓其教民淑世之旨。如《记》称周道幼名，冠字，五十以伯仲，死谥，一人之身，自氏族外，复有若干称谓。他族读吾书者，每不之解，即吾国治史者亦多病之。（章氏《繁称篇》及《陔馀丛考》卷二"《左传》叙事氏名错杂"条均言之。）原礼之初意，由幼而冠，由冠而艾，勖以成人，昭其进德。要之没身加以考核，大行受大名，细行受细名，其律人若是之严也。

《周书·谥法》：谥者行之迹也，号者功之表也，车服者位之章也。是以大行受大名，细行受细名，行出于己，名生于人。

太史治大丧，于遣之日读诔，盖告于南郊，称天以诔。

《曾子问》：贱不诔贵，幼不诔长，礼也。惟天子称天以诔之。

《白虎通义》：天子崩，大臣至南郊谥之者何？以为人臣之义，莫不欲褒称其君，掩恶扬善者也。故之南郊，明不得欺天也。

故孟子曰：名之曰幽厉，虽孝子慈孙百世不能改。楚共王之殁，自请为"灵"若"厉"。（《左传·襄公十三年》）躬之不淑，则受谴人天。元首之尊，莫逃公议，此所以为名教。嬴政不知，但取世及以暨万世，虽亦不过由文而质，而礼意之亡，祚亦寻蹙。汉人复之，谥兼美恶。宋后始止美谥。（详《陔馀丛考》卷十六"两汉六朝谥法"条历举诸史之争谥议者。）而师儒锡字，多有字说以教青年，盖无往而非使人顾名思义也。

史本于礼而尚文，故曰文胜质则史。说《春秋》者，遂谓孔子之修《春秋》，欲反周之文从殷之质。其义深博，兹不缕举。第就《春秋》道名分言之。卫侯复国，灭同姓而称名。

《左传·僖公二十五年》经：春王正月丙午，卫侯毁灭邢。杜注：卫、邢同姬姓，恶其亲亲相灭，故称名罪之。
《曲礼》：诸侯不生名，诸侯失地名，灭同姓名。

杞君来朝，用夷礼而称子。

《左传·僖公二十七年》春经：杞子来朝。传：杞桓公来朝，用夷礼，故曰子。

郑克叔段，示灭兄弟之恩。

《左传·隐公元年》：郑伯克段于鄢。段不弟，故不言弟。如二君，故曰克。称郑伯，讥失教也。

晋杀申生，以彰父子之变。

《左传·僖公五年》经：晋侯杀其世子申生。杜注：称晋侯，恶用谮。
《公羊传》：晋侯杀其世子申生。曷为直称晋侯以杀？杀世子母弟，直称君者，甚之也。

崩薨卒葬，区内外而有书否。

《公羊传·隐公三年》：三月庚戌，天子崩。何以不书葬？天子记崩不记葬，必其时也。诸侯记卒（《春秋》鲁公书薨，诸侯则书卒）记葬，有天子存不得必其时也。曷为或言崩，或言薨？天子曰崩，诸侯曰薨，大夫曰卒，士曰不禄。

又十一年：春秋君弑贼不讨，不书葬，以为无臣子也。子沈子曰：君弑，臣不讨贼，非臣也；子不复仇，非子也。

州国名字，别夷夏而示进退。

《公羊传·庄公十年》：荆者何？州名也。州不若国，国不若氏，氏不若人，人不若名，名不若字，字不若子。

《穀梁传·庄公十四年》：州不如国，国不如名，名不如字。

伯姬朝子，则一语参讥。

《穀梁传·僖公五年》：杞伯姬来朝其子。妇人既嫁不逾竟，逾竟非正也。诸侯相见曰朝，伯姬为志乎朝其子也。伯姬为志乎朝其子，则是杞伯失夫之道矣。诸侯相见曰朝，以待人父之道待人之子，非正也。故曰杞伯姬来朝其子，参讥也。

缯子同谋，则婚姻不正。

又十四年：季姬及缯子遇于防，使缯子来朝。遇者同谋也，来朝者来请己也。朝不言使，言使非正也，以病缯子也。

其文极简,而示礼极严。执名分以治人,而人事悉括于其中而无所遁。后史视之,傎乎远矣!

古史限于工具,则文简。后史利用缣纸,则文丰。丰者详举事状,不必约以一辞。而史义相承,仍必谨于名分。如陈寿《魏志》,已逊范书,而于魏武之自进爵位,犹必临以天子,固亦自谓不失名分也。

《魏志·武帝纪》:建安元年,天子假太祖节钺,录尚书事。……天子拜公司空,行车骑将军。……十三年,汉罢三公官,置丞相御史大夫。夏六月,以公为丞相。……十八年,天子使御史大夫郗虑持节策命公为魏公。

《后汉书·献帝纪》:建安元年,镇东将军曹操自领司隶校尉,录尚书事。……曹操自为司空。……十三年,曹操自为丞相。……十八年,曹操自立为魏公,加九锡。

唐初玄武门之变,明代靖难兵之起,据事书之,可以见修史者进而益严。

《旧唐书·高祖纪》:武德九年六月庚申,秦王以皇太子建成与齐王元吉同谋害己,率兵诛之,诏立秦王为皇太子。

《新唐书·高祖纪》:九年六月丁巳,太白经天。庚申,秦王世民杀皇太子建成、齐王元吉。《太宗纪》:太子建成与齐王元吉谋害太宗,未发。九年六月,太宗以兵入玄武门,杀太子建成及齐王元吉。高祖大惊,乃以太宗为皇太子。

傅维鳞《明书·建文帝本纪》:建文元年秋七月癸酉,燕王棣兵起,号靖难。

《明史·建文帝本纪》：建文元年秋七月癸酉，燕王棣举兵反。

《史记·平准书》之终曰：烹弘羊，天乃雨。《汉书·张禹传》曰：卜临候禹，禹数视其小子。范书《荀彧传》：彧饮药而卒，明年操遂称魏公云。以此知纪传之文，虽视《春秋》为详，而属辞严简，仍一脉也。《史通·称谓篇》首述孔子正名之说，次论诸史讹谬，谓何以申劝沮之义，杜渝滥之端。至清儒治史，偏尚考据矣，然论迁《史》而上推《舜典》。

《陔馀丛考》：《史记·高祖本纪》先总叙高祖一段，及述其初起事，则称刘季；得沛后称沛公；王汉后称汉王；即帝位后则称上。后代诸史皆因之。其实此法本于《舜典》，未即位以前称舜，即位之后分命九官即称帝曰。古时虽朴略，而史笔谨严如此。

论《通鉴》而兼驳辛楣。

《东塾读书记》：朱子答尤延之书云：温公旧例，凡莽臣皆书死，如太师王舜之类。独扬雄匿其所受莽朝官称，而以卒书，似涉曲笔。不免却按本例书之，曰莽大夫扬雄死。澧谓王莽篡汉，曹丕亦篡汉，仕于莽者皆书死，仕于丕者书卒（《纲目》书陈群卒），不能画一也。然钱辛楣谓史家通例，未有书死者（《春秋论》），则非也。《汉书·王莽传》书太师王舜死，大司马甄邯死，而《通鉴》因之，岂得云非史例乎？……《史记·秦始皇本纪》：三年，王齮死。七年，将军骜死。夏，太后死。十二年，文信侯不韦死。《秦楚之际月表》：二世元年，周文死，陈涉死。《郑世家》：郑子十二年，祭仲死。《赵世家》：肃侯十二年，商君死。孝成王十四年，平原君赵胜死。《韩世家》：昭侯二十二年，申不害死。《韩长孺传》：丞相田蚡死。《匈奴传》：骠骑将军去病死。以后诸史书死者亦不少。

义法之严，至一字必争其出入。由此可知名者人治之大。古人运之于礼，礼失而赖史以助其治。而名教之用，以之为约束联系人群之柄者，亘数千年而未替。以他族之政术本不基于礼义名教，而惟崇功利之史籍较之，宜其凿枘而不相入矣。夫人群至涣也，各民族之先哲，固皆有其约束联系其群之枢纽。或以武功，或以宗教，或以法律，或以物资，亦皆擅有其功效。吾民族之兴，非无武功，非无宗教，非无法律，亦非匮于物资，顾独不偏重于他民族史迹所趋，而兢兢然持空名以致力于人伦日用。吾人治史，得不极其源流而熟衡其利弊得失之所在乎！

老庄之学，最深于史，病儒者及史家之持空名，而为奸宄所盗也，则以礼教名义为不足恃。如曰：田成子一旦杀其君而盗其国，所盗者岂独其国耶？并与其圣知之法而盗之。圣人不死，大盗不止。其言若甚激切矣，然老庄所持以斥奸宄者，犹必用大盗之一辞，则是仍以名教也。《穀梁》曰：《春秋》有三盗。微杀大夫谓之盗，非所取而取之谓之盗，辟中国之正道以袭利谓之盗。哀公四年。故老庄之恶大盗，无以异于《春秋》也。往有新闻记者，以史学相质，谓治史于今日，不必本之《春秋》矣。应之曰：君日从事于新闻，日操《春秋》之法，胡为有此言？使不操《春秋》之法，何必日日斥侵略国、书伪组织乎？此君闻之，恍然若失。由此可以知吾史之原，迄今日未失其功用也。

史权第二

吾国史家，艳称南、董。秉笔直书，史之权威莫尚焉。

《左传·宣公二年》：晋灵公不君。……赵穿攻灵公于桃园，宣子（赵盾）未出山而复。太史书曰：赵盾弑其君。以示于朝。宣子曰：不然。对曰：子为正卿，亡不越竟，反不讨贼，非子而谁？宣子曰：乌乎，我之怀矣！自诒伊戚，其我之谓矣。孔子曰：董狐，古之良史也，书法不隐；赵宣子，古之良大夫也，为法受恶。

《公羊传·宣公六年》：亲弑君者，赵穿也。亲弑君者赵穿，则曷为加之赵盾？不讨贼也。何以谓之不讨贼？晋史书贼曰：晋赵盾弑其君夷皋。赵盾曰：天乎！无辜！吾不弑君，谁谓吾弑君者乎？史曰：尔为仁为义，人弑尔君，而复国不讨贼，此非弑君而何？

《穀梁传·宣公二年》：秋，九月乙丑，晋赵盾弑其君夷皋。穿弑也，盾不弑，而曰盾弑，何也？以罪盾也。其以罪盾何也？曰：灵公朝诸大夫而暴弹之，观其辟丸也。赵盾入谏，不听；出亡，至于郊。赵穿弑公，而后反赵盾。史狐书贼曰：赵盾弑公。盾曰：天乎！天乎！予无罪，孰谓盾而忍弑其君者乎？史狐曰：子为正卿，入谏不听，出亡不远。君弑，反不讨贼，则志同。志同则书重，非子而谁？故书之曰晋赵盾弑其君夷皋。

《左传·襄公二十五年》：崔杼妻棠姜美，庄公通焉。……夏五月乙亥，公问崔子，遂从姜氏。……侍人贾举止众从者，而入闭门。甲兴，公登台而请，弗许；请盟，弗许；请自刃于庙，勿许。……公逾墙，射之，中股；反队，遂弑之。……太史书曰：崔杼弑其君。崔子杀之，其弟嗣书而死者二人；其弟又书，乃舍之。南史氏闻太史尽死，执简以往，闻既书矣，乃还。

然赵盾、崔杼，当国重臣。史氏书事，公开不惧。崔杀三人，视赵盾之甘受恶名者，已大不同，而犹有踵而书者，杼亦无如何而听其书之。此事之大可疑者也。司马昭之弑逆，陈泰但敢曰：诛贾充以谢天下，而其进于此者乃不敢直言。

《魏志·陈泰传》注：干宝《晋纪》：高贵乡公之杀，司马文王会朝臣谋其故，太常陈泰不至。使其舅荀𫖮召之……子弟内外咸共逼之，垂涕而入。王待之曲室，谓曰：玄伯，卿何以处我？泰曰：诛贾充以谢天下。文王曰：为吾更思其次。泰曰：泰言惟有进于此，不知其次。文王乃不更言。《魏氏春秋》：帝之崩也，太傅司马孚、尚书右仆射陈泰枕帝尸于股，号哭尽哀。时大将军入于禁中，泰见之悲恸。大将军亦对之泣，谓曰：玄伯，其如我何？泰曰：独有斩贾充，少可以谢天下耳。大将军久之，曰：卿更思其他。泰曰：岂可使泰复发后言。遂欧血薨。

使晋、齐诸国史官，无法守可据，纵一二人冒死为之，不能必四五人同执一辞，必书之而不顾一切。刘知幾但曰：为于可为之时则从，为于不可为之时则凶。又曰：烈士殉名，壮夫重气；宁为兰摧玉折，不作瓦砾长存。而董狐之时所以可为，顾未深考。盖时代悬隔，法制迥殊。止知重个人之气节，不知究古史之职权也。

《史通·直书》：夫为于可为之时则从，为于不可为之时则凶。如董狐之书法不隐，赵盾之为法受屈。彼我无忤，行之不疑，然后能成其良直，擅名今古。至若齐史之书崔弑，马迁之述汉非，韦昭仗正于吴朝，崔浩犯讳于魏国。或身膏斧钺，取笑当时；或书填坑窖，无闻后代。夫世事如此，而责史臣不能申其强项之风，励其匪躬之节，盖亦难矣。……盖烈士殉名，壮夫重气；宁为兰摧玉折，不作瓦砾长存。若南、董之仗气直书，不避强御；韦、崔之肆情奋笔，无所阿容。虽周身之防有所不足，而遗芳余烈，人到于今称之。

春秋之时，史官盖有共同必守之法，故曰君举必书。

《左传·庄公二十三年》：夏，公如齐观社，非礼也。曹刿谏曰：不可。夫礼所以整民也，故会以训上下之则，制财用之节；朝以正班爵之义，帅长幼之序，征伐以讨其不然。诸侯有王，王有巡守，以大习之，非是则君不举矣。君举必书，书而不法，后嗣何观！

又曰：德刑礼义，无国不记。

《左传·僖公七年》：管仲曰，夫合诸侯以崇德也，会而列奸，何以示后嗣。夫诸侯之会，其德刑礼义，无国不记。记奸之位君盟替矣。作而不记，非盛德也。

故一国君臣之大事，他国史策亦皆书之。如孙林父、宁殖出其君，名在诸侯之策。知一国之事，非仅本国记之，他国之史官有共同之书法以记之矣。

《左传·襄公二十年》：卫宁惠子（宁殖）疾，召悼子（宁喜）曰，吾得罪于君，悔而无及也。名藏在诸侯之策，曰孙林父、宁殖出其君。君入则掩之。若能掩之，则吾子也；若不能，犹有鬼神，吾有馁而已，不来食矣。

世之考史者，徒知考辨古史记言记事孰左孰右，而不措意于春秋诸史无国不记之法，未为知要也。

《礼记·玉藻》：天子玄端而居，动则左史书之，言则右史书之。

《汉书·艺文志》：古之王者，世有史官，君举必书，所以慎言行，昭法式也。左史记言，右史记事。事为《春秋》，言为《尚书》。帝王靡不同之。

夫备物典策，祝宗卜史，惟伯禽始封为备。故曰周礼尽在鲁。他国史官，似不能尽秉周礼。

《左传·定公四年》：分之土田陪敦，祝宗卜史，备物典策，官司彝器。因商奄之民，命以伯禽，而封于少皞之虚。……分唐叔以大路、密须之鼓，阙巩、姑洗，怀姓九宗，职官五正。命以康诰，而封于夏虚。

然观传文鲁举卜史典策，晋举职官五正，盖辞避重复，故官不列举。列国之有史官，遵用周制，当日始封已然。其史官出于王朝，守其世学者，殆尤笃于史德。董狐家世董晋典籍，推其远源，盖出于辛甲。

《左传·昭公十五年》：王（景王）语籍谈曰：昔而高祖孙伯黡，司晋之典籍，以为大政，故曰籍氏。及辛有之二子董之，晋于是乎有董史。杜注：辛有，周人也。其二子适晋为太史，籍黡与之共董督晋典，因为董氏。董狐其后。

《晋语》：文王访于辛、尹。韦注：辛，辛甲。尹，尹佚。皆周太史。

《汉书·艺文志》：道家，《辛甲》二十九篇。注：纣臣，七十五谏而去，周封之。

《左传·襄公四年》：昔周辛甲之为太史也，命百官，官箴王阙。

其治典籍以为大政，非有王章，何所依据？故于君臣变故，奋死不顾。而巨憝权臣，亦有所严惮而莫之敢夺。《左氏》凡例，弑君书法，有称君、称臣之别。此凡例者，殆董史等所共知。

《左传·宣公四年》：凡弑君，称君，君无道也；称臣，臣之罪也。

文公十六年：书曰，宋人弑其君杵臼，君无道也。

其究主名，申大义，或别有详于官制者。守道守官，甘以身殉，宜矣。

《左传·昭公二十年》：仲尼曰，守道不如守官，君子题之。

又，定公四年：子鱼曰，社稷不动，祝不出竟，官之制也。（祝史同官。祝有官制，史亦有官制可见。）

公羊家之说，《春秋经》书弑君之贼不再见，而赵盾卫孙免侵陈，再见于宣公六年，以见盾不亲弑。谓史狐所书者为史例，孔子所书者为经例。

《春秋繁露·玉杯篇》：赵盾弑君四年之后，别牍复见，非《春秋》之常辞也。……盾之复见，直以赴问而辨不亲弑，非不当诛也。

　　王闿运《公羊传笺》：晋史书贼曰：晋赵盾杀其君夷獳。此史例也。《春秋》经例，不可用史例。用史例，则盾反有词，故以经助史。……据晋史之言，如《春秋》之例，则盾亦不当复见。今复见者，正所以治之也。

　　盖孔子修《春秋》，据旧史而益加精严。而旧史之书事，久有义例，故恒见经、史之殊。宁殖出君，自知其名在诸侯之策，而今之《春秋》乃书曰：卫侯出奔齐。襄公十四年。尤可见孔子之《春秋》异于旧史，而宁殖所言，必属实事。使诸侯之策固无其文，何为以此自诬乎？

　　春秋国君之于史，谓之社稷之臣。

　　《檀弓》：卫有太史曰柳庄，寝疾。……公曰：若疾革，虽当祭必告。公再拜稽首，请于尸曰：有臣柳庄也者，非寡人之臣，社稷之臣也。

　　军不先史，不能得人之国。

　　《左传·闵公二年》：狄人囚史华龙滑与礼孔以逐卫人。二人曰：我太史也，实掌其祭，不先，国不可得也。乃先之，至则告守者曰：不可待也。夜与国人出。

　　将帅进退，有史参加。

　　《左传·襄公十四年》：左史谓魏庄子曰：不待中行

伯乎？庄子曰：夫子命从帅。

盟誓朝贡，史悉纪载。

《左传·襄公二十三年》：将盟臧氏，季孙召外史掌恶臣而问盟首焉。

二十九年：鲁之于晋也，职贡不乏，玩好时至，公卿大夫相继于朝，史不绝书，府无虚月。

不第君臣命位，司其策授已也。

《左传·僖公二十八年》：王命尹氏及王子虎、内史叔兴父策命晋侯为侯伯。

襄公十年：逼阳妘姓也。使周内史选其族嗣纳诸霍人，礼也。

哀公三十年：郑伯有既死，使太史命伯石为卿，辞。太史退则请命焉，复命之，又辞。如是三，乃受策入拜。

至如鲁之史革，更书断罟。

《鲁语》：莒太子仆弑纪公，以其宝来奔。宣公使仆人以书命季文子曰：夫莒太子不惮以吾故杀其君，而以其宝来，其爱我甚矣！为我与之邑，今日必授，无逆命矣。里革（即《左传》之太史克）遇之，而更其书曰：莒太子杀其君而窃其宝来，不识穷固，又求自迩。为我流之于夷，今日必通，无逆命矣。（按此即后世给事中中书舍人封驳之权舆。）明日有司复命，公诘之，仆人以里革对。公执之，曰：逆君命者，女亦闻之乎？对曰：臣以死奋笔

（此与董狐、南史同一不畏死者），奚啻其闻之也。臣闻之曰：毁则者为贼，掩贼者为藏，窃宝者为宄，用宄之财者为奸。使君为藏奸者，不可不去也；臣违君命者，亦不可不杀也。公曰：寡人实贪，非子之罪。乃舍之。（《左传》文公十八年载是事出于季文子，惟宣公问之，则使太史克对，其言述周礼誓命尤详。盖即季文子主动，亦必以史官格君之非也。）

又，宣公夏滥于泗渊，里革断其罟而弃之。公闻之曰：吾过而里革匡我，不亦善乎？是良罟也。为我得法，使有司藏之，使吾无忘谂。师存侍曰：藏罟不如寘里革于侧之不忘也。（可见其史官当在君侧。）

晋史黯之箴赵鞅，楚倚相之谤申公，侃侃直言，廷争面折。

《晋语》：赵简子田于蝼，史黯闻之，以犬待于门。简子见之，曰：何为？曰：有所得犬，欲试之兹囿。简子曰：何为不告？对曰：君行，臣不从，不顺。主将适蝼而麓不闻，臣敢烦当日。简子乃还。

《楚语》：左史倚相廷见申公子亹，子亹不出，左史谤之，举伯以告。子亹怒而出曰：女无亦谓我老耄而舍我，而又谤我！左史倚相曰：唯子老耄，故欲见以交儆子；若子方壮，能经营百事，倚相将奔走承序，于是不给，而何暇得见。

是当时各国史官职权之尊，实具有特殊地位，非后世史官仅掌撰述之比。近人论史者，比之司法独立，然亦未能推其比于司法独立之由来。盖非从五史职掌观之，无以知其系统矣。

周之太史所掌典则法制，既与冢宰相同，而王者驭臣出治之八枋，悉由内史所诏。国法国令之贰，咸在史官，以考政事，以逆会计。胪举其目，则治、教、礼、政、刑、事，总摄六官。官属、官职、官联、官常、官成、官法、官刑、官计，赅括百职。祭祀、法则、赋贡、礼俗、田役，既无不知，而所谓禄、位、刑、赏、废、置，尤为有国大权，必操于元首及执政者。太史掌之，内史亦掌之。举凡爵禄废置、杀生予夺，或王所未察及其未当者，均得导之佐之。是史虽仅仅文官幕僚之长，而一切政令，皆其职权所司。由是可知周之设官，惟史权高于一切。诸侯之国，其有太史、内史诸职者，王朝当亦规定其职权，必非各国自为风气，或一二史官沽名市直也审矣。（韩起曰：周礼尽在鲁。盖鲁特完备，他国非不知周之礼经，特不如周之详尽耳。）

且史之掌典法则也，与小宰司书司会虽同；而礼书礼法四方之志，三皇五帝之书，则小宰司书诸官所不备也。故周之史官，为最高之档案库（各官之档案，有各官之史掌之。其成为典则礼法者，计已刊修，如后世之会典）。为实施之礼制馆，为美备之图书府，冢宰之僚属不之逮也。由是论之，后世史籍所以广志礼乐、兵刑、职官、选举、食货、艺文、河渠、地理，以及诸侯世家、列国载记、四裔藩封，非好为浩博无涯涘也。自古史职所统，不备不足以明吾史之体系也。而本纪所书、列传所载、世表所系，命某官、晋某爵、设某职、裁某员、变某法、诛某罪、录某后、祀某人，一一皆自来史职所掌，而后史踵其成规，当然记述者也。惟古之施行记述，同属史官；后世则施行记述，各不相谋。而史籍乃专属于执笔者之著述耳。他族立国，无此规模，文人学者，自为诗文，或述宗教，或颂英雄，或但矜武力而为相斫书，或杂记民俗而为社会志，其体系本与吾史异趣。或且病吾史之方板简略，不能如其活动周详。是则政宗史体，各有渊源，必知吾国政治之纲维，始能明吾史之系统也。

周官史职，不言谏争，惟曰赞、曰诏、曰考、曰逆。则施行之当否与随事之劝戒，已寓其中。且曰逆者，预事防维，夙申法守，则消弭于未然者多，而补救于事后者少矣。《王制》有天子受谏、百官受质之文，皆承太史典礼执简记之下，则谏及质者，史所有事也。

《王制》：大史典礼，执简记，奉讳恶。天子斋戒受谏，司会以岁之成质于天子，冢宰斋戒受质。大乐正、大司寇市三官以其成，从质于天子，大司徒、大司马、大司空斋戒受质。百官各以其成质于三官，大司徒、大司马、大司空以百官之成质于天子，百官斋戒受质。

殷史辛甲执图法而谏至七十五次。及在周为太史，且命百官官箴王阙。则史之据法典以谏君，其来久矣。《大戴记》谓三代之礼，天子不得为非，失度则史书之，工读之。

《大戴记·保傅篇》：三代之礼，天子春朝朝日，秋暮夕月。……食以礼，彻以乐，失度则史书之，工诵之，三公进而读之，宰夫减其膳。是天子不得为非也。

召公所述瞽史献典教诲，为天子听政旧制。

《周语》：天子听政，使公卿至于列士献诗，瞽献典，史献书，师箴，瞍赋，矇诵，百工谏，庶人传语，近臣尽规，亲戚补察，瞽史教诲，耆艾修之，而后王斟酌焉。是以事行而不悖。

师旷述史之为书，自《夏书》官师相规而来。

《左传·襄公十四年》：师旷曰，夫君，神之主也，民之望也。若困民之主，匮神乏祀，百姓绝望，社稷无主，将安用之？弗去何为。天生民而立之君，使司牧之，勿使失性；有君而为之贰，使师保之，勿使过度。……自王以下，各有父兄子弟以补察其政，史为书，瞽为诗，工诵箴谏，大夫规诲，士传言，庶人谤，商旅于市，百工献艺。故《夏书》曰：遒人以木铎徇于路，官师相规，工执艺事以谏。正月孟春，于是乎有之，谏失常也。天之爱民甚矣，岂其使一人肆于民上，以从其淫，而弃天地之性？必不然矣。

则古史之职，以书谏王，其源甚古，不必始于周代。其原则实在天子不得为非一语。使一人肆于民上，以从其淫，其祸至烈。而吾族圣哲深虑预防之思想，乃以典礼史书，限制君权；其有失常，必补察之，勿使过度。虽其事不似他族之以宪法规定，而历代相传，以为故事，则自甚恶如桀、纣、厉、幽失其约束之效力者外，凡中材之主，皆可赖此制以维持于不敝。夫自天子失度，史可据法以相绳，则冢宰以降，孰敢纵恣。史权之高于一切，关键在此。后世台谏之有监察权，不仅监察官吏，实历代一贯相承之良法美意。苏轼所谓委任台谏一端，是圣人过防之至计。风采所系，不问尊卑。"言及乘舆，则天子改容；事关廊庙，则宰相待罪"者（苏轼上神宗书中语）。非由自古虽天子不得为非之定义而来乎？

惟是吾国史权之尊，固仿佛有他国司法独立之制度。然其精义，又与他族之言权者有别。他族之言权者，每出于对待而相争；吾国之赋权者，乃出于尚德而互助。此言史权者最宜郑重辨析者也。历世贤哲，主持政权，上畏天命，下畏民喦，惟虑言动之有愆，致贻国族以大患。乐得贤者，补阙拾遗于左右。爰有动则左史书之，言则右史书之之法，其初以备遗忘，其后以考得失，相勉于善，屈己从人。而史之监察权，由是树立。主持大政者，不惟不之防禁，且欣受而乐从。《皋陶谟》曰："臣哉邻哉！邻哉臣哉！"又曰："予违汝弼，汝无面从，退有后言，钦四邻。"古之君臣，犹之宾主，其谓之邻者，取其密迩而相辅助。故太史、内史，皆若友朋，共为大政。又惧后世不知此义，定为四辅之制。《洛诰》曰：乱为四辅，所以诞保文武受民。其法固传自《虞书》，非周特创。《大戴记》述明堂之位史佚与周、召、太公同为四圣，即所谓乱为四辅也。

《大戴记·保傅篇》：明堂之位曰：笃仁而好学，多闻而道慎。天子疑则问，应而不穷者，谓之道。道者，导天子以道者也。常立于前，是周公也。诚立而敢断，辅善而相义者，谓之充。充者，充天子之志也。常立于左，是太公也。絜廉而切直，匡过而谏邪者，谓之弼。弼者，拂天子之过者也。常立于右，是召公也。博闻强记，接给而善对者，谓之承。承者，承天子之遗忘者也。常立于后，是史佚也。故成王中立而听朝，则四圣维之，是以虑无失计，而举无过事。殷周之所以长久者，其辅翼天子有此具也。

中央政府如此，诸侯之国亦然。观卫武公抑戒之自儆，可以知此种根本观念，非出于臣下要求权利，而为主持政务者要求互助。盖深知匡弼箴规，不惟有益于国事，实则有益于其身家。保世滋大，与覆宗陨命相较若何？故贤者乃勤求如恐不及。

《楚语》：左史倚相曰：昔卫武公年数九十有五矣，犹箴儆于国曰：自卿以下至于师长士，苟在朝者，无谓我老耄而舍我。必恭恪于朝，朝夕以交戒我。闻一二之言，必诵，志而纳之，以训导我。在舆有旅贲之规，位宁有官师之典，倚几有诵训之谏，居寝有亵御之箴，临事有瞽史之导，宴居有师工之诵。史不失书，矇不失诵，以训御之，于是乎作抑戒以自儆也。及其没也，谓之睿圣武公。

后世古意寖泄，然如唐太宗之欲观国史，犹以知前日之恶为后来之戒为言。此中国之政术特异于他族者也。

《通鉴·唐纪》：太宗贞观十七年，上谓监修国史房玄龄曰：前世史官所记，皆不令人主见之，何也？对曰：史官不虚美隐恶，人主见之必怒，故不敢献。上曰：朕欲自观国史，知前日之恶，为后来之戒，公可撰次以闻。

复次，吾国史权，虽无明文规定，若他族之争立国宪以保障言论之自由；然亦未尝无明定之责任。《保傅篇》曰：太子有过，史必书之。史之义不得不书过，不书过则死。此即古史有明定责任之证。且非独太子之史如此，即宫中之女史亦然。

《大戴记·保傅篇》：太子既冠，成人，免于保傅之严，则有司过之史，有亏膳之宰。太子有过，史必书之，史之义不得不书过，不书过则死。过书而宰彻去膳，夫膳夫之义，不得不彻膳，不彻膳则死。

《诗·卫风·静女》毛传：古者后夫人必有女史彤管之法，史不记过，其罪杀之。后妃群妾以礼御于君所，女史书其日月，授之以环，以进退之。生子月辰则以金环退之，当御者以银环进之，著于右手。既御，著于左手。事无大小，记以成法。

《周官》誓太史曰杀，誓小史曰墨。说者疑"史"为"事"字之讹，或谓为后人所窜改。不知此乃使史官自勉于职，不避权势最要之条文，与《大戴记》《毛传》可以互证。

《周官·秋官》：条狼氏誓邦之太史曰杀，誓小史曰墨。

故蔡墨曰：一日失职，则死及之。

《左传·昭公二十九年》：蔡墨曰（杜注：蔡墨，晋太史）：物有其官，官修其方，朝夕思之。一日失职，则死及之。

不然，齐史何以视死如归，里革何以以死奋笔，史鱼何以甘以尸谏哉！

《大戴记·保傅篇》：卫灵公之时，蘧伯玉贤而不用，弥子瑕不肖而任事。史鰌患之，数言蘧伯玉贤而不听，病且死，谓其子曰：我即死，治丧于北堂。吾生不能进蘧伯玉而退弥子瑕，是不能正君者，死不当成礼，而置尸于北堂，于我足矣。灵公往吊，问其故，其子以父言闻。灵公造然失容曰：吾失矣。立召蘧伯玉而贵之，召弥子瑕而退之。徙丧于堂，成礼而后去。卫国以治，史鰌力也。

《孟子》曰：《春秋》天子之事。赵注曰：孔子惧王道遂灭，故作《春秋》。因鲁史记，设素王之法，谓天子之事也。杜预《左传集解序》亦曰：说者以为仲尼自卫反鲁，修《春秋》，立素王，丘明为素臣。盖谓孔子以《春秋》为无冕之王也。素王之称，自伊尹时已有之。

《史记·殷本纪》：伊尹处士，汤使人聘迎之，五反然后肯往，从汤言素王及九主之事。《集解》引刘向《别录》曰：九主者，有法君、专君、授君、劳君、等君、寄君、破君、国君、三岁社君，凡九品，图画其形。

庄周亦言玄圣素王之道。（《天道篇》）素王疑即古史相传纪述天子得失之事。孔子修《春秋》，用古史之法，故曰设素王之法。然孔子以鲁臣何以得行天子之事？以《周官》证之，其义自明。古之史官，本以导相天子为职，其所诏告及所记录爵禄废置、杀生予夺，何一非天子之事？孔子修《春秋》，特遵史官之职而为之，非欲以私人僭行天子之事。其恐人之罪之者，以为虽遵史法，而身非史官耳。《穀梁传》谓《春秋》有临天下之言，说者亦以王者抚有天下解之。

《穀梁传·哀公七年》：《春秋》有临天下之言焉，有临一国之言焉，有临一家之言焉。注：徐乾曰：临者，抚有之也，王者无外，以天下为家，尽其有也。

实则《春秋》所治，自天王始，如天王使家父求车，讥其非礼之类。岂惟以天子之事治天下。第其治天子诸侯者，必本周之典礼，故虽严而非僭也。

后世史职，远逊于古矣。其踪迹迁流，犹断续可见。《史通》称赵鞅晋一大夫，犹有直臣书过。

《说苑》：昔周舍事赵简子，立于门三日。简子问之，舍曰：愿为谔谔之臣，墨笔操牍，司君之过而书之。日有记，月有效，岁有得也。简子说。

陈胜、萧何，犹踵其法。

《史记·陈涉世家》：以朱防为中正，胡武为司过，主司群臣。

《后汉书·文苑传·崔琦传》：萧何佐汉，乃设书过之吏。刘敛曰：吏当作史。

而君举必书之语，亦几等于固定之宪章。汉唐学者，时时称述以资谏戒。

《后汉书·荀悦传》：悦言古者天子诸侯，有事必告于庙。朝有二史，左史记言，右史记事，事为《春秋》，言为《尚书》。君举必记，善恶成败，无不存焉。下及士庶，苟有茂异，咸在载籍。或欲显而不得，或欲隐而名章。得失一朝，而荣辱千载。善人劝焉，淫人惧焉。

又《酷吏传·阳球传》：奏罢鸿都文学曰：伏承有诏敕中尚方为鸿都文学乐松、江览等三十二人图象立赞，以劝学者。臣闻传曰：君举必书。书而不法，后嗣何观？案松、览等皆出于微蔑，斗筲小人……有识掩口，天下嗟叹。臣闻图象之设，以昭劝戒，欲令人君动鉴得失。未闻竖子小人诈作文颂，而可妄窃天官，垂象图素者也。

《旧唐书·魏知古传》：知古累修国史……睿宗女金仙、玉真二公主入道，有制各造一观。季夏盛暑，营造不止，知古上疏谏曰……且国有简册，君举必记，动则左史书之，言则右史书之。是以非礼勿言，非礼勿动。夫如是则君之所举，可不慎欤！臣备位谏诤，兼秉史笔，书而不法，后嗣何观？臣愚以为不可。

又《徐坚传》：监修唐史，神龙初，再迁给事中。时雍州人韦月将上书告武三思不臣之迹，反为三思所陷，中宗即令杀之。时方盛夏，坚上表曰：月将诬构良善，故违制命，准其情状，诚合严诛，但今朱夏在辰，天道生长，即从明戮，有乖时令，致伤和气。君举必书，将何以训？伏愿详依国典，许至秋分，则知恤刑之规，冠于千载；哀矜之惠，洽乎四海。中宗纳其所奏，遂令决杖配流岭表。（《册府元龟·国史部叙》亦曰：古之王者，世有史官。君举必书，书法不隐。所以慎言行，示劝戒也。）

柳虬当西魏时，犹以直笔于朝显言其状为请，史且称其事遂施行。是《春秋》故事，至北朝时犹若伏流之一现。纵当时法意，久异成周，史之职掌，亦已迥殊，而其遗风善制，流传之久，可以概见。

《北周书·柳虬传》：虬以史官，密书善恶，未足惩劝，乃上疏曰：古者人君立史官，非但记事而已，盖所以为监诫也。动则左史书之，言则右史书之。彰善瘅恶，以树风声。故南史抗节，表崔杼之罪；董狐书法，明赵盾之愆。是知直笔于朝，其来久矣。而汉魏以还，密为记注，徒闻后世，无益当时。非所谓将顺其美，匡救其恶者也。且著述之人，密书其事，纵能直笔，人莫之知，何止物情横议，亦自异端并起。故班固致受金之名，陈寿有求米之论。著汉魏者非一氏，造晋史者至数家。后代纷纭，莫知准的。……诸史官记事者，请皆当朝显言其状，然后付之史阁。庶令是非明著，得失无隐，使闻善者自修，有过者知惧。敢以愚管，轻冒上闻，乞以瞽言，访之众议。事遂施行。

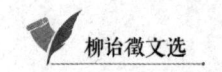

观高澄及韦安石之言，都甚敬畏史权。

　　《北齐书·魏收传》：齐文襄谓司马子如曰：魏收为史官，书吾等善恶。闻北伐时，诸贵常饷史官饮食，司马仆射颇曾饷不？因共大笑。仍谓收曰：卿勿见元康等在吾目下趋走，谓吾以为勤劳。我后世身名在卿手，勿谓我不知。

　　《新唐书·朱敬则传》：请高史选，以求名才。侍中韦安石尝阅其稿史，叹曰：董狐何以加，世人不知史官权重宰相。宰相但能制生人，史官兼制生死。古之圣君贤臣，所以畏惧者也。

惟韩愈猥以人祸天刑为虑，其识乃不逮柳宗元。合观其言，亦可知政宗隆替史职伸屈之因。

　　韩愈《答刘秀才论史书》：孔子圣人，作《春秋》，辱于鲁、卫、陈、宋、齐、楚，卒不遇而死；齐太史氏兄弟几尽；左丘明纪春秋时事以失明；司马迁作《史记》刑诛；班固瘐死；陈寿起又废，卒亦无所至；王隐谤退死家；习凿齿无一足；崔浩、范晔赤诛；魏收天绝；宋孝王诛死。足下所称吴兢，亦不闻身贵，而今其后有闻也。夫为史者，不有人祸，则有天刑，岂可不畏惧而轻为之哉！

　　柳宗元《与韩愈论史官书》：退之以为纪录有刑祸，避不肯就，尤非也。……又言不有人祸，必有天刑。若以罪夫前古之为史者，然亦甚惑。凡居其位，思直其道。道苟直，虽死不可回也；如回之，莫如亟去其位。孔子之困于鲁卫宋蔡齐楚者，其时暗，诸侯不能以也，其不遇而死，不以作《春秋》故也。当其时虽不作《春秋》，孔子犹不遇而死也。若周公史佚，虽纪言书事，犹遇而显也。

又不得以《春秋》为孔子累。范晔悖乱，虽不为史，其族亦赤。司马迁触天子喜怒，班固不检下，崔浩沽其直以斗暴虏，皆非中道。左丘明以疾盲，出于不幸。子夏不为史亦盲，不可以是为戒。其余皆不出此。是退之宜守中道，不忘其直，无以他事自恐。退之之恐，惟在不直不得中道，刑祸非所恐也。

降至唐文宗时，郑朗犹能守职。

《新唐书·郑朗传》：开成中，权起居郎。文宗与宰相议政，适见朗执笔螭头下，谓曰：向所论事，亦记之乎？朕将观之。朗曰：臣执笔所书者，史也，故事，天子不观史。昔太宗欲观之，朱子奢曰：史不隐善，不讳恶。自中主以下，或饰非护失。见之则史官无以自见，且不敢直笔。褚遂良亦称史记天子言动，虽非法必书，庶几自饰。帝悦，谓宰相曰：朗援故事，不畀朕见起居注，可谓善守职者。然人君之为，善恶必记，朕恐平日言之不协治体，为将来羞，庶一见得以自改。朗遂上之。

苏轼之谏神宗，以"国史记之为"神宗惜。是皆踪迹迁流，断续可见者也。

苏轼《上神宗书》：青苗放钱，自昔有禁。今陛下始立成法，每岁常行。虽云不许抑配，而数世之后，暴君污吏，陛下能保之欤？异日天下恨之，国史记之，曰：青苗钱自陛下始。岂不惜哉！

综观史迹，古史之权，由隆而替；古史之职，亦由总而分。

夫古之五史，职业孔多，蔽以一语，则曰掌官书以赞治。由斯一义，而历代内外官制，虽名实贸迁，沿革繁赜，其由史职演变者乃特多。是亦研究史权所宜附论及之者也。吾国自《周官》以后，殆无一代能创立法制。设官分职，大抵因仍演变，取适一时。故虽封建、郡县，形式不同，地域广轮，日增月昔，而内外重要职务，恒出于周之史官。其由周代中士、下士之御史，演变为御史大夫、中丞，建立台察之制，为世所共知者，无论矣。秦汉京师地方长官，实曰内史。秦以御史监郡，汉由丞相遣史刺州，嗣遂演为刺史州牧之职。均见《汉书·百官公卿表》。盖史本秘书幕职，近在中枢，熟谙政术，且为政治首长所亲信。故对于首善之区，及地方行政，典司督察，胜于外僚。后世如金元行省以中书省臣出领，清之督抚犹带尚书侍郎职衔，均此意也。

《周官》之制，相权最尊，而太史、内史执典礼以相匡弼。法意之精，后世莫及。秦汉不知礼意，而以丞相总大政，御史大夫贰之，犹存周制于什一。武、宣以降，丞相与御史大夫之权浸微，大权悉操于人主。此其与古制最相舛戾者也。（观《周官》国政咸总于冢宰，知其时王者实垂拱无为。）然人主以私意而忘礼意，而事实所需，仍不能出于古制。爰有中书、尚书，近在宫禁，典治官书，出纳诏奏，其职实周之内史。惟周之内史，为外廷之要职，而中书、尚书为天子之私人耳。司马迁以太史令为中书令，即以外廷之史变为内廷之史之证。成帝罢宦官，增置尚书，分曹治事。迄东汉而政归台阁，三公徒拥虚名，居相位者非领尚书录尚书事，不得与闻机要。盖以内史掌相权，而又惧内外之隔阂，复以宰相参加内史，与周制适成一反比例矣。知中书、尚书之为内史，则知魏晋以降演变至唐为中书、尚书、门下三省，至宋为中书门下，至元及明初为中书省，明中叶至清初为殿阁大学士，清雍、乾以降为军机大臣者，皆内史也。（门下省由汉之仆射、侍中、给事中演变，亦即内史。故给事中掌封驳，以其职在内廷，得进言于人主，与闻用人行政也。）而尚书由汉之六曹，演变而为六部，则又以内史而变为行政长官，与内史之出为地方长官，同一性质。故吾谓历代内外重要官制，皆出于史也。唐宋时内史变为相矣，史职仍不可阙，于是有翰林学士掌内制，中书舍人掌外制，即古中之掌策命者也。翰林学士号为内相，演变而为明之大学士。史又变为相矣。上下二千年，或以史制相，或以相领史，及史变为相，复别置史，而史又变为相。故二千年中之政治，史之政治也；二千年中之史，亦即政治之史也。子母相生，最可玩味。而其利弊得失，亦复循环相因。无论武人崛起，裔族勃兴，苟欲经世保邦，必倚史以成文治，此其利与得也。君主专制，不知任相，而所倚以为治者，因亦不能创制显庸，第以奉行故事、熟习例案、救弊补偏、适应环境为事，此其弊与失也。夫以进化公例言，万事演蜕，胥由混合而区分。吾国史权最隆之时，乃职权混合之时；至其区分，则行政监察著述，各席其权，而分途演进，不得谓史权之没落。惟不综观官制及著作之渊源，乃不能得其条理脉络之所在耳。章氏《史释篇》略论内阁六科翰林中书之属比于古史，顾氏《日知录》极论唐宋及明代封驳之制之善，第都未能从源及流，为吾国史职作一整个有系统之叙述。清代所定《历代职官表》，以清为主，而上溯之，尤未明于官制递嬗之故。爰为纵论及之。

附　汉之尚书

尚书即今所谓秘书处，典其事者即曰尚书，犹今之治秘书者即曰秘书也。秦时相府有尚书。

《秦策》：文信侯相秦，臣事之为尚书，习奏事。

汉则为内廷之职，以能史书者为令史。

《汉书·艺文志》：汉兴，萧何草律，著其法曰：太史试学童，能讽书九千字以上，乃得为史。又以六体试之，课最者以为尚书、御史、史书令史。韦昭曰：若今尚书，兰台令史也。（按萧何律文之意，盖谓最工书者，得为尚书之史书令史，或为御史之史书令史。韦注似未分析。又据萧何律，知西汉开国，即有所谓尚书，故文帝诛薄昭之故事在尚书。特自成帝以后，设官始多，权亦日重耳。）

郎官善书者，亦给事其中。

《汉书·张安世传》：少以父任为郎，用善书给事尚书。（师古曰：于尚书中给事也。）精力于职，休沐未尝出。上行幸河东，尝亡书三箧，诏问莫能知，唯安世识之，具作其事。后购求得书，以相校，无所遗失，上奇其材，擢为尚书令。（按此三箧，殆犹今之所谓公事箱，观下云具作其事，盖箧中文书，各有应行事件，安世能识其纲要，故作书施行。若是古书，不当云具作其事也。）

西汉之季，以博士高第为尚书，盖必经光禄选试。

《汉书·孔光传》：是时博士选三科（言分三等也），高为尚书，次为刺史，其不通政事，以久次补诸侯太傅。光以高第为尚书，观故事品式，数岁，明习汉制及法令。上甚信任之，转为仆射尚书令。

东汉之季，则由三公选荐，或出特拜，不经选试。

《后汉书·李固传》：旧任三府选令史，光禄试尚书郎。（言旧制尚书郎由光禄试之也。）时皆特拜，不复选试。

又《王畅传》：是时政事多归尚书，桓帝特诏三公令高选庸能。太尉陈蕃荐畅清方公正，有不可犯之色。由是复为尚书。

《汉书·百官公卿表》不详其职掌。

《汉书·百官公卿表》：仆射，秦官，自侍中、尚书、博士、郎皆有。孟康曰：皆有仆射，随所领之事以为号也。侍中左右曹诸吏散骑中常侍，皆加官。侍中中常侍得入禁中诸曹受尚书事。[按《后汉书·朱穆传》：汉家旧典，置侍中中常侍各一人，省尚书事。（注：省，览也。）黄门侍郎传发书奏，皆用姓族。自和熹太后以女主称制，不接公卿，乃以阉人为常侍小黄门通命两宫。知《百官公卿表》所谓侍中、中常侍得入禁中诸曹受尚书事者，即穆所谓省尚书事也。武帝游宴后廷，用宦者为中尚书（见《萧望之》及《石显传》），而侍中、中常侍仍用姓族，不皆阉人。其侍中、中常侍尽用阉人，自和熹太后称制始。故《百官公卿表》曰侍中、中常侍得入禁中诸曹受尚书事，明其为姓族，非阉人，而以有此加官，故得入禁中也。若如后汉之中常侍常在禁中，不必曰得入禁中矣。]

《续汉志》始详著之。

《续汉·百官志》：尚书令一人，千石。本注曰：

承秦所置，武帝用宦者，更为中书谒者令。成帝用士人，复故，掌凡选署及奏下尚书曹文书众事。尚书仆射一人，六百石。本注曰：署尚书事，令不在，则奏下众事。尚书六人，六百石。本注曰：成帝初置尚书四人，分为四曹（曹犹今之科也）。常侍曹尚书主公卿事，二千石；曹尚书主郡国，二千石事；民曹尚书主凡吏上书事；客曹尚书主外国夷狄事。世祖承遵，复分二千石曹，又分客曹为南主客曹、北主客曹，凡六曹。左右丞各一人，四百石。本注曰：掌录文书期会。左丞主吏民章报及骑伯史，右丞假署印绶及纸笔墨诸财用库藏。侍郎三十六人，四百石。本注曰：一曹有六人，主作文书起草。令史十八人，二百石。本注曰：曹有三主书，后增剧曹三人，合二十一人。〔按尚书为天子之秘书处，分曹办事，与相府之分曹者内外相当。相府之诸曹掾史，丞相之秘书也。《汉书·百官公卿表》亦未详言。《续汉书·百官志》太尉公一人，长史一人，千石。本注曰：署诸曹事。掾史属二十四人。本注曰：汉旧注，东西曹掾，比四百石，余掾比三百石，属比二百名，故曰公府掾比古元士三命者也。或曰：汉初掾史，辟皆上言之，故有秩比命士，其所不言，则为百石属（此犹今之简任委任），其后皆自辟除。故通为百石云。（此则一律为委任也。）西曹主府史署用，东曹主二千石长史迁除及军吏，户曹主民户祠祀农桑，奏曹主奏议事，辞曹主辞讼事，法曹主邮驿科程事，尉曹主卒徒转运事，贼曹主盗贼事，决曹主罪法事，兵曹主兵事，金曹主货币盐铁事，仓曹主仓谷事。黄阁主簿录省众事。令史及御属二十三人。本注曰：汉旧注，公令史百石。自中兴以后注不说石数。御属主为公御，阁下令史主阁下威仪事，记室令史主上表章报书记，门令史主府门，其余令史各典曹文书。合相府（即太尉府）之秘书处与内廷之秘书处，设立多职，分曹办事观之，可见中央政府统治各地，文书猥多，性质复杂，非设多曹，不能赅括。而内廷尚书有视相府诸曹为少者，赵瓯北所谓其所不掌者惟刑罚有廷尉，礼仪有太常，军马有大司马，赋税有大司农，纠劾有御史而已。然汉旧仪，三公曹主断狱及天下岁尽集课事，又典斋祀，则亦总持刑狱财赋礼仪也。二千石曹民曹皆兼主盗贼。汉旧仪，二千石曹尚书，掌中郎官水火盗贼辞讼罪眚。民曹尚书，典缮治功作监池苑囿盗贼事。则《续汉志》本注所引尚书六曹职务，特举其略，不可以其文之不备，即谓为职所不统也。〕

尚书在帝左右。

《汉书·霍光传》：尚书左右皆惊。

掌制诏下御史。

《史记·三王世家》：三月乙亥，御史臣光守尚书令奏未央宫。制曰：下御史。六年三月戊申朔乙亥，御史臣光守尚书令丞非下御史。

读章奏。

《汉书·霍光传》：尚书令读奏……尚书令复读。

主封事。

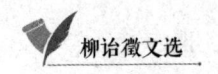

《汉书·魏相传》：故事，诸上书者皆为二封。署其一曰副，领尚书者先发副封，所言不善，屏去不奏。相复因许伯白去副封，以防壅蔽。

累朝故事皆归掌录。

《汉书·元后传》：诏尚书奏文帝时诛将军薄昭故事。（按《汉书》文帝十年冬，将军薄昭死，注引郑氏曰：昭杀汉使者，文帝不忍加诛，使公卿从之饮酒，欲令自引分，昭不肯，使群臣丧服往哭之，乃自杀。郑氏所述，当即出于尚书所记之故事。）

故尚书号为百官之本，枢机重职。

《汉书·贾捐之传》：尚书，百官本。
《石显传》：尚书，百官之本。
又《萧望之传》：中书令弘恭、石显久典枢机。
《孔光传》：凡典枢机十余年。

以慎密而能守法为贵。

《孔光传》：领尚书事，后为光禄勋，复领尚书诸吏给事中如故。……守法度，修故事……上有所问，据经法以心所安而对，不希指苟合。如或不从，不敢强谏争。以是久而安。时有所言，辄削草稿，以为章主之过，以奸忠直，人臣大罪也。有所荐举，唯恐其人之闻知。沐日归休，兄弟妻子燕语，终不及朝省政事。或问光温室省中树皆何木也，光嘿不应，更答以它语，其不泄如是。

臣门如市，臣心如水。世传为名言。

《汉书·郑崇传》：上责崇曰：君门如市人，何以欲禁切主上？崇对曰：臣门如市，臣心如水。

顾以士大夫为人主治秘书，犹不便于燕私。故自武帝至宣、元时，以宦者为中书令，于出入内庭尤便。弘恭、石显所由宠任也。

《汉书·萧望之传》：宣帝以史高为大司马车骑将军，望之为前将军，周堪为光禄大夫，皆受遗诏辅政，领尚书事。……初，宣帝不甚从儒术，任用法律，而中书宦官用事。中书令弘恭、石显久典枢机，明习文法，亦与车骑将军高为表里，论议常独持故事，不从望之等。……望之以为中书政本，宜以贤明之选。自武帝游宴后廷，故用宦者，非国旧制；又违古不近刑人之义。白欲更置士人，繇是大与高、恭、显忤。

又《佞幸传》：石显字君房，济南人。弘恭，沛人也。皆少坐法腐刑为中黄门，以选为中尚书。宣帝时任中书官，恭明习法令故事，善为请奏，能称其职。恭为令，显为仆射。元帝即位数年，恭死，显代为中书令。是时元帝被疾，不亲政事，方隆好于音乐。以显久典章奏，中人无外党，精专可信任，遂委以政，事无小大，因显白决。贵幸倾朝，百僚皆敬事显。显为人巧慧习事，能探得人主微指，内深贼，持诡辩以中伤人，忤恨睚眦，辄被以危法。初元中，前将军萧望之及光禄大夫周堪、宗正刘更生皆给事中。望之领尚书事，知显专权邪辟，建白以为尚书百官之本，国家枢机，宜以通明公正处之；武帝游宴后廷，故用宦者，非古制也，宜罢中书宦官，应古不近刑人。元帝不听,繇是大与显忤,后皆害焉。……自是公卿以下畏显,重足一迹。显与中书仆射牢梁、少府五鹿充宗结为党友,诸倚附者,皆得宠位。……其后御史大夫缺,群臣皆举大鸿胪冯野王行能第一。天子以问显,显曰:九卿无出野王者,然野王亲昭仪兄,臣恐后世必以陛下度越众贤,私后宫亲,以为三公。上曰:善,吾不见是。乃下诏嘉美野王,废而不用。

成帝时罢中书宦官,成帝建始四年。自是迄东汉权在尚书。而魏晋以降士大夫为中书令者,又为政权所萃,其势轶于尚书。盖尚书、中书皆人主之秘书,重尚书则尚书握其权,重中书则中书握其权也。

《陔馀丛考》:尚书本秦官少府之属,在内掌文书者,汉因之。武帝始用宦官为中书谒者令,于是尚书与中书职事多相连。其时中书如唐之枢密使,明之司礼监。而尚书通掌章奏,出诏命,参决众事,如唐之中书门下,明之内阁也。……曹操以刘放、孙资为秘书郎。文帝即位,更秘书为中书,以放为监,资为令,遂掌机密。明帝益任焉。其时中书监令号为重任,蒋济曰:今外所言,辄云中书。《晋书》荀勖由中书监除尚书令,或贺之,而勖有夺我凤池之叹。至晋惠帝时,孙秀为中书监,王威为中书令,权倾中外。则更任之极重者矣。

东汉开国,以侯霸为尚书令,始能定当时之政制。

《后汉书·侯霸传》:族父渊以宦者有才辨任职。元帝时,佐石显等领中书,号曰大常侍。成帝时,任霸为太子舍人。……建武四年，光武征霸，与车驾会寿春，拜尚书令。时无故典，朝廷又少旧臣，霸明习故事，收录遗文，条奏前世善政法度有益于时者，皆施行之。（据此知霸之明习故事，盖自其族父尝领中书，故能记识前世善政法度也。）

其时大臣难居相任，亦见《侯霸传》。政归台阁，封爵进退，一出尚书。

《后汉书·冯勤传》：给事尚书，以图议军粮，任事精勤，遂见亲识。每引进，帝辄顾谓左右曰：佳哉，吏也！由是使典诸侯封事。勤差量功次轻重，国土远近，地势丰薄，不相逾越，莫不厌服焉。由是封爵之制，非勤不定，帝益以为能。尚书众事，皆令总录之。

积之既久，尚书操实权而非相。三公以虚名而受责，选举诛赏，都由尚书。质言之，则东汉之政府，一秘书之政府也。

《后汉书·陈忠传》：时三府任轻，机事专委尚书，而灾青变咎，辄切免公台。忠以为非国旧体，上疏谏曰：臣闻君使臣以礼，臣事君以忠。故三公称曰冢宰，王者待以殊敬，在舆为下，御坐为起。入则参对而议政事，出则监察而董是非。汉典旧事，丞相所请，靡有不听。今之三公，虽当其名，而无其实，选举诛赏，一由尚书。尚书见任，重于三公，陵迟以来，其渐久矣。

秘书所重在例案，援据例案，则是非有准。故自孔光、石显皆以明习故事，久居尚书。东汉尚书之称职者，亦莫不曰晓习故事，闲达国典。所谓"万事不理问伯始"者，徒以胡广"达练事体明解朝章"耳。

《后汉书·蔡茂传》：郭贺能明法，建武中为尚书令。在职六年，晓习故事，多所匡益。

又《黄香传》：帝惜香干用，久习旧事，复留为尚书令。

又《黄琼传》：稍迁尚书仆射，琼随父（即香）在台阁，习见故事。及后居职练达，官曹争议，朝堂莫能抗夺。

又《刘祐传》：补尚书侍郎，闲练故事，文札强辨，每有奏议，应对无滞，为僚类所归。

又《窦武传》：尚书郎张陵、妫皓、苑康、杨乔、边韶、戴恢等，文质彬彬，明达国典。

又《阳球传》：补尚书侍郎，闲达故事，其章奏处议，常为台阁所崇信。

又《胡广传》：达练事体，明解朝章，虽无謇直之风，屡有补阙之益。故京师谚曰：万事不理问伯始。

故事不赅，则求之经训。

《后汉书·张敏传》：为尚书。建初中，有人侮辱人父者，而其子杀之。肃宗贳其死刑而降宥之。自后因以为比，是时遂定其议，以为轻侮法。敏驳议曰……孔子曰：民可使由之，不可使知之。《春秋》之义，子不报仇，非子也。而法令不为之减者，以相杀之路不可开故也。……议寝不省，敏复上疏：……孔子垂经典，皋陶造法律，原其本意，皆欲禁民为非也。未晓轻侮之法，将以何禁？……和帝从之。

又《韩棱传》：窦宪与车驾会长安，尚书以下议欲拜之，伏称万岁。棱正色曰：夫上交不谄，下交不黩。礼无人臣称万岁之制。议者皆惭而止。

经典故事，咸得其比，则权幸畏之。亦犹民主国家，必援据宪法。其限制君权，体恤民物，有时且可独申己意，不为群议所挠。

《后汉书·杨秉传》：劾奏中常侍侯览、具瑗等……书奏，尚书召对秉掾属曰：公府外职，而奏劾近官，经典汉制，有故事乎？秉使对曰：春秋赵鞅以晋阳之甲逐君侧之恶，传曰：除君之恶，惟力是视。邓通懈慢，申屠嘉召通诘责，文帝从而请之。汉世故事，三公之职，无所不统。尚书不能诘。帝不得已，竟免览官，而削瑗国。

又《朱晖传》：元和中，召拜为尚书仆射。……是时谷贵，县官经用不足，朝廷忧之。尚书张林上言谷所以贵，自钱贱故也，可尽封钱，一取布帛为租，以通天下之用。又盐食之急者，虽贵人不得不须，官可自鬻。又宜因交趾、益州上计吏往来，市珍宝，收采其利，武帝时所谓均输者也。于是诏诸尚书通议。晖奏据林言不可施行，事遂寝。后陈事者复重述林前议，以为于国诚便。帝然之，有诏施行。晖复独奏曰：《王制》天子不言有无，诸侯不言多少，食禄之家不与百姓争利。今均输之法，与贾贩无异。盐利归官，则下人穷怨；布帛为租，则吏多奸盗。诚非明主所当宜行。帝卒以林等言为然，得晖重议，因发怒切责诸尚书。晖等皆自系狱。三日，诏敕出之，曰：国家乐闻驳议，黄发无怨，诏书过耳，何故自系？晖因称病笃，不肯复署议。尚书令以下惶怖。诏晖曰：今临得谴让，奈何称病？其祸不细。晖曰：行年八十，蒙恩得在机密，当以死报。若心知不可，而顺旨雷同，负臣子之义。

今耳目无所闻见，伏待死命。遂闭口不复言。诸尚书不知所为，乃共劾奏晖。帝意解，寝其事。后数日，诏使直事郎问晖起居，太医视疾，太官赐食。晖乃起谢。

又《虞诩传》：迁尚书仆射。……先是宁阳主簿诣阙诉其县令之枉，帝大怒，持章示尚书，尚书遂劾以大逆。诩驳之曰：主簿所讼，乃君父之怨；百上不达，是有司之过。愚蠢之人，不足多诛。帝纳诩言，答之而已。诩因谓诸尚书曰：小人有怨，不远千里，断发刻肌，诣阙告诉，而不为理，岂臣下之义？君与浊长吏何亲，而与怨人何仇乎？闻者皆惭。

故汉廷之优礼尚书，冠冕百僚，良以尚书能为元首处理国事，恒得其宜，不独司喉舌，工文牍，以精勤自效为人主私人已也。

《后汉书·宣秉传》：光武特诏御史中丞与司隶校尉、尚书令会同，并专席而坐，故京师号曰三独坐。

又《钟离意传》：药崧者，河内人。天性朴忠，家贫为郎。常独直台上，无被，枕祉，食糟糠。帝每夜入台，辄见崧，问其故，甚嘉之。自此诏太官赐尚书以下，朝夕餐给，帷被皂袍，及侍史二人。《汉官仪》：尚书郎入直台中，官供新青缣白绫被或锦被，昼夜更宿，帷帐画，通中枕，卧旃蓐，冬夏随时改易。太官供食，五日一美食，下天子一等。尚书郎伯使二人，女侍史二人，皆选端正者。伯使从至止车门还。女侍史洁被服，执香炉烧熏，从入台中，给使护衣服也。

又《张禹传》：延平元年，迁为太傅，录尚书事。邓太后以殇帝初育，欲令重臣居禁内，乃诏禹舍宫中，给帷帐床褥，太官朝夕进食，五日一归府。每朝见，特赞，与三公绝席。……数上疾乞身，诏遣小黄门问疾，赐牛一头，酒十斛，劝令就第，其钱布、刀剑、衣物，前后累至。

又《韩棱传》：五迁为尚书令，与仆射郅寿、尚书陈宠同时，俱以才能称。肃宗尝赐尚书剑，唯此三人，特以宝剑，自手署其名，曰：韩棱楚龙渊，郅寿蜀汉文，陈宠济南椎成。时论者为之说，以棱渊深有谋，故得龙渊；寿明达有文章，故得汉文；宠敦朴，善不见外，故得椎成。……窦氏败，棱典案其事，深竟党与，数月不休沐。帝以为忧国忘家，赐布三百匹。

又《周荣传》：子兴少有名誉。永宁中，尚书陈忠上疏荐兴曰：古者帝王有所号令，言必弘雅，辞必温丽，垂于后世，列于典经。故仲尼嘉唐虞之文章，从周室之郁郁。窃见光禄郎周兴，孝友之行，著于闺门，清厉之志，闻于州里，蕴椟古今，博物多闻，《三坟》之篇，《五典》之策，无所不览，属文著辞，有可观采。尚书出纳帝命，为王喉舌。臣等既愚暗，而诸郎多文俗吏，鲜有雅才，每为诏文，宣示内外，转相求请，或以不能，而专己自由，辞多鄙固。兴抱奇怀能，随辈栖迟，诚可叹惜。诏乃拜兴为尚书郎。

又《黄香传》：祗勤物务，忧公如家。……帝知其精勤，数加恩赏。

又《冯衍传》：子豹拜尚书郎，忠勤不懈。每奏事，未报，常俯伏省阁，或从昏至明。肃宗闻而嘉之，使黄门持被覆豹，敕令勿惊。

西汉重臣，率称领尚书，或平尚书事、视尚书事，并参尚书事。

《汉书·霍光传》：霍山自承领尚书。（萧望之、孔光领尚书事见前。）

　　《张安世传》：拜为大司马车骑将军，领尚书事。

　　《张敞传》：为太中大夫，与于定国并参尚书事。

　　《张禹传》：为诸吏光禄大夫，秩中二千石，给事中领尚书事。

　　《史丹传》：父高，宣帝疾病，拜高为大司马车骑将军领尚书事。

　　《师丹传》：哀帝即位，为左将军，赐爵关内侯，食邑，领尚书事。

　　《何并传》：大司马车骑将军王音内领尚书，外典兵马。

　　《薛宣传》：复召宣给事中，视尚书事。

　　《成帝纪》：以元舅侍中卫尉平侯王凤为大司马大将军，领尚书事。

　　《董贤传》：为三公，常给事中领尚书。

东汉则曰录尚书事。其两人并命，则曰参录尚书事。

　　《后汉书·章帝纪》：以赵憙为太傅，牟融为太尉，并录尚书事。

　　《和帝纪》：以邓彪为太傅，赐爵关内侯，录尚书事，百官总己以听。

　　又，大司农尹睦为太尉，录尚书事。

　　《殇帝纪》：太尉张禹为太傅，司徒徐防为太尉，参录尚书事。

　　《安帝纪》：太尉冯石为太傅，司徒刘熹为太尉，参录尚书事。

　　《顺帝纪》：太常桓焉为太傅，大鸿胪朱宠为太尉，参录尚书事。

又，刘光为太尉，录尚书事。

又，大鸿胪庞参为太尉，录尚书事。

《冲帝纪》：以太尉赵峻为太傅，大司农李固为太尉，参录尚书事。

《质帝纪》：司徒胡广为太尉，司空赵戒为司徒，与梁冀参录尚书事。

《灵帝纪》：以前太尉陈蕃为太傅，上窦武及司徒胡广参录尚书事。

又，司徒胡广为太傅，录尚书事。

又，后将军袁隗为太傅，与大将军何进参录尚书事。

《献帝纪》：司徒王允录尚书事，总朝政。

又，司空淳于嘉为司徒，光禄大夫杨彪为司空，并录尚书事。

又，光禄大夫马忠为太尉，参录尚书事。

又，太仆朱俊为太尉，录尚书事。又，太常杨彪为太尉，录尚书事。

又，卫尉赵温为司徒，录尚书事。

又，镇东将军曹操自领司隶校尉，录尚书事。

夫以一文牍秘书之机构，而内外演变，极其复杂而重要者，何也？准故事则有例案可循，而行政合于心习，操命令则有威权可擅，而事先宜慎防维。贤明之主，以太史、内史隶六官，则政治无不公开；专制之世，以尚书、中书为内职，则宰制任其私便。故观于两汉尚书之职，可以得政权之要义焉。分职愈多，辖地愈广，集权愈尊。委任大臣，则虑两府三公夺其魁柄；总持禁近，则惟左右侍从为其腹心。于是由龃而调整，又必就外官之可倚重者，总领其事。而其他重臣不参机密，仅能负其所掌一机关之责，于大政无与焉。明之各部尚书不入内阁者，不敌大学士之尊；清之大学士不入军机者，亦不过虚拥中堂之名。前后一辙也。顾此秘书文牍之职，由人主与大臣争权，而为此因龃龉而调整之机构，又别有两患焉。禁近复藏内幕，则宦竖之力得而驾之；外官或擅兵柄，则武人之力得而夺之。历朝已事，不可缕举，要皆集权之必然趋势也。东汉陈忠、李固等，恒思调燮内外。

《后汉书·陈忠传》（其谏疏前半见前）：近以地震策免司空陈褒，今者灾异，复欲切让三公。昔孝成皇帝以妖星守心，移咎丞相，使贲丽纳说方进，方进自引，卒不蒙上天之福，徒乖宋景之诚。故知是非之分，较然有归矣。又尚书决事，多违故典，罪法无例，诋欺为先，文惨言丑，有乖章宪。宜责求其意，割而勿听。……忠意常在褒崇大臣，待下以礼。其九卿有疾，使者临问，加赐钱布，皆忠所建奏。顷之，拜尚书令。延光三年，拜司隶校尉，纠正中官外戚宾客。近幸惮之，不欲忠在内。

又《李固传》：陛下之有尚书，犹天之有北斗也。斗为天喉舌，尚书亦为陛下喉舌。斗斟酌元气，运平四时。尚书出纳王命，赋政四海，权尊势重，责之所归。若不平心，灾眚必至。诚宜审择其人，以毗圣政。今与陛下共理天下者，外则公卿尚书，内则常侍黄门。譬犹一门之内，一家之事，安则共其福庆，危则通其祸败。

而窦武之败，乃由宦竖盗发其书。则内幕之内幕尤可惧也。

《后汉书·窦武传》：武奏免黄门令魏彪，以所亲小黄门山冰代之。使冰奏素狡猾尤无状者长乐尚书郑飒，送北寺狱。蕃谓武曰：此曹子便当收杀，何复考为？武不从。令冰与尹勋、侍御史祝瑨杂考飒，辞连及曹节、王甫。勋、冰即奏收节等，使刘瑜内奏。时武出宿归府典，中书者先以告长乐五官史朱瑀，瑀盗发武奏。

论汉尚书之职，必上推之于周之史职，下极之于后世之秘书，其义始备。古史起源，固亦不过专司记录。以其切近主权者，谏争规劝，易于进言，而史权由之而重。汉之尚书非其比矣。然如申屠刚、钟离意、张陵诸贤，焜耀史策，实亦可以成主德而申公宪。

《后汉书·申屠刚传》：迁尚书令。光武尝欲出游，刚以陇蜀未平，不宜宴安逸豫。谏不见听，遂以头轫乘舆轮，帝遂为止。

又《钟离意传》：征为尚书。时交趾太守张恢坐赃千金，征还伏法。以资物簿入大司农，诏班赐群臣。意得珠玑，悉以委地，而不拜赐。帝怪而问其故，对曰：臣闻孔子忍渴于盗泉之水，曾参回车于胜母之闾，恶其名也。此臧秽之宝，诚不敢拜。帝嗟叹曰：清乎尚书之言。乃更以库钱三十万赐意，转为尚书仆射。车驾数幸广成苑，意以为从禽废政，常当车陈谏般乐游田之事，天子即时还宫。永平三年夏旱，而大起北宫，意诣阙免冠上疏……诏因谢公卿百僚，遂应时澍雨焉。时诏赐降胡子缣，尚书案事，误以十为百。帝见司农上簿，大怒，召郎，将笞之。意因入叩头曰：过误之失，常人所容，若以懈慢为愆，则臣位大罪重，郎位小罪轻，咎皆在臣，臣当先坐。乃解衣就格。帝意解，使复冠而贳郎。帝性褊察，好以耳目隐发为明，故公卿大臣数被诋毁，近臣尚书以下，至见提拽……朝廷莫不悚栗，争为严切，以避诛责。唯意独敢谏争，数封还诏书，臣下过失，辄救解之。……帝虽不能用，然知其至诚，亦以此故不得久留，出为鲁相。后德阳殿成，百官大会，帝思意言，谓公卿曰：钟离尚书若在，此殿不立。

又《张陵传》：官至尚书。元嘉中，岁首朝贺，大将军梁冀带剑入省，陵呵叱之，令出，敕羽林虎贲夺冀剑。冀跪谢，陵不应，即劾奏冀，请廷尉论罪。有诏以一岁俸赎，而百僚肃然。初冀弟不疑为河南尹，举陵孝廉，不疑疾陵之奏冀，因谓曰：昔举君，适所以自罚也。陵对曰：明府不以陵不肖，误见擢序，今申公宪，以报私恩。不疑有愧色。

故制度无定，亦视居其职者之若何。至如翟酺之诈孙懿以求为尚书，则学者之无行，可资监戒者耳。

《后汉书·翟酺传》：时尚书有缺，诏将大夫六百石以上，试对政事、天文、道术，以高第者补之。酺自恃能高，而忌故太史令孙懿，恐其先用，乃往候懿。既坐，言无所及，惟涕泣流连。懿怪而问之，酺曰：图书有汉贼孙登将以才智为中官所害，观君表相，似当应之。酺受恩接，凄怆君之祸耳。懿忧惧移病，不试，由是酺对第一，拜尚书。（试尚书以天文、道术，亦可见尚书性质与古史官相近。）

史统第三

史之所重在持正义。梁、隋以来，爰有正史之名，历代相沿，充溢簿录。顾正史二字，初未有确定界说。《隋志》称世有著述，皆拟班、马，以为正史。乃依其世代聚而编之，以备正史。故《唐六典》曰：乙部为史，其类一十有三。一曰正史，以纪纪传表志。《四库提要》曰：总括群书，分十五类。首曰正史，大纲也。章学诚辨其类例不同，亦未陈正史之定义。

章学诚《论修史籍考略》：旧例以二十一家之书，同列正史，其实类例不清。马迁乃通史也，梁武《通史》、郑樵《通志》之类属之。班固断代专门之书也，华、谢、范、沈诸家属之。陈《志》分国之书也，《十六国春秋》、《九国志》之类属之。《南北史》断取数代之书也，薛、欧五代诸史属之。《晋书》、《唐书》集众官修之书也，宋、辽、金、元诸史属之。

梁启超以官书目之，义亦未谛。官书不限于正史，正史亦不尽官书也。

梁启超《中国史籍十类表》：第一正史。甲，官书。所谓二十四史是也。乙，别史。华峤《后汉书》、习凿齿《蜀汉春秋》等其实皆正史。（习凿齿《汉晋阳秋》是编年体，非华氏《后汉书》一类。）

寻《六典》之说，盖世所公认。诸史不尽有表志，而纪传之体实同。故自《隋志》以降，编年之体皆别为类，不入正史。纪传体之为正史，允足备一义矣。第正史之名，始于梁阮孝绪，其《正史削繁》一书，今虽不传，疑其所谓正史，即《七录》所谓国史，取别于伪史者也。

《隋书·经籍志》杂史类：《正史削繁》九十四卷，阮孝绪撰。

阮孝绪《七录》：纪传录十二类。一曰国史。……七曰伪史。

梁武《通史》，吴蜀二主皆入世家，五胡及拓跋氏列于夷狄传（见《史通》史记家）。阮氏所持之义，必与《通史》相同。五胡、拓跋，概非正史，其于曹魏不用习氏之说，则萧梁受禅，不能斥魏也。准此以言，《隋志》之载正史，已不同于阮氏。魏周诸书次于齐、梁，则以隋承周后，不得外拓跋于夷狄矣。至刘知幾《史通》历举正史，并及《十六国春秋》，则又大异于《隋志》。崔书在《隋志》，属于霸史，《唐志》亦列伪史。其不得为正史，尽人所知也，即刘氏亦屡称为伪史，顾置之正史之列。

《史通·正史篇》：贞观中，诏以前后晋史十有八家，制作虽多，未能尽善。乃敕史官更加纂录，采正典与杂说数十余部，兼引伪史《十六国书》。……崔鸿殁后，永安中，其子续写奏上，请藏诸秘阁。由是伪史宣布，大行于时。

岂以鸿书纪纲皆以晋为主，故特重之耶？然国书曰录，主纪曰传，亦与《三国志》不同。列之正史，未审其何所取义也。

《史通·正史篇》：崔鸿考核众家，辨其同异，除烦补阙，错综纲纪，易其国书曰录，主纪曰传，都谓之《十六国春秋》。

又《探赜篇》：崔鸿鸠诸伪史，聚成《春秋》，其所列者，十有六家而已。魏收云：鸿世仕江左，故不录司马、刘、萧之书，又恐识者尤之，未敢出行于外。案于时中原乏主，海内横流，逖彼东南，更为正朔，适使素王再出，南史重生，终不能别有异同，忤非其议。安得以伪书无录，而犹归罪彦鸾者乎！且必以崔氏祖宦吴朝，故情私南国；必如是则其先徙居广固，委质慕容，何得书彼南燕，而与群胡并列？爱憎之道，岂若是邪！且观鸿书之纪纲，皆以晋为主，亦犹班书之载吴项，必系汉年；陈寿之述孙刘，皆宗魏世。何止独遗其事，不取其书而已哉！但伯起躬为魏史，传列岛夷，不欲使中国著书，推崇江表，所以辄假言崔志，用纾魏羞。

《唐志》正史内附集史，李氏《南北史》列焉。郑樵《艺文略》正史末有通史，亦即所谓集史也。元主中夏，以辽、金之史与宋并列。辽、金虽未统一，以魏、齐、周之史为正史例之，固承《隋志》之义也。自元及清，盖无所谓霸史、伪史之说。章氏生清代，虽熟于史义，顾亦不能质言，姑以辽、金、元史为集众官修之书比之晋、唐；而阮氏正史之义，讫未有人发之。今之政体，既异前世，正、伪、杂、霸之辨，似可存而不论。然民族主义及政权统一，皆今之所最重，亦即吾史相承之义有以启之。故由正史之名，推其义之从来，则三统五德及后世正统之辨，固今日所当理董，不必为清人隐讳之辞及前哲辨析未精者所囿矣。

《公羊传·隐公元年》曰：何言乎王正月？大一统也。三年曰：故君子大居正。一统与居正，实贯上下千古而言，故董仲舒《对策》曰：春秋大一统者，天地之常经，古今之通谊也。炎黄以来，吾史虽有封建郡县之殊，禅让世及之制，而群经诸子以迄秦汉纪载，述吾政教所及之区域，嬴缩不同，地望互异，要必骈举东西南朔所届，以示政权之早归于一。

　　《尧典》：宅嵎夷曰旸谷，平秩东作。宅南交，平秩南讹。宅西曰昧谷，平秩西成。宅朔方曰幽都，平在朔易。
　　《禹贡》：东渐于海，西被于流沙，朔南暨，声教讫于四海。
　　《王制》：西不尽流沙，南不尽衡山，东不尽东海，北不尽恒山。凡四海之内，断长补短，方三千里。

《尔雅》：东至于泰远，西至于邠国，南至于濮铅，北至于祝栗，谓之四极。觚竹、北户、西王母、日下，谓之四荒。岠齐州以南戴日为丹穴，北戴斗极为空桐，东至日所出为太平，西至日所入为大蒙。

《大戴记·五帝德》：北至于幽陵，南至于交趾，西济于流沙，东至于蟠木。

《吕氏春秋·任数》：东至开梧，南抚多颗，西服寿麋，北怀儋耳。

又《为欲》：北至大夏，南至北户，西至三危，东至扶木。

又《求人》：禹东至榑木之地，南至交趾孙朴续樠之国，西至三危之国，北至人正之国。

秦《琅琊台刻石文》：西涉流沙，南尽北户，东有东海，北过大夏。

《史记·五帝本纪》：黄帝东至于海，西至于空桐，南至于江，北逐荤粥。……颛顼北至于幽陵，南至于交趾，西至于流沙，东至于蟠木。

故其思想之广大，动以天下为言。《皋陶谟》曰：光天之下，至于海隅苍生，万邦黎献，共惟帝臣。《立政》曰：方行天下，至于海表，罔有不服。《北山》之诗曰：溥天之下，莫非王土；率土之滨，莫非王臣。战国时人且以为自舜以来之诗（《吕氏春秋·慎人》）。是以部落酋长不妨以千百计，而统治之者必归于一个中央政府。此其与他族史迹之型成，徒以一都、一市、一国、一族与其他市、府、国、族颉颃杂立，代兴争长，垂数千年不能统于一者，迥殊之特色也。

由天下之观念，而有天下非一人之天下也，天下之天下也之观念（《吕氏春秋·贵公》）；又有天下非一家之有也，有道者之有也之观念。（《逸周书·殷祝》）故曰垂三统，列三正，去无道，开有德，不私一姓。此实吾民族持以衡史最大之义。其衡统一之时代，必以道德为断。三统五德，不必拘一姓之私。而无道者虽霸有九州，不得列之正统。虽曰五德本于五行，其取相胜或相生，本无定说。学者多病其诞妄，然以道德表治统，固不得为迷信也。

《汉书·谷永传》：天生蒸民，不能相治，为立王者以统理之。方制海内，非为天子；列土封疆，非为诸侯，皆以为民也。垂三统，列三正，去无道，开有德，不私一姓，明天下乃天下之天下，非一人之天下也。

《春秋繁露·三代改制质文篇》：三正以黑统，初正日月朔于营室，斗建寅，天统气始通化物，物见萌达，其道黑，故朝正服黑。……正白统者，历正日月朔于虚，斗建丑，天统气始蜕化物，物始芽，其色白，故朝正服白。……正赤统者，历正日月朔于牵牛，斗建子，天统气始化物，物始动，其色赤，故朝正服赤。（据卢文弨校补。）……三统之变，近夷遐方，无有生煞者，独中国后。（按此文即谓近夷遐方不能以相生相胜之义得吾治统，得吾治统者，独中国之民族耳。）而三代改正，必以三统天下，曰三统五端化四方之本也。天始废始施地必待中，是故三代必居中国，法天奉本，执端要以统天下，朝诸侯也。是以朝正之义，天子纯统色衣，诸侯统衣，缠缘纽，大夫、士以冠参，近夷以绥，遐方各衣其服而朝，所以明乎天统之义也。其谓统三正者，曰正者正也，统改其气，万物皆应而正，统正其余皆正。

《史记·秦始皇本纪》：始皇推终始五德之传，以为周得火德，秦代周德从所不胜，方今水德之始。（此以相胜为义。)

《汉书·律历志·世经》：炮牺继天而王，为百王先，首德始于木，故为帝太昊。……共工氏伯九域。虽有水德，在火木之间，非其序也。任知刑以疆，故伯而不王。秦以水德在周汉木火之间，周人迁其行序，故易不载。炎帝……以火承木，故为炎帝。……黄帝氏作，火生土，故为土德。……少昊……挚立，土生金，故为金德。……颛顼受之……金生水，故为水德。……帝喾受之……水生木，故为木德。帝尧封于唐……木生火，故为火德。……尧嬗舜以天下，火生土，故为土德……舜嬗禹以天下，土生金，故为金德。……成汤伐夏，金生水，故为水德。……武王伐纣，水生木，故为木德。……汉高祖……伐秦继周，木生火，故为火德。(张苍以汉为水德，公孙臣以汉为土德。其说不一。)

《史记·高祖本纪赞》曰：汉兴承敝易变，使人不倦，得天统矣。此言其道能承天之统也。《汉书·郊祀志》：宣帝即位，由武帝正统兴。则谓一姓传位之正统也。《师丹传》称劾奏董宏知皇太后至尊之号，天下一统，而称引亡秦以为比喻。则以太后之称不宜有二为一统。又称为人后者为之子，故为所后服斩衰三年，而降其父母期，明尊本祖而重正统也。亦以哀帝之嗣成帝为正统。皆帝王家事，非指国权之迁变。故治史者谓后儒误用正统二字，不知汉人所谓正统，固有专义。然《世经》谓秦在木火之间，颜师古曰：志言秦为闰位。《王莽传赞》曰：紫色蛙声，余分闰位。则正闰之辨，汉已有之矣。秦、新失德，均不得为正统；曹魏篡逆，同于新莽，故习凿齿斥魏而正蜀。

《晋书·习凿齿传》：桓温觊觎非望，凿齿著《汉晋春秋》以裁正之。起汉光武，终于晋愍帝。于三国之时，蜀以宗室为正；魏虽受汉禅晋，尚为篡逆。至于文帝平蜀，乃为汉亡，而晋始兴焉。

《世说注》引习凿齿《汉晋春秋·晋承汉统论》曰：若以魏为有代王之德，则其道不足；道不足，则不可谓制。当年若以有靖乱之功，则孙、刘鼎立。共工秦政，犹不见叙于帝王，况暂制数州之众哉！

其所持义，地未统一，道不足称，蜀为宗室，实兼三义，初非止私一姓。《史通》既辨《晋书》之非，又以《通史》为当，说似两歧。然《探赜篇》所谓"定邪正之途，明顺逆之理"，则固深得习氏之用心也。

《史通·探赜篇》：习凿齿之撰《汉晋春秋》，以魏为伪国者，此盖定邪正之途，明顺逆之理耳。而檀道鸾称其当桓氏执政，故撰此书，以绝彼瞻乌，防兹逐鹿。……安有变三国之体统，改五行之正朔，勒成一史，传诸千载，而藉以权济物议，取诫当时。按此驳《晋书》承檀氏之说，命意尤正。有所为而为者，固不逮无所为而为。后世以朱子当南宋，故取习氏之说者，其识乃下于刘氏。

《史通·世家篇》：魏有中夏，而扬益不宾，终亦受屈中朝，见称伪主。为史者必题之以纪，则上通帝王；臏之以传，则下同臣妾。梁主敕撰《通史》，定为吴蜀世家，持彼僭君，比诸列国，去太去甚，其得折中之规乎？

自宋以来，持正统论与不持正统论者迭作。而传授之正，疆域之正，种族之正，道义之正，诸观念恒似凿枘而不能相通。使四者皆备，则固人无异词，而史实所限，则必一一精析而后得当。

骤视之似持论不同，切究之则固皆以正义为鹄也。兹先就不持正统论者言之。司马温公之为《通鉴》，自谓臣愚诚不足以识前代之正闰。又曰：正闰之论，自古及今，未有能通其义，确然使人不可移夺者。然必曰：苟不能使九州合为一统，皆有天子之名而无其实者也。又曰：正闰之际，非所敢知。但据其功业之实而言之。周、秦、汉、晋、隋、唐，皆尝混壹九州，传祚于后，子孙虽微弱播迁，犹承祖宗之业，有绍复之望。四方与之争衡者，皆其故臣也。故全用天子之制以临之。其余地丑德齐，莫能相壹，名号不异，本非君臣者，皆以列国之制处之。彼此均敌，无所抑扬，庶几不诬事实，近于至公（均见《通鉴·魏纪论》）。是其主张惟以能统一九州为正，而于秦、隋不加贬削。则国族之不自力，虽以种族之正，屈于偏安者，可以鉴此而知自奋。义固未可非也。然于纪年之法，不得不取列国之一以系他国之事，故又曰：天下离析之际，不可无岁时月日以识事之先后。据汉传于魏而晋受之，晋传于宋以至于陈而隋取之，唐传于梁以至于周而宋承之，故不得不取魏、宋、齐、梁、陈、后梁、后唐、后晋、后汉、后周年号以纪诸国之事，非尊此而卑彼，有正闰之辨也。则不逮《纲目》并书之允。《史通》曰：纪之为体，犹《春秋》之经，系日月以成岁时，书君王以显国统（《本纪篇》）。是纪年即显国统。不辨正闰，不分尊卑，则择取其一者，不如列国并书矣。

王船山亦不持正统论者也。然生际明清之交，又丁元室之后，人力所穷，史实又异，而其孤怀宏识，又深病李槃等之局于一姓之私，则宁归之于一治一乱，而不忍承认元、清之统一。故船山之不持正统论，与温公相似而实不同。然其不持私己之偏辞，务求大公之通论，与温公之意，亦无不合。

　　王夫之《读通鉴论》卷十九：三代而下，吾知秦、隋之乱，汉、唐之治而已；吾知六代、五季之离，唐、宋之合而已。治乱合离者，天也；合而治之者，人也。舍人而窥天，舍君天下之道而论一姓之兴亡，于是而有正闰之辨，但以混一者为主。故宋濂作史，以元为正，而乱华夷，皆可托也。夫汉亡于献帝，唐亡于哀帝明矣。延旁出之孤绪，以蜀汉系汉，黜魏、吴，而使晋承之，犹之可也。然晋之篡立，又奚愈于魏、吴，而可继汉邪？萧詧召夷以灭宗国，窃据弹丸，而欲存之为梁统；萧衍之逆，且无以愈于陈霸先，而况于詧？李存勖，朱邪之部落，李昪，不知谁氏之子，必欲伸其冒姓之妄于诸国之上，以嗣唐统而授之宋；则刘渊可以继汉，韩山童可以继宋乎？（近世有李槃者云然。）一合而一离，一治而一乱，于此可以知天道焉，于此可以知人治焉。

又《叙论一》：天下之生，一治一乱。当其治，无不正者以相干，而何有于正？当其乱，既不正矣，而又孰为正？有离有绝，固无统也，而又何正不正耶？以天下论者，必循天下之公，天下非一姓之私也。惟为其臣子者，必私其君父，则宗社已亡，而必不忍戴异姓异族以为君。若夫立乎百世以后，持百世以上大公之论，则五帝三王之大德，天命已改，不能强系之以存。故杞不足以延夏，宋不足以延商，夫岂忘禹、汤之大泽哉！非五子不能为夏而歌雒汭，非箕子不能为商而吟麦秀也。故昭烈亦自君其国于蜀，可为汉之余裔，而拟诸光武，为九州兆姓之大君，不亦诬乎？充其义类，将欲使汉至今存而后快，则又何以处三王之明德，降苗裔于编氓耶？蜀汉正矣，已亡而统在晋；晋自篡魏，岂承汉而兴者？唐承隋，而隋抑何承？承之陈，则隋不因灭陈而始为君；承之宇文氏，则天下之□□已乱，何统之足云乎！无所承，无所统，正不正，存乎其人而已矣。正不正，人也；一治一乱，天也。犹日之有昼夜，月之有弦望晦朔也。非其臣子以德之顺逆定天命之去留，而詹詹然为已亡无道之国延消谢之运，何为者耶？宋亡而天下无统，又奚说焉！近世有李槃者，以宇文氏所臣属之萧詧为篡弑之萧衍延苟全之祀，而使之统陈；沙陀夷族之朱邪存勖，不知所出之徐知诰，冒李唐之宗，而使之统分据之天下。父子君臣之伦大紊，而自矜为义，有识者一哂而已。（按船山之言，不私一姓，痛斥李槃，则延南明之绪者，在船山犹未以为然也。但船山于华夷之辨极严，则又深憾于吾族之不自力。故其责治乱于人，与温公之义初不相悖，且与五德代兴及《纲目》无统之说，亦不相悖。李槃等之识，正坐不解五德代兴及无统之说耳。）

又其论石勒、拓跋宏之事曰：天下所极重而不可窃者二：天子之位也，是谓治统；圣人之教也，是谓道统。而痛责败类之儒鬻道统以教之窃。《读通鉴论》卷十三。是船山论史，固自有所谓统，专以华夷道义为衡，非漫然无所统也。故主萧齐以存华夏，斥杨广以诛篡逆，又与尊南朝而闰秦、隋者，持义相等矣。

《读通鉴论》卷十六：齐高帝……凡篡位者未即位皆称名，已即位则称帝，史例也。萧齐无功窃位，不足列于帝王之统系；而以帝称者，以北有拓跋氏之称魏，故主齐以存华夏。

又卷十九：凡六代不肖之主，皆仍其帝称。篇内独称炀帝曰逆广，以其与刘劭同其覆载不容之罪；且时无夷狄割据，不必伸广以明正统。（据此，知船山存六代之帝称，即以明正统。）

清鲁一同亦不持正统论者，曰：去一无实之名而各如其所自为，帝则曰帝，王则曰王。是其论正统虽与欧阳修异，而仍是欧著《五代史》帝梁之法。参阅《五代史记·梁本纪论》。

鲁一同《正统论》：重正统则穷于夺，轻正统则穷于予。且夫既已谓之正矣，而轻以予夫盗贼篡弑极不正之人，此人之所以滋不服也。故曰莫若并去正统之名。去正统之名，而后可以惟吾所予。篡而得者谓之篡，盗而得者谓之盗，而皆不绝其为君，而卒亦不予之为正。《春秋》之法，用夷礼则夷之，通上国则进之。予夺何常，惟变所适。今去一无实之名，而各如其所自为，帝则曰帝，王则曰王。高光崛起，李赵徬徨，魏晋篡窃，秦隋疆梁，偏安割据，画土分疆，无所拘滞，安所纷扰哉！

周树槐之持论，亦曰：必也去其正统之名，纷纷异同之论皆息。然亦曰：元人之以宋、辽、金列为三史，非公论。而于蜀汉、南宋又以其人而重之。则未尝不持种族之正、道义之正也。惟其生于清世，恶清室之窃正统，而不敢昌言，乃以不持正统之说为得。故不持正统者，即不承认清之统一天下为正统也。

周树槐《书苏文忠正统论后自记》：必也去其正统之名，纷纷异同之论皆息矣。

《再书正统论后》：元人之以宋、辽、金列为三史也，非公论也。至明人病之，欲黜辽、金，悉从《晋书·载记》之例，亦非公论也。从《载记》之例，辽可也，金不可也；于宋可也，于南宋不可也。……蜀汉列于正统者，以有武乡侯、汉寿亭侯也；南宋列于正统者，以有岳忠武、紫阳诸贤也。贤者之益于人国如是哉！

梁启超《新史学》，谓中国史家之谬，未有过于言正统者。其所举例，以《纲目》及乾隆间《通鉴辑览》为主，而断之曰：不论正统则亦已耳，苟论正统，吾敢翻数千年之案而昌言曰：自周秦以后，无一能当此名者也。第一夷狄不可以为统，则胡元及沙陀三小族在所必摈，而后魏、北齐、北周、契丹、女真更无论矣；第二篡夺不可以为统，则魏、晋、宋、齐、梁、陈、北齐、北周、隋、后周、宋在所必摈，而唐亦不能免矣；第三盗贼不可以为统，则后梁与明，在所必摈，而汉亦如唯之与阿矣。然则正统当于何求之？曰统也者，在国非在君也，在众人非在一人也。舍国而求诸君，舍众人而求诸一人，必无统之可言。此梁氏当清季在海外之言论，自谓能翻数千年之案，其实不予夷狄、篡夺、盗贼，即吾史数千年相承之义，并未能于传统之学说之外，有所发明。且所谓统在国，非在君，在众人，非在一人，则国族之统，正当求诸众史矣。梁氏又谓：若夫以中国之种族而定，则诚爱国之公理，民族之精神，虽违于统之义，犹不悖于正之名也。而惜乎数千年未有持此以为鹄者也，则尤为失言。元明以来不必论，即唐皇甫湜《东晋正闰论》，力诋元魏，非以种族论正闰者乎？湜之言曰：昔之著书者有帝元，指元魏。今之为录者皆闰晋，可谓失之远矣。或曰：元之所据，中国也。曰：所以为中国者，以礼义也；所以为夷狄者，无礼义也，非系于地。晋之南渡，文物攸归，礼乐咸在，流风善政，史实存焉。魏氏恣其暴强，虐此中夏，斩伐之地，鸡犬无余，驱士女为肉篱，委之戎杀，指衣冠为刍狗，逞其屠刈，种落繁炽，历年滋多。此而帝之，则天下之士有蹈海而死，天下之人必登山而饿，忍食其粟而立其朝哉！是其持论之严，虽郑所南无以过也。

既知不持正统论者之同一尚统一、尚正义，其所持之正义，同一去无道开有德，不私一姓，是实吾国传统之史义。即亦可以明于持正统论者之基本观念，亦无异于不持正统论者也。宋人反复详究正统论者，以欧公为最。欧公《外集》论此者凡七篇，《居士集》论之者三篇，而《外集》又有《正统辨》上下二篇。二篇之论最严，以汉、唐、宋继三代，不数秦、隋。《居士集》之论，则予秦、隋而绝东晋，谓正统至汉而绝，晋得之而又绝，隋、唐得之而又绝。自尧舜以来三绝而复续。惟有绝而有续，然后是非公，予夺当，而正统明。其意亦与《通鉴》之论相同，且开《纲目》无统之说。惟绝东晋，未就夷夏之义析之耳。

欧阳修《正统论》下：居天下之正，合天下于一，斯正统矣，尧、舜、夏、商、周、秦、汉、唐是也。始虽不得其正，卒能合天下于一，斯谓之正统可矣，晋、隋是也。天下大乱，僭窃并兴，正统无属，则正统有时而绝。故正统之序，上自尧舜，历夏、商、周、秦、汉而绝，晋得之而又绝，隋、唐得之而又绝。自尧、舜以来，三绝而复续。惟有绝而有续，然后是非公，予夺当，而正统明。

同时有章望之著《明统论》，立正统、霸统二说。以秦、晋、隋为霸统，谓欧公既曰君子大居正，而以不正人居之，是正不正之相去未能相远也。苏轼著论辨之，谓欧阳以名言，章以实言，名轻而后实重。欧阳子重与之，而吾轻与之。正统听其自得者十，曰：尧、舜、夏、商、周、秦、汉、晋、隋、唐。序其可得者六，亦以存教，曰：魏、梁、后唐、晋、汉、周。使夫尧、舜、三代之所以为贤于后世之君者，皆不在乎正统。故后世之君不以其道而得之者，亦不以为尧、舜、三代之比，于是乎实重。（详苏集《正统论》上、中、下篇。）夫史家所持者名教也，辨统以名，责实亦以名。苏氏第谓论统犹不足以别其实耳。而予之以统之后，又一一判其贤不肖，则仍持名教也。且一代之统之正否，大共之名也；某君某主之贤否，个别之名也。史家已于个别各有论赞，而犹欲总其全体而判其正否。犹之学校诸生之成绩，既已科别高下，而又有总平均之高下，以示奖惩。如苏之意，则轻于总平均，而专责科别之谓。譬之学校生徒，概予毕业，而优劣任人评之耳。

郑樵之为《通志》也，三国、南北朝并次为纪。正闰泯焉，夷夏亦无别也。是虽效梁武为《通史》，仅仅汇录旧史，未能精别名分也。朱子踵《通鉴》为《纲目》，虽多门人本其意为之，而凡例则朱子所自定也。其于统系，有正统与无统之别。盖合温公天子列国之判，及欧公正统三绝之说，而釐然各当矣。其于汉也迄炎兴，异于温公，重正义也；其于晋也迄元兴，异于欧公，重华夏也。惟宋魏对峙以后归于无统，未以四朝为正，则犹有待于郑所南之更定焉。

专持夷夏之义以论正统者，莫严于郑所南之《心史》。谓正统惟三皇、五帝、三代、西汉、东汉、蜀汉、大宋而已。两晋、宋、齐、梁、陈可以中国与之，不可列之于正统。李唐实夷狄之裔，其诸君家法甚缪戾，特以其并包天下颇久，贞观、开元太平气象，东汉而下未之有也，姑列之于中国，特不可以正统言。又谓《南史》宜曰"四朝正史"，《北史》宜黜曰"胡史"。是专持种族之正之义也。惟谓不以正而得国，则篡之者非逆，以为宋解，尚属私于所君之词。然举汉取嬴政之国、唐取普六茹坚之国以为例，则说亦可通。全谢山力言《心史》为伪书，然即明人所托，郑氏之言，亦明人持正义以论史之特识也。

《心史·古今正统大论》：中国之事，系乎正统。正统之治，出于圣人，以教后世天下之人所以为臣为子也。岂宜列之以嬴政、王莽、曹操、孙坚、拓跋珪、十六夷国等与中国正统互相夷虏之语杂附于正史之间，且书其秦、新室、魏、吴、元魏、十六夷国名年号及某祖某帝朕诏天子封禅等事，竟无以别其大伦。……臣行君事，夷狄行中国事，古今天下之不祥，莫大于是。……若夫夷狄风俗兴亡之事，许存于本史，若国名素其验犹单于之号及官职州县并从之。……其曰《北史》，是与中国抗衡之称，宜黜曰"胡史"。仍修改其书，夺其僭用天子制度等语。其曰《南史》，实以偏方小之，然中国一脉系焉，宜崇曰"四朝正史"。……嬴政不道，王莽篡逆，刘玄降赤眉，刘盆子为赤眉所挟，五代篡逆尤甚，冥冥长夜，皆不当与之。普六茹坚小字那罗延，夺伪周宇文辟之土，而并僭陈之天下，本夷狄也。魏徵犹引杨震十四世孙书之，此必普六茹坚援引前贤以华族谱云，并宜黜其国名年号，惟直书其姓名及甲子焉。……若论古今正统，则三皇、五帝、三代、西汉、东汉、蜀汉、大宋而已。司马绝无善治，或谓后化为牛氏矣。宋、齐、梁、陈巍然缀中国之一脉，四姓廿四帝，通不过百七十年，俱无善治，俱未足多议，故两晋、宋、齐、梁、陈可以中国与之，而不可列之于正统。李唐为《晋载记》凉武昭王李暠七世孙，实夷狄之裔，况其诸君家法甚缪戾，特以其并包天下颇久，贞观、开元太平气象，东汉而下未之有也，姑列之于中国，特不可以正统言。……以正而得国，则篡之者逆也，如逆莽逆操之类是也。不以正而得国，则篡之者非逆也，汉取嬴政之国，唐取普六茹坚之国，大宋取柴宗训之国是也。

方正学《释统》之言曰：天下有正统一，变统三。三代，正统也。如汉如唐如宋，虽不敢几乎三代，然其主皆有恤民之心，则亦圣人之徒也，附之以正统，亦孔子与齐桓、仁管仲之意也。奚谓变统？取之不以正，如晋、宋、齐、梁之君，亦不可为正矣；守之不以仁义，戕虐乎生民，如秦如隋，使传数百年，亦不可为正矣；夷狄而僭中国，女后而据天位，治如苻坚，才如武氏，亦不可继统矣。二统立而劝戒之道明，侥幸者其有所惧乎？（《释统》上）变统之说，视章望之所定霸统较贬，霸统不及武周之窃唐，变统则贬之矣。又曰：变统之异于正统者，何也？始一天下而正统绝，则书甲子而分注其下。（《释统》下）是亦欧公所谓三绝，朱子所谓无统之意也。魏禧《正统论》，历举欧、苏、郑三家之说，谓郑氏为尤正，顾未及方氏《释统》。而其所创正统、偏统、窃统三目，亦即章氏霸统、方氏变统而小易之耳。

方氏生当明初，吾族习于蒙古者久，闻其言者多訾之。故又作《后正统论》，专伸夷夏之义。

方孝孺《后正统论》：俗之相成，岁熏月染，使人化而不知。在宋之时，见胡服闻胡语者，犹以为怪；主其帝而虏之，或羞称其事。至于元，百年之间，四海之内，起居饮食，声音器用，皆化而同之。斯民长子育孙于其土地，习熟已久，以为当尔。昔既为其民矣，而斥之以为夷狄，岂不骇俗而惊世哉！然顾嫌者乃一时之私，非百世不易之道也。贤者之虑事，当先于众人，而预忧于后世。苟以夷狄之主而进之于中国，则无厌之虏，何以惩畏，安知其不复为中国害乎？如是则生民之祸大矣，斯固仁者之所不忍也。然则当何为？曰其始一天下也，不得已以正统之法书其国号，而名其君；于制诏号令变更之法，稍异其文；崩殂薨卒之称，递降之；继世改元之礼，如无统，一传以后，分注之。凡所当书者，皆不得与中国之正统比，以深致不幸之意。使有天下者惩其害，而保守不敢忽；使夷狄知大义之严，正统之不可以非类得，以消弭其侥觊之心。

邱琼山作《世史正纲》，即本方氏之法书元世史，至明太祖始复中国之统。其于中国之人渐染元俗，日与之化，身其氏名，口其言语，家其伦类，忘其身之为华，十室而八九，言之尤极沉痛。而仍元之世，第谓世道至此，坏乱已极，亦不似王洙《宋史质》之以明之先祖虚承宋统，则于正义之中，亦不抹杀史实。胡应麟以是书继《纲目》，非过言也。

《世史正纲》：有华夏纯全之世，汉、唐是也。有华夏割据之世，三国是也。有华夷分裂之世，南北朝及宋南渡是也。有华夷混乱之世，东晋及五代是也。若夫胡元入主中国，则又为夷狄纯全之世焉。噫！世道至此，坏乱极矣。此《世史正纲》所由作也。……窃原天地之理，惟圣贤之意，以严万世夷夏之防。于元之混一天下，依《纲目》南北朝五代例，分书其年号于甲子之下。

又：洪武元年春正月，太祖即皇帝位，复中国之统。……自有天地以来，中国未尝一日而无统也。虽五胡乱华，而晋祚犹存；辽、金僭号，而宋系不断。未有中国之统尽绝，而皆夷狄之归，如元之世者也。三纲既沦，九法亦斁，天地于是乎易位，日月于是乎晦冥，阴浊用事，迟迟至于九十三年之久。中国之人，渐染其俗，日与之化，身其氏名，口其言语，家其伦类，忘其身之为华，十室而八九矣。不有圣君者出，乘天心之所厌，驱其类而荡涤之，中国尚得为中国乎！

《四库提要》：《世史正纲》三十二卷，明邱濬撰。是书本明方孝孺《释统》之意，专明正统。起秦始皇二十六年，讫明洪武元年，以著世变事始之所由。于各条之下随事附论。……王士祯《池北偶谈》称其议论严正；陶辅《桑榆漫志》称其义严理到，括尽幽隐，深得《麟经》之旨；胡应麟《史学占毕》称《春秋》之后有朱氏，而《纲目》之后有邱氏。

又：《宋史质》一百卷，明王洙撰。是编因《宋史》

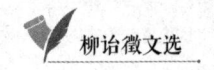

而重修之。别创义例，大旨欲以明继宋，非惟辽、金两朝皆列于外国，即元一代年号，亦尽削之。而于宋益王之末，即以明太祖之高祖追称德祖元皇帝者承宋统。

华夏之人，服习名教，文儒治史，不能禁世之无乱，而必思持名义，拨乱世而反之正。国统之屡绝屡续者恃此也。缘此而强暴者虽专恃力征经营，而欲其服吾民族之心，则虽据有其实，犹必力争于名。如清之入主中夏，以兵力耳，而多尔衮致史忠正书，必曰：国家之抚定燕都，乃得之于闯贼，非取之于明朝也。此即以名义图服民心也。享国百年，犹惧不义，乃修馆书，乃辨正统。于明人之思宋，可以启清人之思明也，则力斥之。虽操笔诸臣，即王船山所谓败类之儒，而其意必受之于清室，观其力斥《宋史新编》，已可概见。使儒者阐明史统，无碍于盗窃攘夺者之所为，则据其实者何必争此已往之名？以此思之，则知史统之关系矣。

柯维骐《宋史新编·凡例》：宋接帝王正统。契丹、女真相继起于西北，与宋抗衡。虽各建号享国，不过如西夏元昊之属，均为边夷。今会三史为一，而以宋为正。辽、金与之交聘、交兵，及其卒其立，附载本纪，仍详君臣行事为传，列于外国，与西夏同。

《四库提要》：《宋史新编》二百卷，明柯维骐撰。……托克托等作《宋史》，其最有理者，莫过于本纪终瀛国公，而不录二王；及辽、金两朝各自为史。……元破临安，宋统已绝，二王崎岖海岛，建号于断樯坏橹之间，偷息于鱼鳖鼋鼍之窟，此而以帝统归之，则淳维远遁以后，武庚构乱之初，彼独非夏、商嫡冢神明之胄乎？何以三代以来，序正统者不及也？他如辽起滑盐，金兴肃慎，并受天明命，跨有中原，必以元经帝魏，尽黜南朝，固属一偏。若夫南北分史，则李延寿之例，虽朱子生于南宋，其作《通鉴纲目》，亦沿其旧轨，未以为非。元人三史并修，诚定论也。而维骐强援蜀汉，增以景炎祥兴，又以辽、金二朝，置之外国，与西夏、高丽同列，又岂公论乎？

吾族由大一统而后有所谓正史，由正史而后有所谓通史、集史。而编年与纪传之体虽分，要皆必按年记录。虽史才之高下不同，而必持义之正，始足以经世而行远。当时之以偏私为正者，后史又从而正之。是即梁氏所谓统在国在众人也。明于三统五德之义，则天下为公，不私一姓，而前史之断断于一家传统者，非第今不必争，亦为昔所不取。而疆域之正，民族之正，道义之正，则治史者必先识前贤之论断，而后可以得治乱之总因。疆域不正则耻，民族不正则耻。推此二耻之所由来，则自柄政者以至中流士夫全体民众，无不与有责焉。吾史之不甘为偏隅，不甘为奴虏，不甘为附庸，非追往也，以诏后也。蒙文通氏谓持正闰论者固政治民族主义，盖有见于此，而未详举各家之说。故备论之。

蒙文通《肤浅小书》：史家正闰之论，肇于《汉晋春秋》，而极于《宋史质》。粗视之若无谓，而实有深意存焉。《世经》言炎帝受共工，共工受太昊。《祭典》曰：共工氏霸九域。言虽有水德，在火木之间，非其序也，故《易》不载。《易》曰：炮牺氏没，神农氏作。言共工霸而不王，虽有水德，非其序也。共工固为天子，而《易》、《书》家（《尚书大传》、《易·系辞》）黜之也。《秦始皇本纪》后附班固《典引》曰：周历已终，仁不代母，秦值其位。《索隐》言秦值其闰位，德在木火之间。《郊祀志》亦言昔共工氏以水德间于木火，与秦同运，非其次序。《索隐》之言，即据《郊祀志》文。是秦与共工实为天子,而汉师不以为天子也。习凿齿作《汉晋春秋》,其《晋承汉统论》曰:昔共工氏霸有州九,秦政奄平区夏,犹不见序于帝王。今若以魏为有代王之德,则其道不足,道不足则不可谓制当年。当年不制于魏,则魏未曾为天下之王。王道不足于曹,则曹未始为一日之王也。于是习氏之书,以蜀汉为正统而黜魏。萧颖士亦作《黜陈闰隋论》,以唐承梁,固以唐人以南朝为僭伪故也。朱子《纲目》亦沿习氏,以南为正统。陆游之作《南唐书》,称本纪,以易马令之书,是亦欲以南唐继唐,而斥北宋人五代正统之论。明时王洙作《宋史质》一百卷,以明继宋,非惟辽、金两代皆列于外国,即元一代年号亦尽削之;而于宋益王之末,即以明太祖之高祖追称德祖元皇帝者承宋统,于瀛国公降元以后,岁岁书帝在某地。王洙之书,显为种族之痛,朱氏、陆氏固以痛及于金祸,习氏固以痛于五胡。共工姜姓,为苗黎之族;秦人之事,吾固考其为西戎。则正闰论者,固政治民族主义也。

史联第四

纪传表志体之积为正史,而编年、本末诸体卒莫能敌之者,何也?以其持义之正,则固有各徇其私而不相合者;以其累世相续,则未若编年之起讫相衔;以其叙事之详,则未若本末之系统尤著。顾治史者既莫之易,而又相率病之。胡越相悬,参商是隔,断续相离,前后屡出。刘知幾既迭述其短,又谓交错纷扰,古今是同,前史未安,后史宜革。

《史通·六家》:寻《史记》疆宇辽阔,年月遐长,而分以纪传,散以书表。每论家国一政,而胡越相悬;叙君臣一时,而参商是隔。此其为体之失者也。

又《二体》：若乃同为一事，分在数篇，断续相离，前后屡出。于《高纪》则云语在《项传》，于《项传》则云事具《高纪》。又编次同类，不求年月，后生而擢居首帙，先辈而抑归末章。遂使汉之贾谊，将楚屈原同列；鲁之曹沫，与燕荆轲并编。此其所以为短也。

又《载言》：《左氏》为书，言事相兼，烦省合理，故使读者寻绎不倦，览讽忘疲。至于《史》、《汉》则不然，凡所包举，务存恢博；文辞入记，繁富为多。是以贾谊、晁错、董仲舒、东方朔等传，唯上录言，罕逢载事。夫方述一事，得其纪纲，而隔以大篇，分其次序。遂令披阅之者，有所懵然。后史相承，不改其辙，交错纷扰，古今是同。

又于《表历》深诋迁史，外篇《杂说》，虽颇易辞，要于纪传表书相联之谊，未能明也。

《史通·表历》：文尚简要，语恶烦芜，何必款曲重沓，方称周备？观马迁《史记》，则不然矣。天子有本纪，诸侯有世家，公卿以下有列传。至于祖孙昭穆，年月职官，各在其篇，具有其说，用相考核，居然可知。而重列之以表，成其烦费，岂非谬乎？且表次在篇第，编诸卷轴，得之不为益，失之不为损。用使读者莫不先看本纪，越至世家；表在其间，缄而不视。语其无用，可胜道哉！既而班、《东》二史，各相祖述，迷而不悟，无异逐狂。必曲为铨择，强加引进，则列国年表，或可存焉。何者？当春秋战国之时，天下无主，群雄错峙，各目年世。若申之于表，以统其时，则诸国分年，一时尽见。如两汉御历，四海成家，公卿既为臣子，王侯方比郡县，何用表其

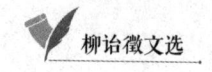

年岁，以别于天子哉！

又《杂说上》：观太史公之创表也，于帝王则叙其子孙，于公侯则纪其年月。列行萦纡以相属，编字戢眷而相排。虽燕越万里，而于径寸之内，犬牙可接。虽昭穆九代，而于方尺之中，雁行有叙。使读者阅文便睹，举目可详，此其所以为快也。

章氏《史篇别录例议》，申马班之例，议刘氏所讥，欲以子注标题，定著别录。其为读史者之计良得，而于作史者之善犹未尽量而言。第曰纪传苦于篇分，别录联而合之，分者不终散矣；编年苦于年合，别录分而著之，合者不终混矣。而不知表志即所以联合，纪传即所以分著。又其分合均所以为联，乃纪传体之特色。徒曰纪传区之以类，事有适从，寻求便易，故相沿不废。盖犹未能深求史之起源，乃吾族立国行政与史义、史法一贯之故也。（《章氏遗书》卷七《史篇别录例议》甚长，不具录。）遂古以来，史参行政。政治组织，日进文明，因事设官，各有专职。礼教兵刑，厘然不紊，而其所重，尤在官联，不联无以为组织也。是故《周官》小宰以六联合邦治，且曰凡小事皆有联。

《周官》：小宰以官府之六联合邦治。一曰祭祀之联事，二曰宾客之联事，三曰丧荒之联事，四曰军旅之联事，五曰田役之联事，六曰敛弛之联事。凡小事皆有联。

说者谓《周官》联六事之意，不特六职也。在乡则比闾族党州为联，在遂则邻里鄼鄙县为联。司徒之安民，曰联兄弟，联师儒朋友。惟联而后骨理相凑，脉络相通，而合天下为一家之气象可见矣（宋叶时语）。举史官以为例。太史凡射事饰中舍算，执其礼事，射人与太史数射中，此其联之互著者也。小司寇大比登民数，自生齿以上登于天府，内史、司会、冢宰贰之，司民之职又载之。冢宰、司会之职不著，内史之职亦不著也。故在《周官》之书，有分有联，已具史法，交互错综，各视其性质之特重者分之，又视其平衡或主从者著之。要皆就事实而权衡，非持空论以载笔。且官之有联，仅同时间之行事也。史之所纪，则若干时间，若干地域，若干人物，皆有联带关系，非具有区分联贯之妙用，不足以胪举全国之多方面，而又各显其特质。故纪传表志之体之纵横经纬者，乃吾大国积年各方发展、各方联贯之特征，非大其心以包举万流，又细其心以厘析特质，不能为史，即亦不能读史。故刘氏所谓疆宇辽阔、年月遐长者，即足解释其所谓胡越相悬、参商是隔之由来。又所谓披阅懵然缄而不视者，正坐未悟斯义耳。

古代史籍体制孔多，申叔时所举，有春秋、世、诗、礼、乐、令、语、故志、训典诸种。后世体制，要皆由之演进。其最著者，则本纪、世家、表、书、列传，都出于《世本》也。秦嘉谟所辑《世本》，分帝系、纪、王侯谱、世家、大夫谱、传、氏姓、居、作、谥法，凡十篇。洪饴孙辑《世本》，言之尤详，谓太史公述《世本》以成《史记》，纪传不自《史记》始也。又曰：《左传正义》引《世本》记文，《史记索隐》《路史注》引《世本》纪文，记、纪音同，此即《史记》本纪之所本。桓谭曰：太史公三代世表，旁行斜上，并效《周谱》。按《隋·经籍志》，《世本王侯大夫谱》二卷。是《世本》即《周谱》也。又《世本》有《帝系篇》，又有《作篇》记占验、饮食、礼乐、兵农、车服、图书、器用、艺术之原，即太史公八书所本，后世诸志之祖。又有《居篇》，记帝王都邑，亦后世地理志所仿。而何焯谓《汉书古今人表》权舆于《世本》(《义门读书记》)，姚振宗因之悟得《人表》即据楚汉之际所传之《世本》。(楚汉之际好事者为《世本》十五篇，见《史通》。)足知史体相沿，有演变综合而无创作。而人事之有联属者，必各就其特质分著于某篇某体之中。纵横交错，乃有以观其全，而又有以显其别。如黄帝生元器及生昌意，载之《帝系》；黄帝造火食旃冕，作宝鼎，使羲和占日，使伶伦造磬，则载之《作篇》。昆吾者卫是也，参胡者韩是也，季连者楚是也，载之《帝系》；而卫、韩、楚后世之君，又载之《王侯谱》。皆分析其性质，而各有专属。《易》曰：君子以类族辨物。史体之区分综合，即由先哲类族辨物之精心也。

班书裁节《史记》，于《项羽传》汉王乃与数十骑遁去下曰：语在《高纪》。于与陈平金四万斤以间楚君臣下曰：语在《陈平传》。一则以其为汉王家事，一则以其为陈平秘计，故明示其分析之由。于汉王数羽十罪下曰：语在《高纪》。则为史公补注。迁书《羽纪》固亦未载十罪也。至鸿门之宴曰：语在《高纪》。则示其详略之宜。又非不略载其经过，盖事之相联者，有宾主焉，有轻重焉。为一人之传记，与为一时各方面之纪传之法不同，必权其主宾轻重之孰当，而后可支配其事实。不得以各方面之与此一人有关系者，悉入于此一人传中。故戴名世《史论》曰：譬如大匠之为巨室也，必先定其规模，向背之已得其宜，左右之已审其势，堂庑之已正其基；于是入山林之中，纵观熟视，某木可材也，某木可柱也，某木可栋也、榱也，某石可础也、阶也；乃集诸工人，斧斤互施，绳墨并用，一指挥顾盼之间，而已成千门万户之巨观。良将之用众也，纪律必严，赏罚必信，号令必一，进退必齐，首尾作应，运用之妙成于一心，变化之机莫可窥测；乃可以将百万之众，而条理不紊，臂指可使。兵虽多而愈整，法虽奇而实正（《戴南山集》）。盖即指《史》《汉》诸良史支配史迹错综离合以见其联系，而各显其特性之妙而言。而凡诸史之所谓语在某篇者，不过略示义例，亦不碍其截断语气。凡纪传表志相联之事，不可缕举，胡尝一一注之。读史者所贵心知其意也。

章氏以诸史自注语在某篇，等于杜氏《左传注》某事为某年某事张本之例，语固有见。

《史篇别录例议》：杜氏之治《左》也，于事之先见者，注曰：为某年某事张本。于事之后出者，注曰：事见某公某年。乃知子注不入正文，则属辞既无扞格，而核事又易周详，斯无憾矣。马班未见杜氏治《左》之例，而为是不得已，后人盍亦知所变通欤！

然未知史之有联，以正文表示其在他书者，《左氏》先有其例，非若杜氏只述本书之先后错见也。申叔时之言教学，《春秋》《世》《诗》诸书并举。知读《春秋》亦必读《世》读《诗》，而后见其分篇相联。《左氏传》载庄姜之美曰：卫人所为赋《硕人》也。以及许穆夫人赋《载驰》，郑人赋《清人》，均杂见传中。是非后史自注语在某篇之权舆乎？《诗》与《春秋》非一书，犹之纪与传非一体。使非古人之讲《春秋》兼讲《风诗》，作传者何故著此语？即著此语，亦不知其何谓矣！

《左传·隐公三年》：卫庄公娶于齐东宫得臣之妹，曰庄姜。美而无子，卫人所为赋《硕人》也。

闵公二年：立戴公以庐于曹，许穆夫人赋《载驰》。……郑人恶高克，使帅师次于河上，久而弗召。师溃而归，高克奔陈，郑人为之赋《清人》。

又凡史事无往不联，而纪传有注有不注，亦就《左氏传》熟玩，而可得之。《清人》《载驰》之类见于《诗》，传中注之。《新台》《南山》之诗，则不注矣。此示读者举一反三，而非泥于定体。推之管仲作内政寄军令，秦穆作誓，咸不之及，则以其别有语与训典、故志诸书相联，不必备载，亦不必尽注也。故《世本》一书，有分类相联之法。《诗》《书》《春秋》《国语》，亦复分书而相联。由此而演进为纪传世家书表之史。历世相承，他族莫

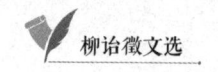

比。非切究其内容，不能漫议其形式也。

　　史之为体，一时代有一时代之中心人物；而各方面与之联系，又各有其特色，或与之对抗，或为之赞助，而赞助者于武功文事内务外交之关系又各不同。为史者若何而后可以表示此一中心？若何而后可以遍及各方面？则莫若纪传表志之骈列为适宜矣。如汉武帝为一中心人物，而其关系之多，不能尽见于纪也。家族之事，在《景十三王》《武五子》《外戚窦田》《卫霍》《东方朔》《车千秋》《江充》《霍光》诸传，及《外戚恩泽侯表》；武功之盛，载《卫霍》《张骞李广利》《司马相如》《严助》及《朝鲜》《南粤》《闽粤》《西南夷》《匈奴》《西域》诸传，《功臣表》《地理志》。而太初改历，天马作歌，见知故纵之法，均输告缗之事，登封郊祀之仪，宣防白渠之利，分见诸志。文史儒术，有专传，有汇传；而儒林学派，又与《艺文志》相联。酷吏任刑，有专传，有汇传；而廷尉迁除，又与《百官公卿表》相联。故其妙在每一事俱有纵贯横通之联络，每一人又各有个性共性之表见。若第为汉武专传，不第不能尽量胪举，而上溯文景，下洎昭宣，家国事物迁变演进之风，尤难贯摄。此为专传不能如纪传表志之善之最易见者也。即由《通鉴》而编《本末》，就武帝时事，分立诸题，其不赅不备，亦犹专传。推之唐太宗、王安石诸人，其广狭不侔，而多方面之联系不能但作一传则同也。

　　纪传易复，编年无重。《史通》所谓《春秋》之善，语无重出也。然《左氏传》按年叙事，亦不免有重复。如郑忽怒鲁，齐桓封卫，语皆复见，未为疵颣。

　　　《左传·桓公六年》：诸侯之大夫戍齐，齐人馈之饩，使鲁为其班，后郑。郑忽以其有功也，怒，故有郎之师。

　　　又，十年：初北戎病齐，诸侯救之，郑公子忽有功焉。齐人饩诸侯，使鲁次之。鲁人以周班后郑，郑人怒，请师于齐，齐人以卫师助之。

又，闵公二年：僖之元年，齐桓公迁邢于夷仪。二年，封卫于楚丘，邢迁如归，卫国忘亡。

又，僖公二年：诸侯城楚丘而封卫焉。

至于迁史，本纪、世家、年表、列传错综离合，复笔尤多。有整齐杂语，或略或复者，如《周本纪》止载穆王征犬戎及甫侯作刑辟，而西征之事，则载《秦本纪》《赵世家》。

《史记·秦本纪》：造父以善御幸于周缪王，得骥、温骊、骅骝、騄耳之驷，西巡狩，乐而忘归。徐偃王作乱，造父为缪王御，长驱归周，一日千里以救乱。

《赵世家》：造父幸于周缪王，造父取骥之乘匹与桃林，盗骊、骅骝、騄耳献之缪王。缪王使造父御，西巡狩，见西王母，乐之忘归。而徐偃王反，缪王日驰千里马，攻徐偃王，大破之。

有别裁互著，旁见侧出者，如子产事具《郑世家》，又著之《循吏传》；范蠡事具《越世家》，又著之《货殖传》是也。而其错综之妙，有以见其中心思想者，尤莫如书孔子之事。孔子既有世家，生卒事迹又见年表《鲁世家》，而周、秦本纪各国世家又多载其行事及卒年。大书特书不一书，尤可见其用意。

《史记·周本纪》：敬王四十一年，孔子卒。

《秦本纪》：惠公元年，孔子行鲁相事。……孔子以悼公十二年卒。

《吴太伯世家》：阖庐十五年，孔子相鲁。

《齐太公世家》载夹谷之会，孔丘相鲁事，特详。

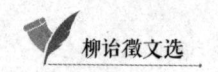

《燕召公世家》：献公十四年，孔子卒。

《管蔡世家》：蔡昭侯二十六年，孔子如蔡。

《陈杞世家》：孔子读史记至楚复陈云云。……缗公六年，孔子适陈。……十三年，楚昭王卒于城父，时孔子在陈。……二十四年，楚惠王复国，遂灭陈而有之。是岁孔子卒。

《卫康叔世家》：灵公三十八年，孔子来，禄之如鲁。后有隙，孔子去。后复来。……出公八年，孔子自陈入卫。九年，孔文子问兵于仲尼，仲尼不对。其后鲁迎仲尼，仲尼反鲁。……庄公二年，鲁孔丘卒。

《宋微子世家》：景公二十五年，孔子过宋，宋司马桓魋恶之，欲杀孔子。孔子微服去。……太史公曰：孔子称微子去之云云。

《晋世家》：定公十二年，孔子相鲁。……三十三年，孔子卒。

《楚世家》：昭王十六年，孔子相鲁。……二十七年，孔子在陈，闻是言曰：楚昭王通大道矣。

《郑世家》：孔子尝过郑，与子产如兄弟云。及闻子产死，孔子为之泣曰：古之遗爱也。……声公二十二年，孔子卒。

钱竹汀乃转以诋毁史迁。

《廿二史考异》：《周本纪》孔子卒。……周、秦二本纪，鲁、燕、陈、卫、晋诸世家，皆书孔子卒；而吴、齐、蔡、宋、楚世家，则不书。夫孔子鲁人也，其卒宜书于《鲁世家》。孔子有东周之志，孔子卒而周不复兴矣。以其卒之系于周，则书于《周本纪》，亦宜也。若秦、若卫、若陈、若晋与燕，于孔子何与，而亦书孔子卒也？或曰：孔子之卒，史迁为天下惜之，故不独于鲁书。若然，则十二国皆宜书，何为又有书，有不书也？且孔子之先，宋人也，齐、楚与蔡，孔子尝至其国焉，视秦、晋、燕之从未一至者，有间矣，何为乎宜书而反不书也？

殆未熟复迁书，观其比事属辞，力求联系，而又不嫌方板之法。若十二世家一一书孔子卒，则庸手所为，尚成义法乎？钱氏固未知史意。即苏魏公以此为强记之诀，亦是后世以博见强识为读史要务之见，未为知言也。

《宋名臣言行录》载苏氏家训，王禹玉、元厚之诸公，尝询祖父（即苏颂）曰：公记之博，以至国朝典故，本末无遗，日月不差，用何术也？祖父曰：亦有一说。某每以一岁中大事为目，欲记某年事，则不忘矣。如某年改元，其年有某事；某年上即位，其年有某事；某年立后若太子，其年有某事；某年命相，其年有某事。则记事之一法也。复观太史公书，是岁孔子生，是岁孔子卒，是岁齐桓公会于葵丘，是岁晋文公始霸之类，恐亦此意也。

后史无有如孔子之足以表见中心思想者，故史公之法不传。然如陈寿之于《蜀志》，隐然有以见诸葛亮之为中心，故诸传载亮言行最多；而《出师表》既载本传，《董允向宠传》中又节载之，不避复见，似亦史公遗意。钱氏亦病其重出。要之史之重出，有成书时失于检校者（如欧公《五代史记》多无关系之重复）。有著者实具深意者，不可不分别论之。章氏于校勘目录，盛称别裁互著之善；而于纪传之互著未为阐明。其实一理也。

《廿二史考异》：《诸葛亮传》……侍中、侍郎郭攸之、费祎、董允等。案诸葛亮《出师疏》，本传已载其全文。而侍中郭攸之、费祎，侍郎董允等云云，复载允传。将军向宠云云，又载《向朗传》。亦重出也。

史有同一性质，而有数十百事者。著之纪传，则不可胜载；略之则不赅不备。表以列之，志以详之，则相得益彰焉。如汉高大封功臣，吕后定列侯功次，本纪约言之，诸人亦不能尽传；有《功臣侯表》，则百数十人之事迹世系兴废具见；而风云际会，事资群力，非少数人所得专擅其功之义彰矣。光武功臣封者三百六十五人，外戚恩泽封者四十五人（《后汉书·光武本纪》建武十三年），范书自云台列将二三十人及樊宏、阴识、马援诸家外，不能一一缕举，则无表之故也。《王莽传》为史传最长者，其于更定地名，不能悉载，第撮举其悖谬，曰：一郡至五易名，而还复其故，吏民不能纪。每下诏书，辄系其故名。曰制诏陈留大尹太尉，其以益岁以南付新平，新平故淮阳；以雍丘以东付陈定，陈定故梁郡；以封丘以东付治高，治高故东郡；以陈留以西付祈隧，祈隧故荥阳。陈留已无复有郡矣，大尹太尉皆诣行在所。其号令变易，皆此类也。而《地理志》一一载莽所易之名，虽无关于闳旨，而王莽地名，乃比光武功臣为能备著于后世。若货币之于莽传明著语在《食货志》者，更无论矣。故有表志而纪传可简，无表志则纪传虽详而不能备。且其备也，必资官书；无当时之官书，虽极读史之勤，穿穴纪传而补为之表，必不能免结漏。治史而病官书，尚野史，非知史之全体者也。顾史家有以表补纪传者，亦有以纪示传所不书者。如《汉书·百官公卿表》于见于纪传之人，不书地名；其不见者，则以地名表之。若天汉元年济南太守琅邪王卿为御史大夫，二年有罪自杀之类，是也。或书其地兼及其字，如元凤五年巨鹿太守淮阳朱寿少乐为廷尉，坐侍中邢元下狱风吏杀元弃市之类，是也。《后汉书》转用此例以为纪。三公有传者，不著其地；其无事迹可见者，则以地名表之。如《明帝纪》，永平十四年，巨鹿太守南阳邢穆为司徒；《和帝纪》，永元十年，太常太山巢堪为司空之类，是也。使其有表，则此等无事迹之高官，正不必滥载于纪矣。

世人矜言创作，动辄诋诃古人，而于古人政治学术著作之精微，都不之察。史公创制之精，纪传书世皆摄于表，旁行斜上，纵横朗然，琐至逐月，大兼各国。读此者第一须知在西历纪元前百年间，何国有此种史书，详载埃及、巴比伦、腓尼基、波斯、希腊、罗马各国行事，年经月纬本末灿然者乎？且史公端绪，上承《周谱》，在西元前更不止百年。盖吾政教所包者广，故其著作所及者周。竹素编联，乃能为此表谱。（《春秋》书之竹简，表谱殆必书之缣素。）下迄秦楚之际，世乱如麻，而群雄事迹，亦能按月记注。他国同时之史，能若是乎？《史通》初病表历，后亦赞美。止就国史评衡，未与殊方比勘。今人论史，尤宜比勘外史，始有以见吾史之创制为不可及矣。又如今人病吾国族记载户口数字多不确实，是诚亟宜纠正。然因以谯诃昔人，则又未知吾史之美。如《汉书·地理志》详载郡国户口，吾尝询之读域外书者，当西历纪元时，有详载今日欧洲大小都市户口细数者乎？且《汉志》之纪户口，又非自平帝时始有记录，其源自周代司民岁登下万民之生死而来。民政之重户口，孰有先于吾国者乎？徒以近百年间，国力不振，遂若吾之窳敝，皆受前人遗祸，而不知表章国光，即史之表志一端观之可以概见矣。

史之为义，人必有联，事必有联，空间有联，时间有联。纪传表志之体之善，在于人事时空在在可以表著其联络。而凡欲就史迹纵断或横断之以取纪述观览之便者，皆于史实不能融合无间也。《左氏》始于隐公，而有时必上溯惠公某年。

《左传·隐公元年》：惠公之季年，败宋师于黄。

又，桓公二年：惠之二十四年，晋始乱。……惠之三十年，晋潘父弑昭侯，而立桓叔不克。……惠之四十五年，曲沃庄伯伐翼。

《史记》始于黄帝，而《历书》、《货殖传》屡称神农。史之不可限断若是。《史通》以班书为断代之史，后世信之无异词。第一察班书志表，即知其不然矣。班承迁史，整齐其文，补所未备。《律历》则始自伏羲，迄于建武；《礼乐》则贯通周汉，下迨显宗；《刑法》起黄帝、颛顼，而论及建武、永平；《食货》则始自《洪范》，而结以世祖；《郊祀》由颛顼、共工，以至王莽；《五行》则博解《春秋》，地理则详释《禹贡》；《艺文》之从古至汉，《古今人表》之从古及秦，更无论矣。故以断代史例绳班书，毋宁以继承马迁之通史视班书。即后世断代为史，亦多志及前世，不能专限于某朝。隋志经籍，唐表世系，以至各史地理，多举前承疆域，其势不能截然画分也。《明史》及《清史稿》艺文志，专纪一代之书，究逊于汉、隋二志。则著者之学有不逮，非史例必应尔也。

表以联事，志则联文。名贤巨传，载文虽多，仍可依类纳之于志。贾谊、晁错传皆载文，而谊论积贮铸钱，错请重农贵粟之文，则入于《食货志》。刘向、刘歆父子之传，亦各载文，而其学说广著《律历》《五行》《艺文志》中。董仲舒议限民名田，匡衡议定南北郊祀，皆著志中，不入本传也。后史若王俭之议郊祀明堂，谅闇奉祠，载之《礼志》(《南齐书》)。刘秩之论丧纪制度，加笾豆，许私铸钱，改制国学，分在《礼仪》《食货》各志。《旧唐书》是皆所谓类族辨物矣。(《宋史·兵志》载王安石论保甲各节，虽非载文，亦以其辨论归之于志，不尽具于本传也。)刘、章二氏咸论载文，而未及志传相联之用，圆神方智，实亦可由此悟之。

汇传之相联，无俟论矣，专传亦各有联。曹参之治黄老，以师盖公，载本传矣；而其宾礼东郭先生、梁石君，则见于《蒯通传》。卫青奉法遵职，士夫无称，见传赞矣；而黄义、曹梁称大将军遇士大夫以礼，古名将不过，则见于《伍被传》。

《汉书·蒯通传》：齐悼惠王时，曹参为相，礼下贤人，请通为客。初齐王田荣怨项羽，谋举兵畔之，劫齐士，不与者死。齐处士东郭先生梁石君在劫中，强从。及田荣败，二人丑之，相与入深山隐居。客谓通曰：先生之于曹相国，拾遗举过，显贤进能，齐国莫若先生者。先生知梁石君、东郭先生世俗所不及，何不进之于相国乎？通曰：诺。臣之里妇与里之诸母相善也，里妇夜亡肉，姑以为盗，怒而逐之。妇晨去过所善诸母，语以事而谢之。里母曰：女安行，我今令而家追女矣。即束缊请火于亡肉家，曰：昨暮夜，犬得肉，争斗相杀，请火治之。亡肉家遽追呼其妇。故里母非谈说之士也，束缊乞火非还妇之道也。然物有相感，事有适可，臣请乞火于曹相国。乃见相国曰：妇人有夫死三日而嫁者，有幽居守寡不出门者，足下即欲求妇，何取？曰：取不嫁者。通曰：然则求臣亦犹是也。彼东郭先生、梁石君，齐之俊士也，隐居不嫁，未尝卑节下意以求仕也。愿足下使人礼之。曹相国曰：敬受命。皆以为上宾。

《伍被传》：被曰：臣所善黄义从大将军击匈奴，言大将军遇士大夫以礼，与士卒有恩，众皆乐为用。骑上下山如飞，神力绝人如此。数将习兵，未易当也。及谒者曹梁使长安来，言大将军号令明，当敌勇，当为士卒先；须士卒休，乃舍；穿井得水，乃敢饮；军罢，士卒已逾河，乃度；皇太后所赐金钱，尽以赏赐，虽古名将不过也。

光武功臣，首推邓禹，观其本传，似其功业止于初破赤眉收抚民众，及收复长安、谒祠高庙二事。其后赤眉复入长安，禹威损挫，归附者离散，非冯异奋翼渑池，禹且为赤眉所虏。殊不见其功业远过他将也。必合寇恂、贾复、吴汉、姚期诸传观之，然后知禹之佐光武，不亚萧何之佐汉高，知人进贤，宜为元辅。然其推举诸将之事，必一一著之《禹传》，则重腿而失当。此各有专传分配得宜，既显禹功又表现诸将特长之法之妙也。

《后汉书·寇恂传》：数与邓禹谋议，禹奇之，因奉中酒共交欢。光武问禹，诸将谁可使守河内者。禹曰：寇恂文武备足，有牧人御众之才，非此子莫可使也。乃拜恂为河内太守。

又《贾复传》：因邓禹得召见，光武奇之，禹亦称有将帅节，于是署复破虏将军。

又《吴汉传》：汉为人质厚少文，造次不能以辞自达。邓禹及诸将多知之，数相荐举，乃得召见，遂见亲信，常居门下。光武将发幽州兵，夜召邓禹，问可使行者。禹曰：间数与吴汉言，其人勇鸷有智谋，诸将鲜能及者。即拜汉大将军。（上称禹及诸将多知之，似知汉者不止禹一人。下述拜汉大将军由禹特举，犹之韩信之拜大将，出于萧何力荐矣。）

又《姚期传》：期为裨将，与傅宽、吕晏俱属邓禹。徇傍县，又发房子兵。禹以期为能，独拜偏将军，授兵二千人。宽、晏各数百人。还言其状，光武甚善之。

分配之法，善可参稽，恶亦错见。如《张汤传》，已极写其乡上意所便矣，《汲黯传》又载其与李息言：汤智足以距谏，诈足以饰非，非肯正为天下言，专阿主意。主意所不欲，因而毁之；主意所欲，因而誉之。好兴事舞文法，内怀诈以御主心，外挟贼吏以为重。伍被、严助、朱买臣传，又与汤传钩联（《史》《汉》各传）。马防兄弟贵盛，奴婢各千人已上，资产巨亿，皆买京师膏腴美田；又大起第观，连阁临道，弥亘街路，多聚声乐，曲度比诸郊庙；宾客奔凑，四方毕至。本传已详言矣，而《马皇后纪》称其见外家问起居者，车如流水，马如游龙，苍头衣绿褠，领袖正白，以见其侈汰。第五伦疏又曰：窃闻卫尉廖以布三千匹，城门校尉防以钱二百万，私赡三辅衣冠，知与不知，莫不毕给。又闻腊日亦遗其在洛中者钱各五千，越骑校尉光腊用羊三百头，米四百斛，肉五千斤（《后汉书·第五伦传》）。皆旁见侧注之意也。推之戴圣大儒，礼学名家，载在《儒林》，无贬辞也；而行治不法，其子宾客为盗，则见于《何武传》。

《汉书·何武传》：九江太守戴圣，《礼经》号小戴者也。行治多不法，前刺史以其大儒，优容之。及武为刺史，行部录囚徒，有所举以属郡，圣曰：后进生何知？乃欲乱人治，皆无所决。武使从事廉得其罪，圣惧自免。后为博士，毁武于朝廷。武闻之，终不扬其恶。而圣子宾客为群盗，得系庐江，圣自以子必死。武平心决之，卒得不死。自是后圣惭服。武每奏事至京师，圣未尝不造门谢恩。

班固良史，坐种兢死。诏谴责种，非其罪也，而肃宗素薄其人，则见于《崔骃传》。

《后汉书·崔骃传》：肃宗雅好文章，谓窦宪曰：公爱班固而忽崔骃，此叶公之好龙也。

赵瓯北论《新唐书》，于名臣完节者，虽有小疵，多见他传，而于本传多削之，盖亦为贤者讳之意。此正史联之妙，赵氏能识之者。近人谓吾史都似聚若干篇墓志铭而成，盖以《名臣碑传》《琬琰集》《耆献类征》之类视史。若知史之镕裁辉映，迥与集录碑传殊科，不致发此论矣。

《陔馀丛考》：《新唐书》于名臣完节者，虽有小疵，而于本传多削之，盖亦为贤者讳之意。如褚遂良恶刘洎，遂诬之至死，是遂良生平第一罪过，乃本传中绝不及，仅于传赞中略见之，而详其事于洎传。遂良又与江夏王道宗有隙，诬其与房遗爱谋反，流象州；又尝构卢承庆、李乾祐，皆坐贬；及贱买中书译语人地，为韦思谦所劾，此皆遂良短处，《新书》各见于道宗、承庆、思谦等传，而本传不载。马周初为御史，韦挺为大夫，不之礼，及周为中书令，遂沮挺入相；又中挺运粮辽东，事见挺传，而周传不载。张易之诬魏元忠有不臣语，引张说为证，将廷辨，说惶遽欲从，宋璟谓说曰：名义至重，不可陷正人；若不测，吾将与子俱死。说乃以实对，元忠得免死。此事见吴兢、宋璟传及《通鉴》，而说本传但云张易之诬魏元忠，援说为证，说廷对谓元忠无不逊语，忤后旨，流钦州，而绝不及宋璟劝说之事。张嘉贞与说同相，说恶之，因其弟嘉祐犯罪，怵嘉贞，素服待罪，不入直，遂出为幽州刺史，说代其处。事见嘉贞传，而说传亦不载。张嘉贞为定州刺史，立颂恒岳庙中，有祈赛钱数十万，嘉贞以为颂文之功，纳其数万，事见《旧书》，而《新书》嘉贞传亦不载。姚崇荐李义由黄门为侍郎，外托引重，实去其纠驳之权；崇又以韩思复沮捕蝗事，出思复为德州刺史，事见义及思复传，而崇传不载。玄宗欲相韩休，李林甫知之，遂荐休；休既相，德林甫，乃引林甫为相。事见林甫传，而休传不载。《通鉴》郭子仪以副使张昙性刚，谓其轻己，听吴曜之谮，奏诛之；田承嗣既降，郭子仪应之缓，承嗣复叛去；而《新书·崔光远传》子仪与贼战汲县，光远援之不力，及光迅守魏，与贼战，子仪亦不救，故败。此数事皆子仪短处，而子仪本传不载。赵憬与张赞同相，赞恃久在禁廷，以国政为己任，乃徙憬门下侍郎。姜公辅奏德宗云：窦参尝语臣云，上怒臣未已。帝怒，乃杀参，时谓公辅所奏窦参语，得之赞，云参之死，赞有力焉。又赞素恶于公异、于邵等，既辅政，乃逐之。事见憬及公辅、公异等传。《旧唐书》赞传亦载之，乃《新书》本传不载，此皆欲以完节予其人，不忍累以白璧之玷。固用心之忠厚，亦作史之通例也。

史以明政教，彰世变，非专为存人也。故既以联合而彰个性，亦可略个性而重联合。桑弘羊、孔仅之理财，唐都、洛下闳之治历，缇萦上书，赵过教田，番系穿渠，陈农求书，见于纪表书志可矣，不必特为之传也。而于事功之合作，风教之攸关者，附见错举，亦往往以类及之。谷口郑子真、蜀严君平（《汉书·王贡两龚鲍传叙》）、太原闵仲叔、荀恁、安阳魏桓（《后汉书·周黄徐姜申屠传叙》），见于《叙论》；公孙敖、路博德等附之《卫霍传》；左原、茅容等附之《郭泰传》，则事功之由群力，风尚之非一人之义显矣。至于奉使西域，一岁中多者十余，少者五六辈；西征大宛，军官吏为九卿者三人，诸侯相郡守二千石百余人，千石以下千余人（《汉书·张骞李广利传》）；党锢之祸，初所连及二百余人，后之死徙废禁者六七百人（《后汉书·党锢列传》），岂能一一著之，致等点鬼簿哉！至若《蜀志》之不尽载者，补以《季汉辅臣赞》，《魏书》之不尽载者，具于高允《征士颂》，则又史家之变例，以载文补列传也。《唐书·李光弼传》附载诸将，盖效

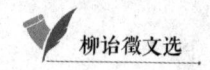

《卫霍传》例；而《郭子仪传》不附，则犹《史记》世家于孔子卒有书有不书，以示变化不拘也。赵氏盛称《明史》诸传附著之善，则犹泥于存人之观念矣。

《新唐书·李光弼传》：光弼所部将，李怀光、仆固怀恩、田神功、李抱真、董秦、哥舒曜、韩游环、浑释之、辛京杲自有传。若荔非元礼、郝廷玉、李国臣、白孝德、张伯仪、白元光、陈利贞、侯仲庄、柏良器，皆章章可称列者，附次左方。（按柏良器后尚有乌承玼，此文未尽举也。）

《廿二史札记》：《宋史》数人共事者，必各立一传，而传中又不彼此互见，一若各为一事者。非惟卷帙益繁，亦且翻阅易眩。《明史》则数十人共一事者，举一人立传，而同事者即各附一小传于此人传后；即同事者另有专传，而此一事不复详叙，但云语在某人传中。如孙承宗有传，而柳河之役，则云语在《马世龙传》中；祖宽有传，而平登州之事，则云语在《朱大典传》，是也。否则传一人而兼叙同事者，如《陈奇瑜传》云与卢象昇同破贼乌林关等处，《象昇传》亦云与奇瑜同破贼乌林关等处是也。甚至熊廷弼、王化贞，一主战，一主守，意见不同也，而事相涉，则化贞不另传，而并入廷弼传内。袁崇焕、毛文龙，一经略，一岛帅，官职不同也，而事相涉，则文龙不另传，而并入崇焕传内。此又编纂之得当也。而其尤简而括者，莫如附传之例，如《扩廓传》附蔡子英等，《陈友定传》附靳义等，《方孝孺传》附卢原质等，以其皆抗节也；《柳升传》附崔聚等，以其皆征安南同事也；《李孜省传》附邓常恩等，以其皆以技术宠幸也。至末造殉难者，附传尤多，如《朱大典传》附王道焜等数十人，《张肯堂传》附吴钟峦等数十人；而《史可法传》，既附文臣同死扬州之难者数十人，若再附武臣，则篇幅太冗，乃以诸武臣尽附于《刘肇基传》，以及《忠义》、《文苑》等，莫不皆然。又《孝义传》既案其尤异者各为立传，而其他曾经旌表者数十百人，则一一见其氏名于传序内。又如正德中谏南巡罚跪午门杖谪者一百四十余人，嘉靖中伏阙争大礼者亦一百四五十人，皆一一载其姓名。盖人各一传，则不胜传，而概删之，则尽归泯灭，惟此法不致卷帙浩繁，而诸人名姓仍得见于正史。此正修史者之苦心也。

世谓吾民族富于政治性，非漫谀也。由史之有联出于官之有联观之，则著作之精微，远基于政治之经验。其初一官一事，专务本身之发展，不计环境之骈罗，牴牾冲突，驯致决裂，乃有以知联络组织之重要。当官必负专责，同寅必求协恭，相让相联，乃可以应付百官而各得其当。此官联之语所由产也。史掌官书，实参政治，熟见百司之体系，必有脉络之贯通，类族辨物，有向心力而无离心力。积累而至迁史班书，又不知经过若干之经验与思考，而后有此鸿裁巨制，以表政宗而副国体。故自《官》《礼》至《史》《汉》，皆兼广大精微之胜义，非简单头脑所能识度。后世政治家与著作家，席其成规，较易为力。然亦惟知其意者能得其运用之妙，否则龃龉华离矣。是故知政而后知史，亦必知史而后知政。不知史则但谋局部之扩张，若其余皆可蔑弃，如前所论，务为专传而病前史之为者，即其襟抱不能容纳万流，只能察识片面之病也。班孟坚之自述曰：穷人理，该万方。治史而能着眼于此，始不致徒以史求史，而经世之用无穷矣。

史德第五

吾国言史学之专书有二，曰刘知幾之《史通》，章学诚之《文史通义》。此尽人所知也。然二书同为治史学之要籍，而二人之主旨不同。刘氏自以所志不遂，郁怏孤愤，多讥往哲，喜述前非。章氏立论，主于敬恕，故著《史德》《文德》二篇，畅论其旨。其最要之语曰：德者何？谓著书者之心术也。夫秽史者所以自秽，谤书者所以自谤，素行为人所羞，文辞何足取重？魏收之矫诬，沈约之阴恶，读其书者先不信其人，其患未至于甚也。所患夫心术者，谓其有君子之心，而所养未底于粹也。又曰：文史之儒，竞言才学识，而不知辨心术，以议史德，乌乎可哉！所谓文史之儒，即指刘氏也。章氏盖谓刘氏有君子之心，而所养未底于粹。世之诵习章氏之学者，似皆未悟其所指。刘咸炘虽谓《史德》一篇最为精深，其所举敬、恕二义，颇不易晓，敬即慎于褒贬，恕即曲尽其事情（《治史绪论》）。然未尝切究章氏所谓以此为史岂可与闻古人大体诸语。章氏并时及自唐以后之为史者，固未有如章氏所举示。即郑樵持论激昂，而章氏甚推郑樵，且樵之言亦多本刘知幾也。梁任公《历史研究法补编》，谓实斋补充史德甚是，而谓实斋所讲亦不圆满；又谓心术端正，相当必要，但尚不足以尽史德之含义。我以为史家第一件道德，莫过于忠实。因历举夸大、附会、武断诸病，且谓忠实之史家对于过去事实十之八九应取存疑态度，史家道德应如鉴空衡平（《历史研究法补编》第二章《史家的四长》）。其陈义甚高，第似未甚虚心体察章氏之意，忠实及鉴空衡平，非养心术使底于粹之谓乎？

　　章氏论德，固亦明于古人所言皆兼本末、包内外、合道德文章而一之。然曰临文必敬，非修德之谓（《文德篇》），则易使学者误认平时不必修德，而临文乃求其敬。此舍本而求末也。刘、梁二氏又皆就史言德，苟谛思之，吾人不欲为史家，即无须乎修德乎？故治史而不言德则已，言德则必究德之所由来，及其为用之普遍，而非曰吾欲为史家始不得不正其心术。知此，则学者之先务，不当专求执德以驭史，而惟宜治史以畜德矣。

人类之道德，禀于天赋之灵明，所谓天生烝民、有物有则、民之秉彝、好是懿德也。而其灵明所由启发而养成，则基于积世之经验。必经历若干之得失利害，又推阐其因果之关系，灼然有以见其自植于群有必然之定则，决不可背。爰以前事为后事之师，始可免于尝试之劳，及蹈覆辙而犹不悟之苦。故《易》曰：君子以多识前言往行，以畜其德，非甘为前人之奴也。积前人之经验，为吾所未经验之经验，其用始捷而宏也。《书》曰：惟学孙志务时敏，厥修乃来。孙志者，先虚其心，不逞己见，而敏锐以求前人之经验，畜之于心。而后所谓道德者，乃若自外来入吾之身心。虽其心性所固有之良，有以吸受，而非以前言往行证之且坚识之，不能真知而力行也。故以前人之经验，启发后人之秉彝，惟史之功用最大。吾国古代教育，首以《诗》《书》《礼》《乐》为植德之具。《诗》《书》《礼》《乐》，皆史也，皆载前人之经验而表示其得失以为未经验者之先导也。《虞书》之言教胄子，不惟授以《诗》《乐》之技能也，于其性情矫其偏而济其美，曰：直而温，宽而栗，刚而无虐，简而无傲。此即章氏所谓有君子之心而所养必底于粹也。（直、宽、刚、简，皆君子之美，而必矫其失始粹。）至春秋时申叔时论教太子之法，言之尤详。所谓耸善抑恶、昭明废幽、广德明志、疏秽镇浮、戒惧休劝者，皆以史为工具而求成其德也。

《楚语》：庄王使士亹傅太子箴……问于申叔时。叔时曰：教之《春秋》，而为之耸善而抑恶焉，以戒劝其心。教之《世》，而为之昭明德而废幽昏焉，以休惧其动。教之《诗》，而为之导广显德，以耀明其志。教之《礼》，使知上下之则。教之《乐》，以疏其秽而镇其浮。教之令，使访物官。教之语，使明其德，而知先王之务用明德于民也。教之故志，使知废兴者而戒惧焉。教之训典，使知族类，行比义焉。

古史孔多，孔门归之六艺。《戴记·经解》所言某书之教有其特长，亦有其流失。得其长而祛其失，则治史而能明德。故古人之治史，非以为著作也，以益其身之德也。

《经解》孔子曰：入其国，其教可知也。其为人也，温柔敦厚，《诗》教也；疏通知远，《书》教也；广博易良，乐教也；絜静精微，《易》教也；恭俭庄敬，《礼》教也；属辞比事，《春秋》教也。故《诗》之失愚，《书》之失诬，乐之失奢，《易》之失贼，《礼》之失烦，《春秋》之失乱。其为人也，温柔敦厚而不愚，则深于《诗》者也；疏通知远而不诬，则深于《书》者也；广博易良而不奢，则深于乐者也；絜静精微而不贼，则深于《易》者也；恭俭庄敬而不烦，则深于《礼》者也；属辞比事而不乱，则深于《春秋》者也。

近人讲史学者，恒称举疏通知远、属辞比事二语，而不注意其为人也二语。孔子明明言其为人，所以明史之有益于人。使其为人能如此，则其为史自然有德。今不先从治史畜德立说，猥曰吾欲为史学家，不得不有敬恕之德，使不欲为史学家，即可不敬且恕乎？是则读书而昧于本原之故也。古人之论心术，多包括两端，不畸于一偏。《曲礼》第二节曰：爱而知其恶，憎而知其善。《大学》修身节曰：人之其所亲爱而辟焉，之其所贱恶而辟焉，之其所畏敬而辟焉，之其所哀矜而辟焉，之其所敖惰而辟焉。故好而知其恶，恶而知其美者，天下鲜矣。鉴空衡平，孰大于是。即以《经解》观之，曰诬曰贼。治史之弊，久为圣哲所戒。第古人言约，后人必剖析而觳缕尔。由是言之，吾国圣哲深于史学，故以立德为一切基本。必明于此，然后知吾国历代史家所以重视心术端正之故。若社会上下道德荡然，且无先哲垂训，诏之以特立独行，决不能产生心术端正之史家，盖环境与个人互相影响。今之论史者必求史事之背景，论史学而不知史学之背景，亦已自违史律矣。

孔子论史所以教人为人。后世之教，杂以利禄之诱，遂不古若，然犹本于六艺，故咸知重为人。颜之推当萧梁、高齐之世，去古远矣，而其言学在观古人之若何而行之效之。

《颜氏家训·勉学篇》：夫所以读书学问，本欲开心明目，利于行耳。未知养亲者，欲其观古人之先意承颜，怡声下气，不惮劬劳，以致甘腝，惕然恐惧，起而行之也。未知事君者，欲其观古人之守职无侵，见危授命，不忘箴谏，以利社稷，恻然自念，思欲效之也。素骄奢者，欲其观古人之恭俭节用，卑以自牧，礼为教本，敬者身基，瞿然自失，敛容抑志也。素鄙吝者，欲其观古人之贵义轻财，少私寡欲，忌盈恶满，赒穷恤匮，赧然悔耻，积而能散也。素暴悍者，欲其观古人之小心黜己，齿弊舌存，含垢藏疾，尊贤容众，苶然沮丧，若不胜衣也。素怯懦者，欲其观古人之达生委命，强毅正直，立官必信，求福不回，勃然奋励，不可惧慑也。历兹以往，百行皆然。

学者必知此义，然后知程明道斥谢上蔡玩物丧志，而其读史又不蹉一字之故。不喻此而强持敬恕从事研究，终不免于玩物丧志也。

《近思录》卷二：明道先生以记诵博识为玩物丧志。本注：胡安国云：谢上蔡先生初以记问为学，自负该博，对明道举史书成篇，不遗一字。明道曰：贤却记得许多，可谓玩物丧志。谢闻此语，汗流浃背，面发赤。及看明道读史，又却逐行看过，不蹉一字。谢甚不服，后来省悟，却将此事做话头接引博学之士。朱子曰：明道以上蔡记诵为玩物丧志，盖谓其意不是理会道理，只是夸多斗靡为能。若明道看史不蹉一字，则意思自别，此正为己为人之分。又曰：玩物丧志之戒，乃为求多闻而不切己者发。

言德不专为治史，而治史之必本于德，则自古已然。伯夷者，古史官也。舜诏之曰：夙夜惟寅，直哉惟清。史迁译之曰：夙夜维敬，直哉维静絜。敬之为德，自伯夷始；而直清之德，亦缘敬而固定。不敬则直与清皆浮慕之客气，非德操也。周之兴也，师尚父传武王以丹书，其要义曰：敬胜怠者吉，怠胜敬者灭。

《大戴记》：武王践阼三日，召士大夫而问焉，曰：恶有藏之约，行之行，万世可以为子孙常者乎？诸大夫对曰：未得闻也。然后召师尚父而问焉，曰：昔者黄帝、颛顼之道存乎？意亦忽不可得见与？师尚父曰：在丹书。……师尚父西面道书之言曰：敬胜怠者吉，怠胜敬者灭；义胜欲者从，欲胜义者凶。凡事不强则枉，弗敬则不正。枉者灭废，敬者万世。藏之约，行之行，可以为子孙常者，此言之谓也。

然则敬者，黄帝、颛顼至尧、舜、伯夷以至周武、吕尚相承治国莅官之根本大法，非惟操以治史。而史文之可约守而常行者，无逾于此。史佚由是决之曰：动莫若敬。何以莫之若？由史事证而知之也。

《国语》：史佚有言曰：动莫若敬，居莫若俭，德莫若让，事莫若咨。

世但以居敬穷理为宋儒之学，推而上之亦只知出于孔孟。抑知孔孟以前以敬立德之远源，实在古史及史官之学，岂理学家私创之说哉！（《尚书》多言钦、言敬、言寅，此由圣哲本史家之经验，知诈欺苟偷之必不能成事，而以敬为一切根本。吾国族之能萃大群而成统一之国家，端由于此。）

至于史尚忠实，尤必推原古史。饰伪萌生，伊古已然。积其经验，则政教必重信，信者忠实之征也。《曲礼》曰：幼子常视毋诳。《周官》有造言之刑。又伪饰之禁，在民者十有二，在商者十有二，在贾者十有二，在工者十有二。（《周官·大司徒》乡八刑及司市职文。）此普遍之禁约也。而所以正官民之诈伪者，尤重在史。故太史之职曰：凡辨法者考焉，不信者刑之。凡邦国都鄙及万民之有约剂者藏焉，以贰六官之所登，若约剂乱则辟法，不信者刑之。又曰：辨事者考焉，不信者刑之。《秋官·司约》曰：凡大约剂，书于宗彝；小约剂，书于丹图。若有讼者，则珥而辟藏。其不信者，服墨刑。若大乱，则六官辟藏，其不信者杀。司约与太史联事，而约剂之藏，则在太史。史之有图法不始于周，自夏商已为专职。故官府民众有不可信，则考之史官，证其诈伪，施以刑辟，盖相沿之成法。夫史既以典法约剂判决官民之信与伪，则其为史也，自必不能作伪造言，以欺当世，以惑后世。史而不信，早已自丽于所典之刑章，尚能审断官民之欺伪乎？《韩诗外传》曰：据法守职而不敢为非者，太史令也。故治吾国史书，必先知吾自古史官之重信而不敢为非，而后世史家之重视心术，实其源远流长之验也。

史职重信，而史事不能无疑。故《春秋》之义曰：信以传信，疑以传疑。

> 《穀梁传·桓公五年》：春，正月甲戌、己丑，陈侯鲍卒。鲍卒，何为以二日卒之？《春秋》之义，信以传信，疑以传疑。陈侯以甲戌之日出，己丑之日得，不知死

之日，故举二日以包也。（范宁曰：明实录也。杨士勋曰：既云信以传信，疑以传疑，则是告以虚事，而注云实录者。告以实则以一日卒之，告以虚则以二日卒之。二者皆是据告，而即是实录之事。）

《春秋》之为实录，刘知几尝以汲冢出记证之矣，第又疑孔子无所笔削，不知梁亡、郑弃其师，故无加损，而天王狩于河阳、卫侯出奔齐之类，则非旧文。此所谓知其一而不知其二也。

《史通·惑经篇》：古者国有史官，具列时事。观汲冢出记，皆与鲁史符同。至如周之东迁，其说稍备，隐、桓已上，难得而详，此之烦省，皆与《春秋》不别。又获君曰止，诛臣曰刺，杀其大夫曰杀，执我行人，郑弃其师，陨石于宋五（原注：其事并出《竹书纪年》，惟郑弃其师出《琐语》、《晋春秋》也），诸如此句，多是古史全文。则知夫子之所修者，但因其成事，就加雕饰，仍旧而已，有何力哉！加以史策有阙文，时月有失次，皆存而不正，无所用心，斯又不可弹说矣。而太史公云：夫子为《春秋》，笔则笔，削则削，游、夏之徒不能赞一辞。其虚美一也。

《榖梁传·僖公十九年》：梁亡，自亡也。湎于酒，淫于色，心昏，耳目塞，上无正长之治，大臣皆叛，民为寇盗。梁亡，自亡也。如加力役焉，湎不足道也。梁亡，郑弃其师，我无加损焉，正名而已矣。

后世史官，虽与古之史职不同，而自史迁以降，史家所重，尤在实录。

《汉书·司马迁传赞》：自刘向、扬雄，博极群书，皆称迁有良史之材，服其善序事理，辨而不华，质而不俚，其文直，其事核，不虚美，不隐恶，故谓之实录。

传疑传信，不乏其例。如《宋史》载太祖之崩，《长编》引《野录》及《纪闻》之语。

《世史正纲》：传曰：信以传信，疑以传疑。因其信而信之，因其疑而疑之，可也。《宋史·太祖纪》云：开宝九年冬十月癸丑夕，帝崩于万岁殿，殡于殿西阶。《太宗纪》云：开宝九年冬十月癸丑，太祖崩，帝遂即皇帝位。《王继恩传》云：继恩事太祖，特承恩顾；及太祖崩，太宗在南府，继恩中夜驰诣府邸，请太宗入。《程德玄传》云：太祖大渐之夕，德玄闻夜有扣关疾呼赴宫邸者，德玄遽起赴府；久之，见王继恩驰至，称遗诏引太宗即位。此《宋史》所载可信者也。陈桱《通鉴续编》云：冬十月，宋主有疾。壬子，召其弟晋王光义入侍。是夕，宋主殂。甲寅，光义立。注载壬子夜召晋王入寝殿，属以后事，宦官宫婢皆不得近，但遥见烛影下晋王离席若有逊避之状。既而宋主引柱斧戳地，大声曰：好为之！俄而宋主殂。宋后见晋王，遽呼曰：吾母子之命，皆托于王！王曰：共保富贵，无忧也。此书所载可疑者也。原其所以为此说者，盖出于李焘之《长编》，《长编》引僧莹《湘山野录》语云：上夜召晋王，属以后事，左右皆不得闻，但遥见烛影下晋王时或离席，若有逊避之状；既而上引柱斧戳地，大声谓晋王曰：好为之！又录《涑水纪闻》语云：癸丑，上崩于万岁殿。时夜已四鼓，宋后使王继恩出召德芳，继恩以太祖传国晋王之意素定，不诣德芳，径趋开封府召晋王，与王俱进至寝殿。后闻继恩至，问曰：德芳来耶？继恩曰：晋王至矣！后见王愕然，遽呼官家曰：吾母子之命，皆托于官家！王曰：共保富贵，无忧矣。温公平生无妄语，其笔之于书亦以为太祖既崩，而后太宗入，则《野录》之语，了无此事也明矣。史于《太祖纪》书癸丑夕帝崩，加以夕之一言于癸丑之下，则凡所疑壬子夜之事，皆不待辨矣。秉笔者似亦知世俗有此传疑，故于诸帝之崩，皆未有书夕者，而此独书，其微意亦可见矣。

《明纪》称建文不知所终，而《胡濙传》载其访求之事。其传疑也，即其所以传信也。

　　《明史·惠帝纪》：宫中火起，帝不知所终。

　　又《胡濙传》：惠帝崩于火，或言遁去。诸旧臣多从者，帝疑之。五年，遣濙颁御制诸书，并访求仙人张邋遢，遍行天下州郡乡邑，隐察建文帝安在。濙以故在外最久，至十四年乃还。……十七年复出巡江浙、湖湘诸府，二十一年还朝。……先濙未至，传言建文帝蹈海去。帝分遣内臣郑和数辈浮海下西洋，至是疑始释。

史之信也，基于群德，百为之征，匪第关于君主之记注。故吾先民之为史，必大集全体之所为书。三皇五帝之书，与四方之志并重。人民财用，九谷六畜，数要利害，地域广轮之数，山林川泽之阻，咸有专官，详为记录。土训诵训所道，司勋行人所书，生死登下，乡党贤能（檃括《周官》各官之文）。史所取资，不容伪造也。后世因之，汉之天下计书先上太史公（史公所据各书及当时记载，详旧述正史之史料篇）。唐宋修史，所采各方记录，咸可溯其来源。

《春明梦余录·唐修史例》：后唐同光二年四月，敕史馆：本朝旧例，中书并起居院诸司及诸道州府合录事件报馆如左：时政记，中书门下录送。起居注，左右起居郎录送。两省转对入阁待制刑曹法官文武两班上封章，各录一本送馆。天文祥变，占候征验，司天台逐月录报，并每月供历一本。瑞祥礼节，逐季录报，并诸道合画图申送。蕃客朝贡使至，鸿胪寺勘风俗衣服、贡献物色、道里远近，并具本国王名录报。四夷入寇来降表状，中书录报。露布，兵部录报。军还日，并主将姓名具攻陷虏杀级数，并所因繇录报。变改音律及新造调曲，太常寺具录所因并乐词牒报。法令变革、断狱新议、赦书德音，刑部具有无牒报。详断刑狱，昭雪冤滥，大理寺逐季牒报。州县废置，及孝子顺孙、义夫节妇有旌表门闾者，户部录报。有水旱虫蝗，雷风霜雹，户部录报。封建天下，祠庙叙封追封邑号，祠封司录报。京师百司长官、刺史以上除授文官，吏部录报。公主百官定谥号，考功录行状并谥议，逐月具有无牒报。宗室任官，并公主出降仪制，宗正司录报。刺史县令有灼然政绩者，本州官录申奏，仍具牒报。武官，兵部录报。诸色宣敕，门下中书两省逐月录报。应硕德殊能高人逸士久在山野著述文章者，本州县各以官秩勘问的实申奏，仍具录报。应中外官薨已请谥许，本家各录行状一本申送。

《文献通考·职官考》：淳化五年，命梁周翰、李宗谔掌起居郎舍人事，通撰注记。凡宣徽、客省、四方馆、阁门、御前忠佐引见司制置、进贡、辞谢、游幸、宴会、赐赉、恩泽之事，五日一报。翰林麻制、德音、诏书、敕榜该沿革制置者，门下中书省封册告命，进奏院四方官吏风俗美恶之奏，礼宾院诸蕃职贡宴劳赐赉之事，并十日一报。吏部文官除拜选调沿革，兵部武官除授，司封封建，考功谥议行状，户部土贡旌表、州县废置，刑部法令沿革，礼部奏贺祥瑞贡举品式，祠部祭祀昼日道释条制，太常雅乐沿革，礼院礼仪制撰，司天风云气候、祥异证验，宗正皇属封建出降、宗庙祭享制度，并月终而报。盐铁金谷增耗，度支经费出纳，户部版图升降，咸岁终而报。每季撰集以送史馆。是岁令审刑院奏覆有所谕旨可垂戒者，并录送院。

明徐一夔论宋之日历，谓修会要、修实录及百年之后纪志列传，咸取于此。此宋氏之史所以为精确。尤可见历代之重信史，乃萃群策群力而成。

徐一夔《论日历书》：近世论史者，谓莫切于《日历》。《日历》者，史之根柢也。自唐长寿中，史官姚璹奏请撰《时政记》；元和中，韦执谊又奏史官撰《日历》。《日历》之设，其法以事系日，以日系月，以月系时，以时系年，犹有《春秋》遗法。而《起居注》亦专以甲子起例。盖记事之法，无逾此也。往宋极重史事，《日历》之修，必诸司关白，如诏诰政令，则三省必录。兵机边事，枢庭必报。百官之拜罢，刑赏之与夺，台谏之论列，给舍之缴驳，经筵之论答，臣僚之转对，侍从之直前故事，中外之囊封匦奏，下至钱谷甲兵，狱讼造作，凡有关政体者，必随日以录。又虑其出于吏牍，未免讹谬，或一日之差，则后难考定，一事之失，则后难增补，此欧阳子所以虑《日历》之或至遗失，奏请岁终监修宰相点检修撰官日所录事，有骧官失职者罚之。其于《日历》慎重如此。《日历》不至遗失，则后日《会要》之修取于此，他年《实录》之修取于此，百年之后纪志列传取于此。此宋氏之史所以为精确也。元朝制度，文为务从简便，不置《日历》，不置《起居注》，独中书置时政科，一文学掾掌之，以事付史馆。及一帝崩，则国史院据所付修《实录》而已。尚幸天历间诏修《经世大典》，虞公集依《六典》为之，一代之典章文物稍备。其书止于天历，而其事则可备十三朝之未备。前局之史，既有《实录》可据，又有《经世大典》可以参稽，一时纂修之士，其成此十三朝史不难矣。（见《曝书亭集》及《明史》。）

　　欧阳修《论史馆日历状》（嘉祐四年任史馆修撰时上）：史者国家之典法也。自君臣善恶功过，与其百事之废置，可以垂劝戒示后世者，皆得直书而不隐。故自前世有国者，莫不以史职为重。伏见国朝之史，以宰相监修，学士修撰，又以两府之臣撰《时政记》，选三馆之士当升擢者，乃命修《起居注》。如此不为不重矣。然近年以来，员具而职废，其所撰述，简略遗漏，百不存一，至于事关大体者，皆没而不书。此实史官之罪，而臣之责也。然其弊在于修撰之官，惟据诸司供报，而不敢书所见闻故也。今《时政记》虽是两府臣僚修纂，然圣君言动有所宣谕，臣下奏议事关得失者，皆不记录，惟书除目辞见之类。至于《起居注》亦然，与诸司供报公文无异。修撰官只据此铨次，系以日月，谓之《日历》而已。是以朝廷之事，史官虽欲书而不得书也。自古人君皆不阅史，今撰述既成，必录本进呈，则事有讳避，史官虽欲书而又不可得也。加以《日历》《时政记》《起居注》，例皆承前，积滞相因。故纂录者常务追修累年前事，而岁月既远，遗失莫存。至于事在目今，可以详于见闻者，又以追修积滞，不暇及之。若不革其弊，则前后相因，史官永无举职之时。使圣朝典法，遂成废坠矣。臣窃闻赵元昊自初僭叛至复称臣始终一宗事节，皆不曾书；亦即修撰官甚欲纪述，以修纂后时，追求莫得故也。其于他事，又可知焉。臣今欲乞特诏修《时政记》《起居注》之臣，并得以德音宣谕臣下奏对之语书之。其修撰官不得依前只据诸司供报编次除目辞见，并须考验事实。其除某官者以其功，如狄青等破侬智高，文彦博等破王则之类；其贬某职者坐其罪，如昨来麟州守将及并州庞籍缘白草平事，近日孙沔所坐之类，事有文据及迹状明白者，皆备书之。所以使圣朝赏罚之典，可以劝善惩恶，昭示后世。若大臣用情，朝廷赏罚不当者，亦得以书为警戒。此国家置史之本意也。至于其他大事，并许史院据所闻见书之，如闻见未详者，直牒诸处会问。及臣僚公议异同，朝廷裁置处分，并书之。以上事节，并令修撰官逐时旋据所得，录为草卷，标题月分，于史院躬亲入柜封锁，俟诸司供报齐足，修为《日历》。仍乞每至岁终，命监修宰相亲至史院点检修撰官纪录事迹。内有不勤其事，旷官失职者，奏行责罚。其《时政记》《起居注》《日历》等，除今日以前积滞者不住追修外，截自今后，并令次月供报。如稍迟滞，许修撰官自至中书枢密院催请；其诸司供报拖延，及史院有所会问，诸处不画时报应，致妨修纂者，其当行处分，并许史院牒开封府句追严断。其《日历》《时政记》《起居注》，并乞更不进奉，所贵少修史职，上存圣朝典法。此乃臣之职事，不敢不言。（据此知欧公以前，宋之史职及诸司供报，多不严切。徐氏所举，则自欧公以后《日历》之完备者也。）

而史家秉笔，又必慎重考订，存信阙疑，乃得勒成一代之史。固不敢苟且从事也。

《后汉书·安帝纪》注引范氏《序例》：凡瑞应，自和帝以上，政事多美，近于有实，故书见于某处。自安帝以下，王道衰缺，或虚饰，故书某处上言。

《吴志·陆凯传》：予连从荆扬来者，得凯所陈二十事，博问吴人，多云不闻凯有此表。又按其文殊甚切直，恐非皓之所能容忍也。或以为凯藏之箧笥，未敢宣行。病困，皓遣董朝省问欲言，因以付之。虚实难明，故不著于篇。然爱其指擿皓事，足为后戒，故钞列于凯传左云。

《旧唐书·武士彟传赞》：载窥他传，过为褒词，虑当武后之朝，佞出敬宗之笔，凡涉虚美，削而不书。

《新唐书·李泌传赞》：繁（泌子）为家传，言泌本居鬼谷，而史臣谬言好鬼道。繁言多不可信，掇其近实者，著于传。至劝帝先事范阳，明太子无罪，亦不可诬也。

《五代史记·一行传序》：能以孝弟自修于乡，而风行于天下者，犹或有之。然其事迹不著，而无可纪次，独其名氏或因见于书者，吾亦不敢没。

方苞《万季野墓表》载斯同之言曰：史之难为久矣。非事信而言文，其传不显。李翱、曾巩所讥，魏、晋以后，贤奸事迹，并暗昧而不明，由无迁、固之文是也。而在今则事之信尤难。盖俗之偷久矣，好恶因心，而毁誉随之。一室之事，言者三人，而其传各异矣。况数百年之久乎！故言语可曲附而成，事迹可凿空而构。其传而播之者，未必皆直道之行也；其闻而书之者，未必有裁别之识也。非论其世，知其人，而具见其表里，则吾以为信，而人受其枉者多矣。吾少馆于某氏，其家有列朝《实录》，吾默识暗诵，未敢有一言一事之遗也。长游四方，就故家长老求遗书，考问往事；旁及郡邑志乘杂家志传之文，靡不网罗参伍。而要以《实录》为指归。盖《实录》者，直载其事与言，而无可增饰者也。因其世以考其事核其言，而平心以察之，则其人之本末，可八九得矣。然言之发或有所由，事之端或有所起，而其流或有所激，则非他书不能具也。凡《实录》之难详者，吾以他书证之；他书之诬且滥者，吾以所得于《实录》者裁之。虽不敢具谓可信，而是非之枉于人者鲜矣。昔人于《宋史》已病其繁芜，而吾所述将倍焉。非不知简之为贵也，吾恐后之人务博而不知所裁。故先为之极，使知吾所取者有可损；而所不取者，必非其事与言之真而不可益也。

司马光之为《通鉴》也，先为草卷，再为长编，再为《考异》，而后删述而为《通鉴》正文。其为此书之程序，具详其致范祖禹书。

司马光《与范内翰祖禹论修书帖》：梦得（祖禹字）今来所作丛目，方是将《实录》事目标出。其《实录》中事应移在前后者，必已注于逐事下讫。（假如贞观二年李靖薨，其下始有靖传。中有自锁告变事，须注在隋义宁元年唐公起兵时。破萧铣事，须注在武德四年灭萧铣时。斩辅公祏，须注在七年平江东时。擒颉利，须注在贞观四年破突厥时。他仿此。）自《旧唐书》以下，未曾附注，如何遽可作《长编》也？请且将新、旧《唐书》纪志传及统纪补录并诸家传记小说，以至诸人文集，稍干时事者，皆须依年月日添附。无日者附于其月之下，称是月。无月者附于其年之下，称是岁。无年者，附于其事之首尾。（如

《左传》称初郑武公娶于申之类，及为某事张本起本者，皆关事首尾者也。如卫文公复国之初，言季年乃三百乘；因陈完奔齐而言完始生，并知八世后成子得政；因晋悼公即位而言其命官得人不失霸业；因卫北宫文子聘于郑而言裨谌草子产润色；因吴乱而言吴夫概王为棠溪氏之类，注云传终言之，皆附事尾者也。）有无事可附者，则约其时之早晚，附于一年之下。（如《左传》子罕辞玉之类，必无的实年月也。假使宰相有忠直奸回之事，无处可附者，则附于拜相时。他官则附于到官时，或免卒时。其有处可附者，不用此法。）但稍与其事相涉者，即注之过多不害。（假如唐公起兵诸列传中，有一两句涉当时者，但与注其姓名于事目之下。至时虽别无事迹可取，亦可以证异同，考日月也。）尝见道原云：只此已是千余卷书，日看一两卷，亦须二三年功夫也。俟如此附注俱毕，然后请从高祖初起兵修长编，至哀帝禅位而止。其起兵以前禅位以后事，于今来所看书中见者，亦请令书吏别用草纸录出。每一事中间空一行许素纸，以备剪开粘缀故也。隋以前者与贡父，以后者与道原，令各修入长编中。盖缘二君更不看此书，若足下止修武德以后天祐以前，则此等事尽成遗弃也。二君所看书中有唐事，亦当纳足下处修入长编耳。其修长编时，请据事目下所记，新、旧纪志传及杂史小说文集，尽检出一阅，其中事同文异者，则请择一明白详备者录之。彼此互有详略，则请左右采获、错综铨次，自用文辞修正之，一如《左传》叙事之体也。此并作大字写出。若彼此年月事迹有相违戾不同者，则请选择一证据，分明情理，近于得实者，修入正文。余者注于其下，仍为叙述所以取此舍彼之意。（先注所据者，云某书云云，今按某书证验云云。或无证验，则以事理推之云云，今从某书为定。若无以考其虚实是非者,则云今两存之。其《实录》正史未必皆可据,杂史小说未必皆无凭,在高鉴择之。)凡年号皆以后来者为定。假如武德元年,则从正月便为唐高祖武德元年,更不称隋义宁三年。玄宗先天元年正月,便不称景云三年。梁开平元年正月,便不称唐天祐四年也。诗赋等如止为文章,诏诰等若止为除官,及妖异止于怪诞,谈谐止于取笑之类,便请直删不妨。或诗赋有所讥讽(如中宗时《回波词》喧哗窃恐非宜,肃宗时李泌诵《黄台瓜词》之类),诏诰有所戒谕(如德宗《奉天罪己诏》,李德裕《讨泽潞谕河北三镇诏》之类,及大政事号令四方,或因功迁官,以罪黜官。其诏文虽非事实,要知当时托以何功,诬以何罪,并须存之。或文繁多,节取要切者可也),妖异有所儆戒(凡国家灾异,本纪所书者并存之。其本志强附时事者,不须也。谶记如李淳风言武氏之类,及因而致杀戮叛乱者,并存之。其妄有牵合,如木入斗为朱之类,不须也。相貌符瑞,或因此为人所忌,或为人所附,或入主好之而论者伪造,或实有而可信者,并存之。其余不须也。妖怪或有所儆戒,如鬼书武三思门;或因而生事,如杨慎矜墓流血之类,并存之。其余不须也),诙谐有所补益(如黄幡绰谓自己儿最可怜,石野猪谓相非相之类,存之。其余不须也),并告存之。大抵长编宁失于繁,毋失于略。千万切祷切祷!今寄道原所修广本两卷去,恐要见式样故也。

自汉以来之为史者,虽未尝胪举著书程序,若温公之法之详,要亦可以推知其次第。如司马迁细史记石室金匮之书,网罗天下放失旧闻,于是论次其文,即相当于温公之为草卷也。厥协六经异传,整齐百家杂语,并时异世,年差不明,原始察终,拾遗补艺,即相当于温公之为长编及《考异》也。卒述陶唐以来，至于麟止，成一家言，则其勒成定本也。沈约撰《宋书·州郡志》，自谓晋宋《起居》，凡诸记注，并加推讨，随条辨析；《百官志》则备有前说，寻源讨流，于事为易。其证引该博者，即而因之，其有阙漏，及何氏（何承天）后事，备加搜采，随就补缀。李延寿撰《南北史》，于魏、齐、周、隋、宋、齐、梁、陈正史，依司马迁体，以次连缀；又从此八代正史外，更勘杂史一千余卷，皆以编入，其烦冗者，即削去之；始末修撰，凡十六载，又属令狐德棻改正乖失。盖皆由草卷、长编、考异进至成书之程序也。温公《考异》，滥觞于裴松之《三国志注》。特温公及范、刘诸氏，先考同异，而后为书。裴氏则就陈氏之书，为之考订。人己先后，适相反耳。是故吾国史籍，自古相承，昭信核实，以示群德。降及清代，阮元为《儒林传》，仿集句体，逐节注明所据，要以明其不敢臆造私撰。实则历代之史，特不自注，使如阮氏所为，殆无一字一句不本于公私撰著也。至于刊落不尽，或有抵牾，则缘其事体大，独撰众修，皆不易于毫发无憾。后之读者，补苴罅漏，未可轻议古人。又或事属当时，多非实录，立传之方，取舍乖衷，进由时旨，退傍世情（《宋书》自序语）。以至南书谓北为索虏，北书指南为岛夷。又各以其本国，周悉书之，别国并不能备，亦往往失实（《北史》自序语）。则易代之后，史家多为改正。读《宋史·周三臣传序》，则知吾国史德，正由后先补益，而益进于忠实。治史者正不可以偏概全也。

《宋史·周三臣传序》：《五代史记》有《唐六臣传》，示讥也。《宋史》传周三臣，其名似之，其义异焉。求所以同，则归于正名义、扶纲常而已。韩通与宋太祖比肩事周，而死于宋未受禅之顷，然不传于宋，则忠义之志，何所托而存乎？李筠、李重进旧史书叛，叛与否未易言也。洛邑所谓顽民，非殷之忠臣乎？孔子定书，不改其旧称焉。或曰：三人者，尝臣唐晋汉矣。曰：智氏之豫让非欤？作《周三臣传》。

韩非之论史也，曰：孔子、墨子俱道尧舜，而取舍不同，皆自谓真尧、舜；尧、舜不复生，将谁使定儒、墨之诚乎？此言最为今之治史者所盛称。是亦视治史者之德若何。司马迁非不知韩非之书也，而其言曰：载籍极博，犹考信于六艺。以孔子之书可考信，而墨氏不能传其书之全文。墨之不若孔，无待辨也。迁又曰：非好学深思心知其意，固难为浅见寡闻道也。好学而深思，然后知孔氏所传之书之可信。曾巩之论史，谓唐虞之时，岂特任政者皆天下之士，盖执简操笔者亦皆圣人之徒。南丰生宋时，何以能知唐虞时执简操笔者之过？人盖由于好学而且深思，能从历代史事及史籍之高下得失，比勘推究，而有以见前哲之精神，非好为崇拜古人也。曾氏所谓古史非独记其事迹，并其深微之意而传之。其义甚丰，略举一二。如曰明四目达四聪，其言至约而奇，必就历代居高位拥重权者之耳目易为左右宵小之所蒙，因以不能周知国家天下利弊得失之真相，而举措赏罚皆失其当，因此知古史能以此二语摹写圣哲之公听并观为不可及。又如在知人、在安民二语，亦似老生常谈。然必综合历代政治之兴衰，究其主因，乃知此为为政最要之义，而古史乃能就当时君臣论治之若干言论中，标举选择而垂之简册。虽至晚近，一切物质，远迈古初，政体亦已不同，而欲求建国于大地，仍不能背越此定则。此古史之所以可贵，而南丰所以为知言也。

曾巩《南齐书序》：将以是非得失兴坏理乱之故而为法戒，则必得其所托而后能传于久。此史之所以作也。然而所托不得其人，则或失其意，或乱其实，或析理之不通，或设辞之不善。故虽有殊功伟德非常之迹，将暗而不章，郁而不发，而梼杌、嵬琐、奸回、凶慝之形可幸而掩也。尝试论之，古之所谓良史者，其明必足以周万事之理，其道必足以适天下之用，其智必足以通难知之意，其文必足以发难显之情，然后其任可得而称也。何以知其然耶？昔者唐虞有神明之性，有微妙之德，使由之者不能知，知之者不能名，以为治天下之本。号令之所布，法度之所设，其言至约，其体至备，以为治天下之具。而为二典者推而明之，所记者岂独其迹耶？并与其深微之意而传之，小大精粗无不尽也，本末先后无不白也。使诵其说者如出乎其时，求其指者如即乎其人。使于向之四者有一不具而能之乎？（此语从章实斋删改本。）则方是之时，岂特任政者皆天下之士哉！盖执简操笔而随者，亦皆圣人之徒也。（明足以周万事之理四语，戴名世《史论》举之，章实斋《史识篇》曰：典谟训诰，曾氏以为唐虞三代之盛，载笔而记者，亦皆圣人之徒。其见可谓卓矣。又有删订之本，谓古人序论史事，无若曾氏此篇之得要领者。盖其窥于本原者深，故所发明直见古人之大体。先儒谓其可括十七史之统序，不止为《南齐》一书而作。其说洵然。是章氏之推重此文至矣。）

章氏之论史德曰：通六义比兴之旨，而后可以讲春王正月之书。其语深微，学者不易领悟。《左氏》之言曰：《春秋》之称，微而显，志而晦，婉而成章，尽而不污，惩恶而劝善（《左传》成公十五年）。微显志晦，则用意深厚，非专为司空城旦书。而劝惩之旨，在读者深思而自得之。观恽子居之读《汉书·古今人表》，可以悟《春秋》，亦可以悟实斋之说。

恽敬《古今人表书后》：《汉书·古今人表》始太昊伏羲氏，终于董翳、司马欣，而汉之君臣不与焉。颜师古曰：但次古人不表今人者，其书未毕也。恽子居曰：颜氏此言非也。孟坚为汉人，于汉之君臣，将如何而差等之？是故次古人，即以表今人也。哀、平之间，盖多故矣。孟坚于身无事功而为弑与被弑者，列之第九等之愚人，而有事功者，列之第八等，所以著哀、平、王莽之罪也。身为弑而列第七等者，惟崔杼、庆封、陈恒。盖庄公下淫，景公废嫡，乱不自下始也。是故覆汉祚者，平帝可原，哀帝不可原；推而上之，成帝亦不可原。齐桓公列第五等，秦始皇列第六等，而汉高、武帝可推而知。老子列第四等，而文帝可推而知。盖古人多以绝人之才识，百虑千计，而笔之于书。读之者委曲推明，尚不能得其十五。太史公曰：非好学深思心知其意，未易为浅见寡闻者道也。敬以此读三代、秦、汉之书，自魏、晋以下，则知者鲜矣。（按《古今人表》盖即《世本·王侯大夫谱》，其品第出于前史，班氏因而录之，未必专为影射汉代君臣而作，然亦未必无陈古刺今之意。恽氏以之推比，极有思致，故吾引之以证章氏"通六义比兴之旨，而后可以读'春，王正月'之书"之意。又按恽氏之言，殆亦未必专指汉史，其谓高祖、文帝、武帝可推而知者，焉知其非谓清之圣祖、世宗、高宗可推而知乎？讲《春秋》者谓定、哀之间多微辞。观清人书者，亦当知其微辞。）

又如恽氏论史公评贯高之语，亦以《春秋》通《史记》。而曰：古之作史者，辨于物，析于事，慎于文。辨于物，故名正；析于事，故理顺；慎于文，故劝惩明。是亦由深思而后知其意。吾因之悟《穀梁》论鲁隐公可谓"轻千乘之国，蹈道则未也"之义，所谓爱而知其恶，憎而知其善，乃真史德也。司马光《上通鉴表》，自谓抉摘幽隐，校计毫厘。不洞贯经史之精微，恶可轻于置议哉！

《穀梁传·隐公元年》：《春秋》贵义而不贵惠，信道而不信邪。孝子扬父之美，不扬父之恶。先君之欲与桓，非正也，邪也。虽然，既胜其邪心以与隐矣，已探先君之邪志，而遂以与桓，则是成父之恶也。兄弟天伦也，为子受之父，为诸侯受之君，已废天伦而忘君父以行小惠，曰小道也。若隐者，可谓轻千乘之国，蹈道则未也。

恽敬《读张耳陈余列传》：穀梁子曰：君子之于物，无所苟而已。石鹢犹且尽其辞，而况于人乎？故五石六鹢之辞不设，则王道不亢矣。古之作史者，辨于物，析于事，慎于文。辨于物，故名正，析于事，故理顺，慎于文，故劝惩明。《史记·张耳陈余列传》廷尉以贯高事辞闻，上曰：壮士，谁知之者？以私问之。壮士意其可以私问也？中大夫泄公曰：臣之邑子，素知之。此固赵国立名义不侵为然诺者也。上使泄公持节问之。立名义不侵为然诺，不可以私问也。使泄公具告之曰：张王已出。因赦贯高。贯高喜曰：吾王审出乎？贯高之心，惟知有王，故问出王，不闻赦高也。泄公曰：然。泄公曰：上多足下，故赦足下。泄公之心，惟知有高，故复言赦高，不言出王也。至贯高绝吭死，太史公断之曰：当此之时，名闻天下。如是而已，何也？家臣知有家而不知有国，诸侯之臣知有国而不知有天下，皆大乱之道。如贯高者，足以耸劲激昂，入人肝膈，然而君子不以仁义褒焉。孟子曰：孔子成《春秋》而乱臣贼子惧。于此可以观矣。（按史法多端，不限一格。有微而显者，亦有直而尽者。史公于《秦始皇本纪》引贾生《过秦论》，正言其失；而于《六国表》，则曰：秦取天下多暴，然世异变，成功大。传曰法后王，何也？以其近己而俗变相类，议卑而易行也。学者

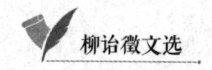

牵于所闻，见秦在帝位日浅，不察其终始，因举而笑之不敢道，此与以耳食无异。则又斥其多暴，而重其成功。而必察其终始者，又用心之恕，即其直言而可见者矣。）

孟子之论学曰：一乡之善士，斯友一乡之善士；一国之善士，斯友一国之善士；天下之善士，斯友天下之善士。以友天下之善士为未足，又尚论古之人。颂其诗，读其书，不知其人可乎？是以论其世也，是尚友也。知人论世，在求古人之善者而友之，非求古人之恶而暴之，或抑古人之善而诬之也。然由其言，亦可以知后之论史者，须视其人之身世何若。秉心厚者，则能尚友而畜德；赋质刻者，则喜翻案而攻人。如孟子取《武成》二三策之言，以其推论至仁之用师，故疑漂杵之过当。后人不师其发言之本旨，惟截取"尽信《书》不如无《书》"之一语，则专以索瘢吹垢为事矣。例如六代史家，固多曲笔，然若孙盛、王邵，亦为刘知幾所崇信，不得以史有讳饰，遂谓古无良史也。班固受金，陈寿求米，大抵莫须有之辞。即所谓秦人不死验苻生之厚诬，蜀老犹存知葛亮之多枉者，亦徒纵其词锋，未足以概全史。《洛阳伽蓝记》前载赵逸之言，后举徐屹之说，赵则为苻生平反，徐亦为班固征信。要皆属于小说，未可举一例余。

《洛阳伽蓝记》：时有隐士赵逸，云是晋武时人，晋朝旧事，多所记录。正光初，来至京师。（按自晋武泰始初至正光，约二百五十年。）云自永嘉以来，二百余年，建国称王者十有六君，皆游其都邑，目见其事。国灭之后，观其史书，皆非实录，莫不推过于人，引善自向。苻生虽好勇嗜酒，亦仁而不杀，观其治典，未必凶暴，及详其史，天下之恶皆归焉。苻坚自是贤主，贼君取位，妄书生恶，皆是类也。

又，慕义里菩提寺沙门达多，发冢取砖，得一人以进。太后与明帝在华林都堂，以为妖异，谓黄门侍郎徐纥曰：上古以来，颇有此事否？纥曰：昔魏时发冢，得霍光女婿范明友家奴，说汉朝废立，与史书相符。此不足为异也。

至《魏书·毛修之传》所云蜀中长老言陈寿为诸葛亮门下书佐，被挞百下，故其论武侯云应变将略非其所长，亦为未知陈寿者之譽言。纵不问《蜀志》全书纯以武侯为中心，即就本传评语而观，其倾倒武侯至矣。应变二语，盖作疑辞，非为枉屈。刘氏以此论史，宜章氏议其心术之养未底于粹也。

《蜀志·诸葛传》评曰：诸葛亮之为相国也，抚百姓，示仪轨，约官职，从权制，开诚心，布公道。尽忠益时者，虽雠必赏；犯法怠慢者，虽亲必罚；服罪输情者，虽重必释；游辞巧饰者，虽轻必戮。善无微而不赏，恶无纤而不贬。庶事精练，物理其本，循名责实，虚伪不齿。终于邦域之内，咸畏而爱之。刑政虽峻，而无怨者，以其用心平而劝戒明也。（据此诸文，岂是被挞而怀恨者之语。）可谓识治之良才，管、萧之亚匹矣。然连年动众，未能成功，盖应变将略，非其所长欤？

然而以知幾之时事，产生疑古之言论，亦自有其可原。浦起龙氏所谓读书尚论其意，有可推者。知幾眼见近古自新莽始祸，以及当涂典午，南则刘、萧、陈氏，北则齐、周、杨坚，累朝践代，类以攘窃之诈，诡为推挹之文。虽逮李唐，奋戈除暴，犹必虚拥代邸，粉饰禅书。于是假号汲坟之荒简，反兵孔壁之遗编耳。盖人于环境所遭，辄意往事亦然。世治则恒见钜人长德，乃知圣哲之匪属虚称；世乱则所知皆奸诈苟偷，遂觉前人亦大抵如是。虽悲悯与欷羡不同，而刻核之论，驟成风气，必至害人心术。此非盛德而有远识者，未易超环境而不为所摇也。当清中叶，考据之风甚盛，若庄存与，若龚自珍，皆深于汉学，且专治今文家之言者也。而庄氏于已成定谳之《伪古文尚书》，犹保持使勿废，龚氏且盛称之，谓其自韬污受不学之名，为有所权缓急轻重，以求其实之阴济于天下。是岂宅心不厚而标榜今文、矜夸考证者所能喻乎？

龚自珍《武进庄公神道碑铭》：学足以开天下，自韬污受不学之名，为有所权缓急轻重，以求其实之阴济于天下，其泽将不惟十世。……大儒庄公讳存与，江南武进人也。幼诵六经，尤长于《书》。奉封公教，传山右阎氏之绪学。……盖公自少入塾，而昭昭善别择矣。既壮成进士。阎氏所廓清已信于海内，江左束发子弟，皆知助阎氏，言官学臣则议上言于朝，重写二十八篇于学官，颁赐天下，考官命题，学僮讽书，伪书毋得与。将上矣，公以翰林学士直上书房为师傅，闻之，忽然起，逌然思，郁然叹，自语曰：辨古籍真伪，为术浅且近者也。且天下学僮尽明之矣，魁硕当弗复言。古籍坠湮什之八，颇藉伪书存者什之二。……《大禹谟》废，人心道心之旨、杀不辜宁失不经之诫亡矣。《太甲》废，俭德永图之训坠矣。《仲虺之诰》废，谓人莫己若之诫亡矣。《说命》废，股肱良臣启沃之谊丧矣。《旅獒》废，不宝异物贱用物之诫亡矣。《问命》废，左右前后皆正人之美失矣。今数言幸而存，皆圣人之真言，言尤疴养关后世，宜贬须臾之道以授肄业者。公乃计其委曲，思自晦其学，欲以借援古今之事势。退直上书房日，著书曰：《尚书》既见如干卷，数数称禹谟、虺诰、伊训，而晋代剟拾百一之罪，功罪且互见。公是书颇为承学者诟病，而古文竟获仍学官不废。

由上诸义言之，道德观念，由史而来。而人之尚德，不当专为治史。使其积于德也不素，则其临文也无本。而挟考据怀疑之术以治史，将史实因之而愈淆，而其为害于国族也亟矣。故治章氏之学，宜知其为箴贬刘氏深戒后学而言。第犹未能阐明古代政教与史官之关联，徒就后世政教已漓之时，责望治史者养其心术，仅属救弊补偏之说。然章氏之时，论史者犹未太违乎古义，而俗尚亦不外历史之所遗传。故所谓心术不粹者，其范围犹有所限。至梁氏之论史德，虽若引申章氏之说，实本刘氏之学，而益以他族近代治史者之方术，谓当大进于前。故篇目虽同，而根本实相左也。

人类之尚德也同，其由史而知德也亦同。故吾人由本国历史数千年之经验而得道德之正鹄者，益以世界史之经验，宜若植德益隆矣。然如梁氏所举史家夸大之失，在吾国唐宋诸贤早悬为戒者（如岛夷、索虏之互诋之类）。在晢人则至近代始悟其非，观斯宾塞尔《群学肄言》所陈，其为国拘情瞀，实远轶于吾史。

　　严译《群学肄言·国拘篇》：国中徒党，各有主张，己之所附者为豪杰圣贤，而彼党之魁，则盗贼无赖也。方宗教之致争。问于修教，则公教所为，无所往而非暴虐；问诸公教，则修教之所改革，无一事而非背天。若夫二国之史，相为敌雠，则甲之美政，必不可得于乙书；乙之无道，若不胜书于甲史。古之诺曼，贪残之种也，而言撒逊，转谓其修怨之刻深。以法史写西班牙之伏莽，则淫掠穷凶；以俄人言克噶希亚之兴戎，则虔刘无艺。龙蛇起陆之日，战血玄黄之秋，使吾英为局外，则了了能言其曲直。不幸吾国利害与于其间，则通国报章，黑白皆易位矣。当法人之戡定亚尔芝也，大食之民，屈强不附，逃山谷中，法人聚火焚之，英人大呼，谓绝人理。时无几何，而印度之民叛我，亦既族而歼之矣，尚惧其未尽死也，则加火于山积之群尸。又雅墨加之役，焚其邑居矣，又屠其人民。二者所为，吾英于人理，亦如缐耳，于法人何讥焉！……夫身毒之民，亦天所生之一种也，夫岂不宜以自君；何于群起而求脱吾英之衔辔，乃罪大恶极，而无一善之可言。爱尔兰之不乐为属，而欲自为政，亦其所也；何其争即为不道，而一无可恕。

又：法人之自大久矣，天下之所共闻也。底亚斯之著书也，扬扢敷闳，宣国威而广民志，其中无几微之疑辞，而法之人亦从而信之。……武迹士著《化学录》，其发端曰：化学者，法国之学也。阴格理画鄂谟加冕图，推鄂谟为诗中王者，而以后代以诗鸣者，为其徒从。尽法之诗家，皆居前列；而吾英之狭斯丕尔，乃在隅奥，著其形于若存若亡之间。又立艺宫，凡古今作者之圣，述者之明，但有制作，无不毕列。法之艺人，虽无所知名而亦厕，至英之奈端，则摈不得与。

又：德之公党，于一席之谈，听其言之所及者，德之国俗，德之维新，德之合邦，德之一统，德之陆旅，德之海军，德人之宗教与德人之艺学已耳。徒取法人而讪笑讥议之，而不知己之所为，正法人之痼疾，而译之以德语者也。（梁氏引韦尔思云：有谓距今二百年前，世界未有一著述足称为史者，亦此病也。）

斯宾塞尔著书力箴其病，在一千八百七十年间。（其书出版在一八七三年，当清同治十二年。）谓治群学必先治其心习，见《缮性篇》。其识盖迥超诸国史家。推其意固亦未尝不知缮性之功，为学者御一切事物所必具，非仅为治群学。然衡之《曲礼》《大学》所论爱恶好憎之偏之当矫，其时间相悬奚若？盖哲人多务其偏至，吾族久尚夫执中。由民德之全，衡史德之失，固有间矣。而吾族徒震于晚近之强弱，遂拾其新说，病吾往史，则论世之未得其平也。

至于附会之病，尤有可为隐痛者。国不自振，夸大之习已微。以他族古初之蒙昧，遂不信吾国圣哲之文明，举凡步天治地、经国临民、宏纲巨领、良法美意，历代相承之信史，皆属可疑。其疑之者，以他族彼时不过图腾部落，吾族似不能早在东亚建此大邦。复以晚近之诈欺，推想前人之假托。不但不信为事实，即所目为乌托邦之书，亦不敢推论其时何以有此理想。只能从枯骨断简，别加推定。必至春秋战国之纷裂，始能为秦汉之统一，而春秋战国秦、汉制度思想之所由来，亦不能深惟其故。至其卑蓖已甚，遂若吾族无一而可，凡史迹之殊尤卓绝者，匪藉外力或其人之出于异族，必无若斯成绩。此等风气，虽为梁氏所未料，未始非梁氏有以开之。故论学立言，不可不慎。不附会而夸大，则卑蓖而自诬。程子所谓与学者言如扶醉汉、扶得东来西又倒者也。斯宾塞尔既深讥爱国之偏，又历陈贬国之失，学者倘研阅其说，或亦可补刘、章、梁氏诸说所未备欤！

《群学肆言·国拘篇》：挽近学士搢绅，闻见日多，智能愈富，贬国之见，常与俱深。一时相阿，遂成风尚。而语或违中，多不根之论。不知国之政教，成立綦难。使议者弗察，动言纷更，乍埋乍掘，民莫适主。此其害群，以较爱国之偏，特一间耳。贬国而过，各有由然，贤愚不齐，略区三等。恶闻夸者之言，訑然自满，抑人扬己，多失其平，于是本其诚心，思所救正，矫枉过直，容不自知，此其一也。亦有养智惊愚，自矜博学，轻蔑旧制，远行异邦，持论非平，苟窃声誉，又其一也。最下国之掌故，毫未有知，轻易猖狂，逞其好骂，又其一也。

史识第六

刘知幾倡史有三长之说，而尤重在识。章实斋申之而论史德，梁启超、刘咸炘又申论之。皆各述所见，与刘氏原旨不符。刘氏所谓史识，在"好是正直善恶必书，使骄君贼臣知惧"。章氏引之，误谓"有学无识，如愚贾操金，不能贸化"，似于《唐书》原文初未细绎，而以有学无才之弊，属之有学无识。学者苟就《唐书》原文与章书《史德篇》一较，自见其大相径庭矣。

  《新唐书·刘子玄传》：礼部尚书郑惟忠尝问曰：古文士多，史才少，何耶？对曰：史有三长，才、学、识。世罕兼之，故史才少。夫有学无才，犹愚贾操金，不能殖货。有才无学，犹巧匠无楩楠斧斤，弗能成室。（《旧唐书》此下有"犹须好是正直"六字。）善恶必书，使骄君贼臣知惧，此为无可加者。时以为笃论。

  《文史通义·史德篇》：刘氏以谓有学无识，如愚贾操金，不能贸化。推此说以证刘氏之指，不过欲于记诵之间，知所抉择，以成文理耳。此犹文士之识，非史识也。

梁氏意主革新，谓史识是观察力。观察要敏锐，即所谓读书得间。又标四义，曰由全部至局部，曰由局部至全部，曰勿为传统思想所蔽，曰勿为成见所蔽（见《史学研究法续编》）。盖示人读旧史而创新史，非知幾所论修史之宗旨也。刘咸炘氏则以观史迹之风势为史识，又曰：作者有识，乃成其法，读者因法而生其识，虽二而实一。又曰：读史本为求识，所以必读纪传书。又曰：吾辈非有作史之责，而必斤斤讲史法者，正以史法明，史识乃生也。是其所谓观史迹者，虽与梁氏所谓观察力者同，而斤斤讲旧史之法，兼读史与作史而言，又非如梁氏之斥传统思想也。

刘咸炘《治史绪论》：史学可分为四端：一曰考证事实，是为史考；二曰论断是非，是为史论；三曰明史书之义例，是为史法；四曰观史迹之风势，是为史识。前二者为他学者亦从事焉，后二者则所谓史学专门之长也。考证固在成书之先，然不能成书，则止是零碎事迹，不得为史。论断固为读史之的，然无识，则止是任意爱憎，不得为学。史识著于马、班，史法至唐始晦，宋人犹存史识，而偏于论。近世惩论之弊，乃偏于考，于是熟于事实者，乃冒史学之称，而史学芜矣。

又：史学有二，一曰作史之法，二曰读史之识。作者有识，乃成其法；读者因法，而生其识，虽二而实一也。法者，撰述之义例，章先生所谓圆而神者也。识者，知政事风俗人才变迁升降之故，孟子所谓论其世者也。

又曰：吾辈非有作史之责，而必斤斤讲史法者，正以史法明，史识乃生也。……读史本为求识，所以必读纪传书。作史者不知此，则纪传书只是一碑传集，非史矣。读史者不知此，则史论只是一月旦评，非史论矣。……浅陋之学究，专心论人为史学，徒骋己见，固不足贵；而博杂之考据家，专以考事为史学，亦只为拾骨之学。

实斋虽误解刘氏之语，而谓能具史识者必具史德，所以补充刘氏之说者，要自有见，第未推原道德观念实出于史耳。刘咸炘谓读史本为求识，义亦犹是。吾人何缘而有识力？亦曰赋于天者本明，稽之史而后悟。学者识力，大都出于读史。苟屏前史，一切不信，妄谓吾之识力能破传统观念之藩，则事实所不可能也。或袭近人之言，或采异域之说，亦即秉遐迩之史，以为创新之识，隐有其传，非能舍史而得识也。语曰：温故而知新。苟非以故谷为种，何能产新禾之苗乎？

刘知幾所谓史识，在《书事篇》中言之最详。《书事篇》专论史法，即刘咸炘所谓作者有识乃成其法，亦即梁氏所谓传统思想。学者宜熟复之，乃知吾史书之别于史料。近人恒谓吾国诸史仅属史料而非史书者，坐不知吾史相传之义法也。孔子告子夏读书之法曰：通七观，举大义。

《尚书大传》：子夏读《书》毕，见夫子。夫子问焉，曰：子何为于《书》？子夏对曰：《书》之论事也，昭昭如日月之代明，离离若星辰之错行。上有尧舜之道，下有三王之义。商所受于夫子，弗敢忘也。子曰：《尧典》可以观美，《禹贡》可以观事，《咎繇》可以观治，《鸿范》可以观度，六《誓》可以观义，五《诰》可以观仁，《甫刑》可以观戒。通斯七观，《书》之大义举矣。（近人不信《禹贡》，谓禹治水，不过略治山西、河南小部分。此即不知事理之言。下流海口不治，山西、河南之水，以何地为壑？吾因其言，益知古书之言简而理精。即"决九川距四海"六字，可以尽治水之事理。）

顾栋高论《春秋》曰：未有无故而书。又曰：凡褒贬无关于天下之大故不书。

顾栋高《春秋大事表·读春秋偶笔》：《春秋》凡书城书筑皆讥，无论时不时也。城郚、城中丘，则以怯敌书；城向、城诸及郓，则以启衅书；城费、城成郭，则以三家营私邑书；城漆、城启阳、城邾、城瑕，则以恃强凌弱小书；城杞，则以受役于强大书。其非时与帅师者，则罪又甚焉。盖《春秋》一书，圣人特书以垂戒，为百王法，未有无故而书者也。鲁方百里五，所统凡数十百城，二百四十二年之中，城坏而修，亦极常事，何足烦圣人之笔乎？……外此如城邢、城楚丘、城缘陵，为圣人许之乎？曰：此《春秋》以纪世变也。天王失政，外裔交侵，小国不能自立，赖桓公修方伯之职，帅诸侯起而城之。圣人所以不得已而思伯，予之亦伤之也。降此而城成周，抑又甚焉。王室内乱，流离颠越，十年之后，又乞城于诸侯。书此而天王之屡弱，晋伯之怠缓，俱可概见。此皆有关于天下之大者，凡褒贬无关于天下之大故不书。

方苞、恽敬持此义以读《史记》，咸举《留侯世家》非天下所以存亡故不著，为纪事文之义法。故《尚书》、《春秋》与后世之纪传史体裁虽不同，而抉择之法固一贯也。

> 方苞《史记评·留侯世家》：留侯所与上从容言天下事甚众，非天下所以存亡，故不著。此三语著为留侯立传之大指。记事之文，义法尽于此矣。
>
> 恽敬《读货殖列传》：作史之法有二，太史公皆自发之。其一《留侯世家》曰：所与上从容言天下事甚众，非天下所以存亡，故不著。此作本纪、世家、列传法也，而表、书亦用之。其一《报任少卿书》曰：究天人之际，通古今之变。此作表、书法也，而本纪、世家、列传亦用之。

吾国古无所谓历史研究法，然"三传"之于《春秋》，各有师说，以解析《春秋》之义法。则世之有史学研究法者，莫先于吾国矣。左氏亲见鲁史，博采晋《乘》、楚《梼杌》诸书，而为《春秋》传。其所载史事，多出于《春秋》之外。然左氏不以其所见史料之富，而斥《春秋》之简略，且推究《春秋》所以不书之故，而归于礼经之凡例。

《左传·隐公十一年》：凡诸侯有命告则书，不然则否。师出臧否，亦如之。虽及灭国，灭不告败，胜不告克，不书于策。

又，庄公二十九年：凡物不为灾不书。

又，僖公二十三年：凡诸侯同盟，死，则赴以名，礼也。赴以名则亦书之，不然则否，避不敏也。

又，文公七年：凡会诸侯，不书所会，后也。后至不书其国，辟不敏也。

又，十四年：凡崩薨不赴，则不书。祸福不告，亦不书。惩不敬也。

又，十五年：凡诸侯会，公不与，不书。讳君恶也。与而不书，后也。

用此可知史策所书，咸本赴告及周家通礼。衡物异之重轻，视人事之敬惰，已可启发史识矣。而凡例所不赅者，传文又加以宣究。

《左传·隐公元年》：春，王周正月，不书即位，摄也。

又：三月，公及邾仪父盟于蔑，邾子克也，未王命，故不书爵。

又：夏四月，费伯帅师城郎，不书，非公命也。杜注：传曰：君举必书。然则史之策书，皆君命也。今不书于经，亦因史之旧法，故传释之。诸鲁事传释不书，他皆放此。

又：十月庚申，改葬惠公，公弗临，故不书。卫侯来会葬，不见公，亦不书。杜注：诸侯会葬，非礼也，不得接公成礼，故不书于策。他皆放此。

又，十一年：羽父使贼弑公于寪氏。……不书葬，不成丧也。

又，桓公十七年：冬十月朔日有食之，不书日，官失之也。

又，僖公元年：春，不称即位，公出故也。公出复入，不书，讳之也。

又，九年：齐侯以诸侯之师伐晋。……令不及鲁，故不书。

又，十四年：春，诸侯城缘陵而迁杞焉。不书其人，有阙也。

又，十九年：梁亡不书，其主自取之也。

又，二十九年：夏，公会王子虎、晋狐偃、宋公孙固、齐国归父、陈辕涛涂、秦小子愁盟于翟泉，寻践土之盟，且谋伐郑也。卿不书，罪之也。在礼，卿不会公、侯，会伯、子、男可也。

又，文公二年：晋先且居、宋公子成、陈辕选、郑公子归生伐秦，取汪及彭衙而还，以报彭衙之役。卿不书，为穆公故，尊秦也。

又，九年：公子遂会晋赵盾、宋华耦、卫孔达、许大夫救郑，不及楚师。卿不书，缓也，以惩不恪。

又，十七年：春，晋荀林父、卫孔达、陈公孙宁、郑石楚伐宋，讨曰：何故弑君？犹立文公而还。卿不书，失其所也。

又，宣公十二年：晋原縠、宋华椒、卫孔达、曹人同盟于清丘。曰：恤病讨贰。于是卿不书，不实其言也。

又，成公二年：公及楚公子婴齐、蔡侯、许男、秦右大夫说、宋华元、陈公孙宁、卫孙良夫、郑公子去疾及齐国之大夫盟于蜀。卿不书，匮盟也。于是乎畏晋，而窃与楚盟，故曰匮盟。蔡侯、许男不书，乘楚车也，谓之失位。君子曰：位其不可不慎也乎！蔡、许之君，一失其

143

位，不得列于诸侯，况其下乎！

又，襄公十四年：于是齐崔杼、宋华阅仲江会伐秦。不书，惰也。向之会，亦如之。卫北宫括不书于向（亦惰），书于伐秦，摄也。

又，二十六年：六月，公会晋赵武、宋向戌、郑良霄、曹人于澶渊以讨卫。赵武不书，尊公也。向戌不书，后也。

又，三十年：冬十月，叔孙豹会晋赵武、齐公孙虿、宋向戌、卫北宫佗、郑罕虎及小邾之大夫会于澶渊，既而无归于宋，故不书其人。君子曰：信其不可不慎乎！澶渊之会，卿不书，不信也。……书曰某人某人会于澶渊，宋灾，故尤之也。不书鲁大夫，讳之也。

同一会盟，而卿之名有书有不书；同一人，而有书有不书；同一不书，而各有其故。其剖析之细密也若是。慎位重信，大义凛然。所谓读书得间者，即从此等无文字处得之也。杜预曰：诸称书、不书、先书、故书、不言、不称、书曰之类，皆所以起新旧，发大义，谓之变例。然亦有史所不书，即以为义者。此盖《春秋》新意，故传不言凡，曲而畅之也（《春秋左氏传序》）。不知此说，无以知《春秋》二百四十二年之事何以以万八千字尽之也。

《公》《榖》两家，专究经文，不复博考史事。而持属辞比事之法，亦有以得《春秋》所以书之故。《公羊》大例，于外大恶书，小恶不书，于内大恶讳，小恶书（《隐公十年》）；而于某事之所以书，又必先揭不书之例；而问其何以书，乃见其讥贬之义。

《公羊传·隐公二年》：九月，纪履緰来逆女。外逆女不书，此何以书？讥。何讥尔？讥始不亲迎也。

襄公十五年：刘夏逆王后于齐。外逆女不书，此何以书？过我也。

又，隐公四年：莒人伐杞，取牟娄。外取邑不书，此何以书？疾始取邑也。……六年：宋人取长葛。外取邑不书，此何以书？久也。

庄公元年：齐师迁纪邢鄩郚。外取邑不书，此何以书？大之也。……三十年：齐人降鄣。外取邑不书，此何以书？尽也。

宣公元年：齐人取济西田。外取邑不书，此何以书？所以赂齐也。

昭公二十五年：齐侯取运。外取邑不书，此何以书？为公取之也。

哀公八年：齐人取谨及阐。外取邑不书，此何以书？所以赂齐也。

又，桓公四年：公狩于郎。常事不书，此何以书？讥。何讥尔？远也。……八年：春正月己卯烝。常事不书，此何以书？讥。何讥尔？讥亟也。……十四年：秋八月壬申，御廪灾。乙亥，尝。常事不书，此何以书？讥。何讥尔？讥尝也。

又，桓公五年：夏，齐侯郑伯如纪。外相如不书，此何以书？离不言会也。……冬，州公如曹。外相如不书，此何以书？过我也。

襄公五年：夏，叔孙豹、鄫世子巫如晋。外相如不书，此何以书？为叔孙豹率而与之俱也。

又，庄公四年：齐侯葬纪伯姬。外夫人不书葬，此何以书？隐之也。……三十年：葬纪叔姬。外夫人不书葬，此何以书？隐之也。

襄公三十年：葬宋共姬。外夫人不书葬，此何以书？隐之也。何隐尔？宋灾，伯姬卒焉。其称谥何？贤也。

又，庄公七年：秋，大水，无麦苗。一灾不书，待无麦，然后书无苗，何以书？纪灾也。

宣公十五年：冬，蝝生。蝝生不书，此何以书？幸之也。

又，庄公十一年：秋，宋大水。外灾不书，此何以书？及我也。……二十年：夏，齐大灾。外灾不书，此何以书？及我也。

宣公十六年：夏，成周宣谢灾。外灾不书，此何以书？新周也。

襄公九年：春，宋火。外灾不书，此何以书？为王者之后记灾也。

又，庄公二十二年：公如齐纳币。纳币不书，此何以书？讥。何讥尔？亲纳币非礼也。

文公二年：公子遂如齐纳币。纳币不书，此何以书？讥。何讥尔？讥丧娶也。

成公八年：宋公使公孙寿来纳币。纳币不书，此何以书？录伯姬也。

又，庄公二十九年：新延厩。修旧不书，此何以书？讥，何讥尔？凶年不修。

定公二年：新作雉门及两观。修旧不书，此何以书？讥，何讥尔？不务乎公室也。

又，僖公十四年：沙鹿崩。外异不书，此何以书？为天下记异也。……十六年：六鹢退飞过宋都。外异不书，此何以书？为王者之后记异也。

文公三年：雨螽于宋。外异不书，此何以书？为王者之后记异也。

成公五年：梁山崩。外异不书，此何以书？为天下记异也。

昭公十八年：宋、卫、陈、郑灾。外异不书，此何以书？为天下记异也。

又，文公十五年：齐侯侵我西鄙，遂伐曹入其郭。入郭书乎？曰不书。入郭不书，此何以书？动我也。

又，宣公十五年：宋人及楚人平。外平不书，此何以书？大其平乎已也。

又，成公八年：卫人来媵。媵不书，此何以书？录伯姬也。……九年：晋人来媵。……十年：齐人来媵。均云媵不书，此何以书？录伯姬也。

又，哀公五年：闰月，葬齐景公。闰不书，此何以书？丧以闰数也。

吾人读书，能用其法，一一问其何以如是云云；而同一问题，又细析其关于天下及我国或某国某人之故，则读书如桶底脱矣。（《史通·模拟篇》讥吴均《齐春秋》，每书灾变，亦曰：何以书？记异也。自问自答，岂叙事之理。若识《公羊》之语为研究史法，自无此惑。）

《穀梁》亦尝发何以书之问及不书之例。

《穀梁传·隐公九年》：秋七月，无事焉何以书？不遗时也。

桓公元年：冬十月，无事焉何以书？不遗时也。《春秋》编年，四时具而后为年。

又，桓公五年：州公如曹。外相如不书，此其书何也？过我也。

庄公十一年：秋，宋大水。外灾不书，此何以书？王者之后也。高下有水灾曰大水。

而恒称志不志。

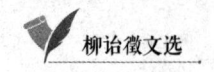

《穀梁传·隐公六年》：宋人取长葛。外取邑不志，此其志，何也？久之也。

又，桓公十四年：秋八月壬申御廪灾，乙亥尝。御廪之灾不志，此其志何也？以为唯未易灾之余，而尝可也，志不敬也。

又，庄公十七年：齐人执郑詹。郑詹，郑之卑者也。卑者不志，此其志何也？以其逃来，志之也。逃来则何志焉？将有其末，不得不录其本也。郑詹，郑之佞人也。

又，十九年：秋，公子结媵陈人之妇于鄄，遂及齐侯、宋公盟。媵，浅事也，不志。此其志何也？辟要盟也。

成公八年：卫人来媵。媵，浅事也，不志。此其志何也？以伯姬之不得其所，故尽其事也。……九年：晋人来媵。同。……十年：齐人来媵。无传。注：媵，同姓也，异姓来媵，非礼。

又，庄公二十四年：公如齐逆女。亲迎，恒事也，不志。此其志何也？不正其亲迎于齐也。

又，文公三年：雨螽于宋。外灾不志，此何以志也？曰灾甚也。其甚奈何？茅茨尽矣。

襄公九年：春，宋灾。外灾不志，此其志何也？故宋也。

又，宣公十五年：王札子杀召伯、毛伯。王札子者，当上之辞也。杀召伯、毛伯，不言其，何也？两下相杀也。两下相杀不志乎《春秋》，此其志何也？矫王命以杀之，非忿怒相杀也。故曰以王命杀也。以王命杀则何志焉？为天下主者，天也。继天者，君也。君之所存者，命也。为人臣而侵其君之命而用之，是不臣也。为人君而失其命，是不君也。君不君，臣不臣，此天下所以倾也。

昭公八年：陈侯之弟招杀陈世子偃师。乡曰陈公子招，今曰陈侯之弟招，何也？曰尽其亲所以恶招也。两下相杀不志于《春秋》，此其志何也？世子云者，唯君之贰也。云可以重之存焉志之也。诸侯之尊兄弟不得以属通，其弟云者，亲之也；亲而杀之，恶也。

又，成公十八年：筑鹿囿。筑不志，此其志，何也？山林薮泽之利，所以与民共也，虞之非正也。

又，昭公九年：陈火。国曰灾，邑曰火。火不志，此何以志？闵陈而存之也。

又，二十三年：冬，公如晋至河，公有疾乃复。疾不志，此其志，何也？释不得入乎晋也。

或曰不道。

《穀梁传·桓公六年》：蔡人杀陈佗。陈佗者，陈君也。其曰陈佗，何也？匹夫行，故匹夫称之也。其匹夫行奈何？陈侯憙猎，淫猎于蔡，与蔡人争禽，蔡人不知其是陈君也而杀之。何以知其是陈君也？两下相杀，不道。

宣公十五年，宋人及楚人平。外平不道，以吾人之存焉道之也。

其曰浅事不志、恒事不志，与《公羊》之常事不书、修旧不书，一也。而论陈佗、王札子、陈招诸事，由两下相杀不书于《春秋》推论其义，明其所以书者，在正君臣父子兄弟之伦，非区区志人之相杀。此皆经师之说，为读史者所宜持以断后世之史事者也。

《书》之教曰疏通知远，《春秋》之教曰属辞比事。疏通则上下千载，惟观其大端；属比则一日一言，必求其用意。故通史与断代史各有所取，可并行而不悖。而读史之法，且正可以相通。如恽敬论《顾命》于逆子钊称子，于王麻冕黼裳称王，则以《春秋》之书法读《尚书》也。

恽敬《顾命辨》：顾氏宁人曰：《顾命》盖有阙文焉。狄设黼扆缀衣，其前皆成王崩之事也，其后皆康王逾年即位之事也。（全文见《日知录》）敬按：《公羊传》始终之义，一年不二君，故未葬称子；臣民之心，不可旷年无君，故逾年称公；孝子之心，则三年不忍当，故诸侯于封内三年称子，天子亦然。虽然，《顾命》者，布之天下，传之后世者也。即位之首，称子以临，可乎？文元年春王正月公即位，定元年夏六月公之丧至自乾侯，戊辰公即位，是逾年未葬称公也。昭二十二年夏四月乙丑天王崩，六月葬景王，刘子单子以王猛居于皇，是已葬未逾年称王也，是故即位不书子，则《顾命》不得不称王。逆子钊称子，王麻冕黼裳称王，皆礼也。（《日知录》注引凤氏之说，亦辨顾氏之误。）

顾栋高谓看《春秋》眼光须极远，近者十年数十年，远者通二百四十二年。是又以《尚书》之知远读《春秋》也。

顾栋高《读〈春秋〉偶笔》：看《春秋》眼光须极远，近者十年数十年，远者通二百四十二年。自桓二年蔡侯、郑伯会于邓始惧楚，此发端也。至定四年蔡侯以吴子及楚人战于柏举，楚师败绩，庚辰吴入郢，是结案。志蔡之积怨而能报楚，而褒即寓其中矣。自僖十九年陈人、蔡人、楚人、郑人盟于齐，此发端也。至昭八年楚师灭陈，是结案。志陈之招楚，适自贻患，而贬即寓其中矣。

刘咸炘谓：疏通知远，《书》教也。疏通知远即察势观风也。孟子之论世，太史公之通古今之变，即此道也。又曰：读史有出入二法：观事实之始末，入也；察风气之变迁，出也。赵瓯北《廿二史札记》将散见纪传者分条类列，寻出一代特具之事象风气，既非如考据家之僻搜，又非如学究家之不考而击断，最为可法（均见《治史绪论》）。然赵书于条列历代事象风气外，亦兼述各史之义例，实兼《尚书》《春秋》两家之长。梁启超讲中迹之论次曰：吾今标一史题于此，曰刘项之争与中亚细亚及印度诸国之兴亡有关系，而影响及于希腊人之东陆领土。闻者必疑其风马牛不相及，然吾征诸史迹而有以明其然也。又曰：吾又标一史题于此，曰汉攘匈奴与西罗马之灭亡及欧洲现代诸国家之建设有关。闻者将益以为诞，然吾比观中西诸史，而知其因缘甚密切也（梁著《中国历史研究法》）。其说虽若甚新，要亦不外《书》教之疏通知远，及顾氏《读〈春秋〉偶笔》所谓看《春秋》眼光须极远也。

凡为良史，经纬万端，闳识眇旨，非仅举一二语所能罄也。马迁为史，考信择言，非天下所以存亡不著，如前所述，亦已赅括全书。而其随文标举者，综而观之，均可见其要删之意。

> 《史记·十二诸侯年表序》：儒者断其义，驰说者骋其辞，不务综其终始；历人取其年月，数家隆于神运，谱谍独记世谥，其辞略，欲一观诸要难。（此言为史务综其终始而观其要。）于是谱十二诸侯，自共和讫孔子，表见《春秋》《国语》学者所讥盛衰大指，著于篇，为成学治古文者要删焉。（要删者，摘要删繁，专取盛衰大指也。）

> 又《汉兴以来诸侯年表序》：臣迁谨记高祖以来至太初诸侯，谱其下益损之时，令后世得览形势虽强，要之以仁义为本。（诸为表谱，要以推见立国之本，非专重强弱盛衰也。）

> 又《高祖功臣侯年表序》：居今之世，志古之道，所以自镜也（此又是读史通义），未必尽同。帝王者各殊礼而异务，要以成功为统纪，岂可绲乎？观所以得尊宠及所

以废辱，亦当世得失之林也，何必旧闻？于是谨其终始，表见其文，颇有所不尽本末；著其明，疑者阙之。

又《天官书》：为天数者，必通三五，终始古今，深观时变，察其精粗，则天官备矣。

又《封禅书》：于是退而论次自古以来用事于鬼神者，具见其表里，后有君子，得以览焉。若至俎豆珪币之详，献酬之礼，则有司存。

又《管晏列传》：其书世多有之，是以不论，论其轶事。

又《司马穰苴列传》：世既多司马兵法，以故不论，著穰苴之列传焉。

又《孙子吴起列传》：世俗所称师旅，皆道《孙子》十三篇、吴起《兵法》，世多有，故弗论，论其行事所施设者。

又《仲尼弟子列传》：学者多称七十子之徒，誉者或过其实，毁者或损其真，钧之未睹厥容貌。则论言弟子籍，出孔氏古文，近是。余以弟子名姓文字，悉取《论语》弟子问，并次为篇，疑者阙焉。

又《苏秦列传》：世言苏秦多异，异时事有类之者，皆附之苏秦。……吾故列其行事，次其时序，毋令独蒙恶声焉。

又《孟子荀卿列传》：自如孟子至于吁子，世多有其书，故不论其传云。

又《司马相如传》：相如他所著，若《遗平陵侯书》与《五公子相难》《草木书》篇不采，采其尤著公卿者云。

即详略不同，有弃有取，亦宜就其去取，推寻其识，不可认为矛盾，如刘知幾之所讥也。

《史通·杂说上》：太史公撰《孔子世家》，多采《论语》旧说，至《管晏列传》，则不取其本书，为时俗所有，故不复更载也。案《论语》行于讲肆，列于学官，重加编勒，只觉繁费。如管晏者，诸子杂家，经史外事，弃而不录，实杜异同。夫以可除而不除，宜取而不取，以斯著述，未睹厥义。按刘氏之言，似若有识，其实刘氏误以史书宜取诸子杂家转载异同，不知史公之命意。史公最尊孔子，故考信六艺，而言六艺则折中于夫子，论事多本《论语》。（如《孝文本纪》言必世后仁，《礼书》引禘自既灌诸语。）本纪、世家载孔子事甚多，不于其中书老子卒或墨子卒也。仲尼弟子有列传，而传六艺者又有《儒林传》，初不为墨子弟子或墨者传也。由此以思，则刘氏所驳为无当。然自班氏讥史公先黄老而后六经，已不免误会谈、迁《论六家要旨》之意；而刘氏所讥，又正与班意相反。要之反正两方，均可以示学者宜细心寻绎全书，而不可孟浪议论前人长短也。刘《略》班《志》，六艺在十家九流之前，而儒又先于九家，《史》《汉》意仍一贯。近人扬墨抑儒，至谓史公不为墨子特立一传，盖由史料未备。不知今人所见墨家学说及其钜子事迹，采自庄、荀、韩、吕诸子者，史公岂未之见耶？

班、范诸史，叙事载文，亦有自标旨趣者。

《汉书·贾谊传赞》：凡所著述，五十八篇。掇其切于世事者，著于传云。

又《董仲舒传》：仲舒所著，皆明经术之意，及上疏条教，凡百二十三篇。而说《春秋》事得失，《闻举》《玉杯》《蕃露》《清明》《竹林》之属，复数十篇十余万言，皆传于后世。掇其切当世施朝廷者，著于篇。

又《扬雄传》：《畔牢愁》《广骚》，文多不载，独载《反离骚》。《法言》文多不载，独著其目。

又《西域传》：自且末以往，皆种五谷，土地、草木、畜产、作兵，略与汉同，有异乃记云。

《后汉书·王符传》：隐居著书三十余篇，以讥当时失得，不欲章显其名，故号曰《潜夫论》云。其指讦时短，讨谪物情，足以观见当时风教，著其五篇云尔。

又《仲长统传》：每论说古今，及时俗行事，恒发愤叹息，因著论，名曰《昌言》，凡三十四篇，十余万言。今简撮其书有益政者，略载之云。

唐宋史家，要删史实，并师马、班矩矱。

《隋书·音乐志》：舜咏南风而虞帝昌，纣歌北鄙而殷王灭。大乐不紊则王政在焉。故录其不相因袭，以备于志。

又《经籍志》：其旧录所取，文义浅俗，无益教理者，并删去之。其旧录所遗，辞义可采，有所弘益者，咸附入之。远览马《史》班《书》，近观王、阮《志》《录》，挹其风流体制，削其浮杂鄙俚，离其疏远，合其近密，约文绪义，凡五十五篇。

《新唐书·礼乐志》：其坛堂之上下，墙门之内外，次位之尊卑，与其向立之方，出入降登之节，大抵可推而见其盛且备者如此；则其小且略者，又可推而知也。……其近于礼者，后世当求诸礼（此礼字指《开元礼》等书）。其不合于礼而出于其私意者，盖其制作与其论议，皆不足取，故不著也。……天下用兵不息，而离宫苑囿遂以荒墟，独其余声遗曲传人间，闻者为之悲凉感动。盖其事适足为戒，而不足考法，故不复著其详。

又《选举志》：武举盖起于武后之时。长安二年，始置武举，中第亦以乡饮酒礼送兵部。其选用之法不足道，故不复书。

又《百官志》：采其纲目条理，可为后法；及事虽非正，后世遵用，因仍而不能改者，著于篇。……宰相事无不统，故不以一职名官。自开元以后，常以领它职。……其名颇多，皆不足取法，故不著其详。

又《兵志》：若乃将率营阵，车旗器械，征防守卫，凡兵之事，不可以悉记。记其处置得失始终治乱之迹，以为后世戒云。

又《食货志》：凡漕运于京师而足国用者，大略如此。其他州县方镇，漕以自资，或兵所征行，转运以给一时之用者，皆不足纪。

又《刑法志》：此其当世所施行而著见者（指律疏及历代诸格），其余有其书而不常行者，不足纪也。……自肃宗以来，所可书者几希矣。懿宗以后，无所称焉。

又《宰相世系表注》：（侯）希逸亡其世系，（李）辅国中官也，（仆固）怀恩叛臣也，朱泚、王建、韩建、朱全忠，唐之盗也，皆削而不书。

欧公于《五代史记》自言其法曰：大事则书，变古则书，非常则书，意有所示则书，后有所因则书，非此五者则否（《梁本纪》开平元年注）。即韩琦、石介等记述宋事，亦多有此识。《三传》《史通》所言，绳绳不绝。

《宋名臣言行录》载《韩魏公遗事》：石守道编《三朝圣政录》，将上，一日，求质于公。公指数事为非：其一太祖惑一宫鬟，视朝晏，群臣有言，太祖悟，伺其酣寝，刺杀之。公曰：此岂可为万世法？己溺之，乃恶其溺而杀之，彼何罪？使其复有嬖，将不胜其杀矣！遂去此等数事。守道服其清识。

是故史公非不知《禹本纪》《山海经》。

《史记·大宛列传》：至《禹本纪》、《山海经》所有怪物，余不敢言也。

班固非不知《东方朔别传》及俗用五行时日之书。

《汉书·东方朔传》：朔之文辞，此二篇最善，其余有《封泰山》《责和氏璧》及《皇太子生禖》《屏风》《殿上柏柱》《平乐观赋猎》、八言、七言上下、《从公孙弘借车》，凡刘向所录朔书，具是矣。世所传他事，皆非也。（师古曰：谓如《东方朔别传》及俗用五行时日之书，皆非实事也。）赞曰：朔之诙谐，逢占射覆，其事浮浅，行于众庶，童儿牧竖，莫不眩耀。而后世好事者，因取奇言怪语，附著之朔，故详录焉。（师古曰：言此传所以详录朔之辞语者，为俗人多以奇异妄附于朔故耳，欲明传所不记，皆非其实也。而今之为《汉书》学者，犹更取他书杂说假合东方朔之事，以博异闻，良可叹矣。他皆类此。）

陈寿非不知汉魏禅代之文，魏吴封禅之策。

钱大昕《跋三国志》：陈承祚，蜀人也，其书虽帝魏，而未尝不尊蜀。于蜀二君，曰先主、后主而不名；于吴诸君，则曰权、曰亮、曰休、曰皓，皆直斥其名。蜀之甘皇后、穆皇后、敬哀皇后、张皇后皆称后，而吴之后妃但称夫人。其书法区别如此。李令伯陈情之表，称蜀为伪朝，承祚不惟不伪之，义以蜀两朝不立史官，故于蜀事特详。如群臣称述谶纬及登坛告天之文，魏、吴皆不书，而特书于蜀。立后、立太子诸王之策，魏、吴皆不书，而特书于蜀。太傅靖、丞相亮、车骑将军飞、骠骑将军超之策文，皆一一书于本传，隐然寓帝蜀之旨焉。

宋祁非不知王播、杜牧诸人之轶事。要皆辞尚体要，故义必谨严。

《陔馀丛考》：吴缜《纠缪》谓《新唐书》多采唐人小说，但期博取，故所载或全篇乖悟。然李泌子繁尝为泌家传十篇，《新书·泌传》虽采用之，而传赞云：繁言多不可信，按其实者著于录。是《新书》未尝不严于别择。今按唐人小说，所记轶事甚多，而《新书》初不滥收者，如《王播传》不载其"阇黎饭后钟"之事。《杜牧传》不载其扬州狎游、牛奇章遣人潜护，及湖州水嬉、绿树成阴之事；《温庭筠传》不载其令狐绚问故事，答以出在《南华》，遂遭摈弃之事；《李商隐传》不载其见摈于绚因作诗谓"郎君官贵，东阁难窥"之事。此皆载于诗话及《北梦琐言》等书，脍炙人口，而《新书》一概不及，则其谨严可知。

读史不窥此秘，惟务辑逸钩沉，则正刘氏所谓苟出异端，虚益新事，及吐果弃核，捃拾登荐之类耳。

《史通·采撰》：其失之者，则有苟出异端，虚益新事。夫以甘（宝）邓（粲）之所粪除，王（隐）虞（预）之所糠秕，持为逸史，用补前传，此何异魏朝之撰《皇览》，梁氏之修《遍略》。务多为美，聚博为功，唯取悦于小人，终见嗤于君子矣。

又《补注》：范晔之删《后汉书》也，简而且周，疏而不漏，盖云备矣。而刘昭采其所捐，以为补注，言尽非要，事皆不急。譬夫人有吐果之核，弃药之滓，而愚者乃重加捃拾，洁以登荐。持此为功，多见其无识也。

史事之去取有识，史事之位置亦有识。盖去取者为史之初步，而位置者为史之精心。必就全书而统筹，非执一篇以示法。前言史联及引戴名世《史论》，即发此义。故语有宜著于本纪，或宜见于表志及传者。非识其体，不知所裁。

王鸿绪《史例议》：一，攻战所克郡邑，非两国相争要地，不书；非敌都，不书。如《汉高纪》云引兵西，无不下者，又云邯自杀雍州定八十余县，又云信等卤豹，传诣荥汤。定魏地，皆不详载其郡邑也。如《唐高纪》载林士弘等窃据僭号者数十余人，后止书某降某降而已，其间用兵胜败，人士众寡，悉略而不录，何等简严。或曰：沛公之攻丰、攻砀、攻外黄，唐高祖之下临汾、克绛郡，又何以备书之耶？曰：此著其王业之始也，不可不书。余则止书其纲，前史类如此。（诒按：欧公《五代史·梁本纪》注：即位以前，其事详，原本其所自来，故曲而备之，见其起之有渐有暴也。即位以后，其事略，居尊位重，所责者大，故所书者简，惟简乃可以立法。此可以推广王氏之说，故位置与详略，皆史识也。）一，自将所克敌及所下城邑，其攻战之法，纪不备书。如垓下之战，详于《羽纪》而略于《高纪》。刘黑闼、刘武周、王世充、窦建德之战，详于黑闼等传，而《高纪》止书秦王世民败某人于某地。惟昆阳之战，《光武纪》书之颇详，此固其中兴之本；且不归之纪，亦无从附见也。一，纪、志总载一代之大政大法，非纪重而志轻也。试以《唐书》诸志证之，尊崇圣教，盛典也。高祖初下令置生员，既即位，又诏秘书省立小学，其后又命州县乡皆置学。太宗即位，置弘文馆，增筑学舍至于二百区，虽七营飞骑，亦置生徒，遣博士为授经。四夷若高丽、百济、新罗、高昌、吐蕃，相继遣子弟入学，遂至八千人。咸亨元年，诏州县皆营孔子庙。神龙元年，以邹鲁百户为隆道公采邑，以奉岁祀，子孙世袭褒圣侯。而纪不书。享天配祖，大孝也。贞观初，圜丘明堂北郊以高祖配，感帝以元帝配。乾封元年，诏祈谷复祀感帝。二年，诏明堂兼祀昊天上帝及五帝。开元十年，诏宣皇帝复祔于正室，中宗还祔太庙。而纪皆不书。武德中，冬至及孟夏，雩祭皇地祇于方丘、神州地祇于北郊，以景帝配，而上辛祈谷，祀感帝于南郊；季秋，祀五方帝于明堂，以元年配。高宗永徽二年，以高祖配于圜丘，太宗配于明堂。纪止书有事于南郊而已。乾封元年，封泰山，祀昊天上帝于山下，封祀坛，以高祖、太宗配，如圜丘礼。又明日，祀皇地祇于社首山之降禅坛，如方丘礼，以太穆皇后文德皇后配。而纪止书封于泰山，庚午，禅于社首而已。至若高祖初诏议戊寅元历，高宗时诏定《贞观礼》，开元时撰《唐礼》，改治新历，又诏次历议历术，纪皆不书。夫欧公岂谓此数大事可略哉！志职其详，纪职其要。见于志者，不必其复见于纪也。

即一人事迹，或载本传，或见他传，亦各有体制，必合各篇方见其意。此吾国良史之组织体系，即所谓体大而思精。修《宋史》者不解此法，故其芜冗为学者所深讥也。

方苞《书萧相国世家后》：《萧相国世家》所叙实绩，仅四事，其定汉家律令，及受遗命辅惠帝，皆略焉。盖收秦律令图书，举韩信，镇抚关中，三者乃鄂君所谓万世之功也。其终也，举曹参以自代，而无少芥蒂，则至忠体国可见矣。至其所以自免，皆自他人发之，非智不足也，使何自觉之，则于至忠体国之道有伤矣。故终载请上林空地，械系廷尉，明何用诸客之谋，非得已耳。若定律令，则别见曹参、张苍传。何之终，惠帝临问，而举参，则受遗命不待言矣。盖是二者，于何为顺且易，非万世之功之比也。柳子厚谓《太史公书》曰洁，非谓辞无芜累也，盖明于体要，而所载之事不杂，其气体为最洁耳。

章氏谓文士之识非史识，然文士之识出于经史者，正足以明史识。以吾国经史与文艺本一贯也。方苞之读《霍光传》，测其用意，即本《春秋》常事不书一语，而通之于史也。

方苞《书〈汉书·霍光传〉后》：《春秋》之义，常事不书，而后之良史取法焉。昌黎韩氏目《春秋》为谨严，故撰《顺宗实录》，削去常事，独著其有关于治乱者。班史义法，视子长少贬矣，然尚能识其体要。其传霍光也，事武帝二十余年，蔽以出入禁闼，小心谨慎，相昭帝十三年，蔽以百姓充实，四夷宾服，而其事无传焉。盖不可胜书，故一裁以常事不书之义，而非略也。其详焉者，则光之本末，霍氏祸败之所由也。古之良史，于千百事不书，而所书一二事，则必具其首尾，并所为旁见侧出者而悉著之，故千百世后，其事之表里可按而如见其人。后人反是，是以蒙杂暗昧，使治乱贤奸之迹，并昏微而不著也。

世之撰碑传、修方志、纪兵事者，大抵用此法，而后可以见其人其事其地之特色。故论学而通伦类，则识之著于甲者，即乙亦可见焉。泥于一家之言，未可以云通也。

欧阳修《范文正公神道碑》：其行己临事，自山林处士里闾田野之人，外至夷狄，莫不知其名字，而乐道其事者甚众。及其世次官爵，志于墓，谱于家，藏于有司者，皆不论著。著其系天下国家之大者。

韩邦靖《朝邑志·物产》：邑无他奇产。产独服食，他处俱有者不载，载其美者多者。王元启注云：风俗则取其异者书之，物产则载其美且多者。取舍有方，不愧操笔削之任。后之修志者皆当据以为法。古云常事不书，作文之道尽之矣。

康海《朝邑志序》：夫志者记也。记其风土文献之事与官夫是郡邑者，可以备极其改革，省见其疾苦，景行其已行，察识其政治。使天下为士大夫者读之足以兴，为郡邑者读之足以劝而已。非以夸灵胜之迹，崇奖饰之端也。

阎若璩《潜邱札记》：纂郡县志者，全凭有识。如河南八府，惟怀庆粮最重，民受困三百年，近来纂志，当以粮所由重之说痛加发挥，方与有世道之责者恻念请于朝，比诸别府，减而轻之。

王闿运《湘军志·曾军篇》：罗泽南奔命往来，复弋阳、克广信、收景德、攻义宁，虽战胜攻取，非东南所以安危之大，故不具载。

　　章炳麟《陆军上将李云杰碑》：积十年，大战四，小战四。咸宁汀泗桥之役、浏阳之役、衡阳萱洲河之役、汨罗之役、汉川化桃之役、澧津市之役、光化之役、太康曹厓之役，都杀敌数万人，以功累迁至第二十三师师长。其事非人民所缘以休戚者，今可得而略也。

　　综右所述，识生于心，而史为之钥。积若干年祀之记述，与若干方面之事迹，乃有圣哲启示观察研究及撰著之津涂。后贤承之，益穷其变，综合推求，而饷遗吾人以此知识之宝库。故在初学，不第不可遽谓前人不逮吾侪，且不得谓吾人于前人所撰著悉已了解。深造自得，正不易言。姑先储积前哲研究撰著之识，得其通途，再求创辟异境。此虽不敢以律上智，然世之中材最多，循此或可无弊耳。

　　复次，治史之识，非第欲明撰著之义法，尤须积之以求人群之原则。由历史而求人群之原理，近人谓之历史哲学。吾国古亦无此名，而其推求原理，固已具于经子。近人治史，多本进化论，盖缘西哲就生物之演变测人群之进步，而得此基本观念。治吾史者，准以求，亦可以益人神智。然梁启超论研究文化史之问题，对历史现象是否进化，即生疑问（《饮冰室文集》四十）。刘咸炘论美人彻尼所举史律，谓道德常进亦常退，若以大概言之，宁谓智进而德退（《治史绪论·史旨》）。章炳麟著《俱分进化论》，谓善恶相缘并进，其说尤懿。故吾人治中国史，仍宜就中国圣哲推求人群之原理，以求史事之公律。

　　事物万殊，初无统纪，积久观之，则见其消息。古哲殆亦从生物及人事之种种对待变化，寻求统纪，得消息之原则，而以《易》之《否》《泰》《剥》《复》卦爻示之。就人而言，则曰君子道长小人道消，小人道长君子道消。就一切事物而言，则曰无平不陂，无往不复。老子之学从此出，故曰：万物并作，吾以观其复。孟子之学亦从此出，故曰：天下之生久矣，一治一乱。否泰治乱，消长往复，其迹象有纵横，其范围有大小，而赅括史事，驯至近今，此义尚未能破。盖人类心灵，同此消长，不能有消而无长，亦不能有长而无消。论进化者，但就长之一面言之耳。（一治一乱，并非循环，惟适应消息之公律耳。）

王船山之论史，归于一治一乱（见前《史统篇》）。顾景星之论史，亦归于一治一乱，而曰：自古治乱，气运为之。气运者即人心之习气为之也。章学诚《湖北通志稿》《复社名人传》引其言以为论，是章氏亦以顾氏之言，如其意所欲言也。

《湖北通志稿》志曰：信乎顾景星之誉张公亮书也，其言曰：自古治乱，气运为之。气运者，即人心之习气为之也。如江河之波，瀰瀰推移，而势不自已。如寒暑之变，出蛰荣谢而物不知。人心不厌不止，气运不极不返。列国之并吞，不至秦始不止。然而六国之后，犹起而攻秦；郦食其犹劝汉祖封六国后，何者？习气未忘，人心未厌也。迨夫韩、彭继灭，然后天下厌之，而郡国之势成。郡国势成，郡国之习气又作。逮夫袁绍、袁术、刘表、公孙瓒辈相继灭，而郡国之习气乃止。其他外戚、宦寺、权臣、宫妾之祸代作。方其作也，泯泯棼棼，袁绍不至杀二千人，汉宦寺习气不止。朱全忠、崔胤不至杀七百人，唐宦寺之习气不止。汉不至单越，则窦梁之习气不止。唐不至安禄山余祸展转数十年，则武韦之习气不止。至于士大夫服先王之服，诵圣人之书，宜无祸于国家，然其褊急迂愚，往往不召变则养乱。灵帝党锢之祸，文宗甘露之祸，昭帝清流之祸，呜呼！岂尽天耶？亦其召变养乱，积成气运，不厌不止。然后知士大夫习气之祸，有不在宦官、权戚、宫妾之下者矣。必待习气尽而人心厌而气运转，而天下事已不可为矣，岂不痛哉！

刘咸炘论读史察变观风，比于以索贯钱。历举文质、刚柔、缓急诸种演变，推其原亦不外心习之消长而已。

《治史绪论》：读史察变观风，综求其事之关系，比于以索贯钱。先具归纳所得之索，以备学者之演绎，固捷径也。惟端绪繁多，非一人所能尽知，一书所能备举，但能略具重大者为纲领而已。……《表记》言夏道尊命，《祭义》言商人尚富，经家文质三教之说（《表记》《白虎通义》），传记齐尊之鲁亲之之言，《商君书·开塞篇》贵亲贤三变之论，皆可裁用。……春秋之势，又须横别而论之。如鲁卫贵亲，齐晋尚功，楚用有功之亲，秦用异国之材。或为承前，或为开后。及至战国，则官学变为私学，不出乡之四民变为游说逊侠，重农之风变为重商。至秦改郡县，陈、项起匹夫，汉高徙豪杰，而三代之风乃全亡。此为一大变迁。太史迁所谓古今之变，即指此也。……治术分柔缓与刚急。其著者，如汉文缓而景、武急，宣急而元、成缓，哀急而光武缓，明急而章缓，曹操急而晋武缓，唐宣宗急而宋祖缓，元世祖缓而明太祖急。士风分刚动与柔静。郭筠仙所谓西汉人好利，东汉人好名，唐人好利，宋人好名，元人好利，明人好名，今人好利，甚确而得要。好名刚，好利柔，柔缓者黄老，刚急者刑名，好名者近墨，好利者近杨。治缓养成柔风，亦能容之使刚；治急激起刚风，亦能迫之使柔。缓急中自有高下，夸毗亦养奸；柔刚中自有是非，躁动亦致乱也。

观风之变，于其已成，则知将来之厌恶；于其方始，则知异时之滋长，是曰知几。故治史所得，在能知几，非惟就已往之事，陈述其变已也。此法自子夏之治《春秋》开之。

《韩非子·外储说右上》：子夏曰：《春秋》之记，臣杀君，子杀父者，非一日之积也，有渐而以至矣。凡奸者行久而成积，积成而力多，力多而能杀。故明主早绝之。今田常之为乱，有渐久矣，而君不诛。晏子不使其君禁侵陵之臣，而使其主行惠，故简公受其祸。故子夏曰：善持势者，早绝奸之萌。

《说苑·复恩篇》：楚人献鼋于灵公。公子家见，公子宋之食指动，谓子家曰：我如是，必尝异味。及食大夫鼋，召公子宋而不与，公子宋怒，染指于鼎，尝之而出。公怒，欲杀之。公子宋与公子家谋先，遂弑灵公。子夏曰：《春秋》者，记君不君臣不臣父不父子不子者也，此非一日之事也，有渐以至焉。

其原则自《易·坤卦》初六以履霜、坚冰括一切事变之由渐而积。

《易·坤卦·文言》：积善之家，必有余庆，积不善之家，必有余殃。臣弑其君，子弑其父，非一朝一夕之故，其所由来者渐矣。由辩之不早辩也。《易》曰：履霜，坚冰至。盖言顺也。

故《易》与《春秋》通，而《春秋》最重慎始。刘氏所谓"好是正直，善恶必书，使骄君贼臣知惧者"，据其已成言之，进之以慎始，则尤贵识微矣。

史义第七

前六章所述，无虑皆史义也，然其本始犹未尽阐发，故宜专就史义论之。史之三要素，曰事、曰文、曰义。此自孔孟发之。孟子曰：其事则齐桓、晋文，其文则史。孔子曰：其义则丘窃取之矣。明史学所重者在义也。（近世有所谓考据、辞章、义理之学。考据者事也，辞章者文也。以孔孟论史之义绳之，考据、辞章，必归宿于义理，始得为学。且可悟是三者之学，皆出于史。）徒骛事迹，或精究文辞，皆未得治史之究竟。姑举清之史学家治史之法为证。如赵瓯北《廿二史札记》，述晋八王之乱，综合史事，叙述简明，善矣。然不如钱竹汀之说之精。盖赵仅述事，而钱则断以义也。赵书亦多究史义，此特就事、文、义三端分析言之。（钱书亦多偏重考事订文，而时发史义。学者不可不知。）

《廿二史考异》：《晋书·汝南王亮传》，西晋之政乱朝危，虽由时主，然而煽其风，速其祸者，咎在八王，故序而论之。案《晋史》以汝南王亮、楚王玮、赵王伦、齐王冏、长沙王乂、成都王颖、河间王颙、东海王越八人总为一传，不与宣文武诸子同篇。盖因晋时有《八王故事》一书（《隋志》不言撰人，刘孝标注《世说》屡引之），故取其名。然于劝善惩恶之旨，殊未当也。赵王伦，晋之乱贼，当与桓玄同科。齐王冏起义讨伦，虽以骄溢致败，较诸成都、河间、东海之大失臣节者，不可同年语矣。史乃以赵伦、齐冏同称，何其不分皂白乎？汝南王亮为贾后所害，本无大过，亦不当以煽风速祸责之。

世多以孔子仅言仁，至孟子始盛言义，此非知孔孟者也。《论语》曰：君子之于天下也，无适也，无莫也，义之与比。此非孔子之言义乎？他如君子喻于义，小人喻于利，见利思义诸语，更孟学所自出。不得以《吕氏春秋》谓孔子贵仁一语（《吕氏春秋·不二篇》），区孔孟之学也。《易·系》曰：立人之道，曰仁与义。又曰：精义入神，以致用也。人道以仁义而立，故君子精于此，以判断天下事，即以此判断史事，其说固一贯者。人道何由立？则可以《家人》象辞证之。《家人》象曰：家人，女正位乎内，男正位乎外。男女正，天地之大义也。家人有严君焉，父母之谓也。父父、子子、兄兄、弟弟、夫夫、妇妇，而家道正。正家而天下定矣。世或以此只言家族伦理，若于社会国家无涉。不知自春秋以迄后世史事，孰非以正而治以不正而乱？即迨晚近斯义犹未变也。说《家人》卦，故不及君臣，然其义正与《论语》孔子对齐景公曰君君、臣臣、父父、子子之义相通。孔子之重正名，《春秋》之道名分，皆此义也。齐景公虽非令主，然闻孔子之言，亦知君不君、臣不臣、父不父、子不子，虽有粟吾得而食诸？其言之痛切，可发人深长思矣。

虽然，孔子治史，重在义理，亦非孔子所独创也。春秋贤者之治史，皆注重史义。观《春秋》内、外传赵衰称郤縠之言，可以知其故矣。

《左传》僖公二十七年：晋侯搜于被庐，作三军，谋元帅。赵衰曰：郤縠可。臣亟闻其言矣，说礼乐而敦《诗》《书》。《诗》《书》，义之府也；礼乐，德之则也。德义，利之本也。（当时谋元帅，乃以说礼乐，敦《诗》《书》，明德义为重。此是何等见解。）

《晋语》：文公问元帅于赵衰，对曰：郤縠可。行年五十矣，守学弥惇。夫先王之法志，德义之府也；夫德义，生民之本也。能惇笃者，不忘百姓也。

《诗》《书》、礼乐、先王法志，皆历史也。当时之讲历史，重在能知德义之府，生民之本，不徒以诵述其事、研阅其文为尚也。故孔子治《春秋》，窃取其义，亦以示生民之本，使人不忘百姓耳。不知生民之本，德义之府，治史果何为乎？

准此以读《春秋》内、外传，及先秦诸子，观其称引《诗》《书》皆以明义，非矜博闻强识也。祭公谋父在穆王时，述《周颂》，即以明义。

《周语》：穆王将征犬戎，祭公谋父谏曰：不可。先王耀德不观兵。夫兵戢而时动，动则威，观则玩，玩则无震。是故周文公之颂曰：载戢干戈，载櫜弓矢，我求懿德，肆于时夏，允王保之。先王之于民也，懋正其德而厚其性（韦注：懋，勉也。性，情性也。案此语与《召诰》节性惟日其迈，及《卷阿》俾尔弥尔性，皆西周人讲性学之语。世谓孟子始盛言性者，亦未知其朔也），阜其财求而利其器用，明利害之乡以文修之。使务利而避害，怀德而畏威。故能保世以滋大。

楚庄王在春秋时，举《周颂》而阐其义，尤详。由此类推，始知赵衰所谓义府及为大将必守学弥惇者之故。

《左传》宣公十二年：楚重至于郑，遂次于衡雍。潘党曰："君盍筑武军而收晋尸，以为京观。臣闻克敌必示子孙，以无忘武功。"楚子曰："非尔所知也。夫文止戈为武。（今人考甲骨文，谓古武字盖言人之步武，从两止，不作止戈。然由两止之武，演变而为止戈之武，不得谓此语为非。）武王克商，作颂曰：载戢干戈，载櫜弓矢，我求懿德，肆于时夏，允王保之。又作《武》，其卒章曰：耆定尔功。其三曰：铺时绎思，我徂惟求定。其六曰：绥万邦，屡丰年。夫武，禁暴、戢兵、保大、定功、安民、和众、丰财者也，故使子孙无忘其章。今我使二国暴骨，暴矣。观兵以威诸侯，兵不戢矣。暴而不戢，安能保大？犹有晋在，焉得定功？所违民欲犹多，民何安焉？无德而强争诸侯，何以和众？利人之几而安人之乱以为己荣，何以丰财？武有七德，我无一焉。何以示子孙？其为先君宫，告成事而已，武非吾功也。古者明王伐不敬，取其鲸鲵而封之，以为大戮，于是乎有京观，以惩淫慝。今罪无所，而民皆尽忠以死君命，又何以为京观乎？"祀于河，作先君宫，告成事而还。

至孔门论学，博引《诗》《书》，推阐义理者尤多。《大学》之教，皆《诗》《书》之义。其言明德新民止善者，皆自《诗》《书》得之也。

    《大学》：《诗》云：瞻彼淇澳，绿竹猗猗，有斐君子，如切如磋，如琢如磨，瑟兮僩兮，赫兮喧兮，有斐君子，终不可谖兮。如切如磋者，道学也。（者下诸语，皆《诗》之讲义。其体例如《周语》叔向声《昊天有成命》，《鲁语》叔孙穆子释《皇皇者华》，皆逐字逐句说明其义。）如琢如磨者，自修也。瑟兮僩兮者，恂栗也。赫兮喧兮者，威仪也。有斐君子终不可谖兮者，道盛德至善民之不能忘也。《诗》云：於戏，前王不忘。君子贤其贤而亲其亲，小人乐其乐而利其利，此以没世不忘也。《康诰》曰：克明德。《太甲》曰：顾諟天之明命。《帝典》曰：克明峻德。皆自明也。（由卫武公之诗，讲为学自修之义，上溯之《康诰》，上溯之《太甲》，再上溯之至《尧典》。所以言明德新民，为自尧以来相传之心法，

169

舍此无所谓学也。故古本《大学》之次序，自有意义。以下又由汤《盘》《康诰》而及周《诗》，盖其由后溯前，及由前至后二法。）汤之《盘铭》曰：苟日新，日日新，又日新。《康诰》曰：作新民。《诗》曰：周虽旧邦，其命惟新。是故君子无所不用其极……《诗》云：缗蛮黄鸟，止于丘隅。子曰：于止知其所止，可以人而不如鸟乎。《诗》云：穆穆文王，於缉熙敬止。为人君止于仁，为人臣止于敬，为人子止于孝，为人父止于慈，与国人交止于信。（此可见新民止善皆从《诗》义得来。）

至如引《康诰》《楚书》《秦誓》，或申述其语，或第述其辞，不必引申而义自见。古之大学，春秋教以礼乐，冬夏教以《诗》《书》者，惟此义也。

《大学》：《康诰》曰：惟命不于常。道善则得之，不善则失之矣。此即五德代兴，不私一姓之说所由来，其言最深切沉挚。下引《楚书》舅犯之言及《秦誓》，不加引申，而总结以唯仁人能爱人能恶人，又曰：好人之所恶，恶人之所好，是谓拂人之性，菑必逮夫身。又曰：必忠信以得之，骄泰以失之。得失鉴戒，使人懍然。

司马迁于六艺，屡言不一言，而所举有别义，有通义。《自序》称《易》著天地阴阳、四时五行，故长于变；《礼经》纪人伦，故长于行；《书》记先王之事，故长于政；《诗》记山川溪谷、禽兽草木、牝牡雌雄，故长于风；《乐》乐所以立，故长于和；《春秋》辨是非，故长于治人。是故《礼》以节人，《乐》以发和，《书》以道事，《诗》以达意，《易》以道化，《春秋》以道义。拨乱世反之正，莫近于《春秋》。历举六艺，分两层说明，而归重于《春秋》，此别义也。《滑稽列传序》：孔子曰：六艺于治，一也。《礼》以节人，《乐》以发和，《书》以道事，《诗》以达意，《易》以神化，《春秋》以道义。太史公曰：天道恢恢，岂不大哉！谈言微中，亦可以解纷。其文若与《自序》重复，实则举孔子之言，以明其通义也。六艺之形式不同，然其义理之关于政治则一。故曰六艺于治一也。不知此义，不能知中国史学之根本，亦即不知中国一切学术之根本。故史公一再言之，而其通义不发于他传，独于《滑稽列传》发之，最为可以注意。滑稽者最无关于政治者矣，史公以为世变迁流，有国者已不知正义，故不可以庄语，而仅可以谈笑讽之，其于政化何如哉。既为此传，恐学者不喻其义，特举孔子之言，庄严郑重而出之，所以示学者治史宜观其通也。然犹不独此也。《司马相如传赞》曰：《春秋》推见至隐，《易》本隐以之显，《大雅》言王公大人，而德逮黎庶，《小雅》讥小己之得失，其流及上。所以言虽外殊，其合德一也。则更明白表示《诗》《易》与《春秋》之义相通，不可拘泥于形式。观王公大人之言可以推之黎庶，观小己之得失可以知政教之迁流。其言何等显豁呈露！使治史者明于此义，自不至病吾国史籍只述朝政不及民众社会，目为帝王家谱；更不至以帝王制度已更，谓《资治通鉴》为帝王教科书，而今之学者不必研究矣。司马相如一文人耳，然《子虚》《上林》诸赋，可与大、小雅比较其时代之变迁，读史者即可推见汉武之至隐。故就相如一文人说明《易》《诗》《春秋》相通之大义。不举《书》《礼》者，《书》《礼》之形式，世人多知为史，不必赘述也。合《司马相如传赞》与《滑稽列传序》观之，始可以悟史公郑重说明六艺通义，在即小以见大，举此以例彼。治经史者由此悟入，则知类通达，不为形式所囿矣。班书无滑稽传而《相如传》犹钞史公之语，至与《诗》之风谏何异，而续以扬雄之言。则专就相如论相如，非史公即相如推阐六艺相通之义。夫就相如论相如，专以大、小雅引起可矣，何必及《易》《春秋》

乎？又班书删去"言虽外殊"之"外"字，作"所言虽殊"，是固明了，而"外"字实极可注意。外者，今之所谓表面也，表面虽殊，内容相通，故曰言虽外殊，其合德一也。范书以降，恒有《文苑传》，而如班、张、崔、蔡、韩、柳、欧、苏之类，皆为特传，不列于文苑，固亦可观社会之风尚。然本马、班之体而扩充之，实未喻马之用意也。

《易》之为书，一卦一爻一言一象，皆本隐以之显也。姑举乾、坤两爻以示例。如乾上九：亢龙有悔，此义隐约，未易明也。《文言》释之曰：亢之为言也，知进而不知退，知存而不知亡，知得而不知丧，其唯圣人乎！知进退存亡而不失其正者，其唯圣人乎！以观史事所贻多矣。自嬴政、项羽、王莽、董卓、苻坚、萧衍、杨广、完颜亮以迨近世袁世凯、曹锟之失败，推之亚历山大、该撒、拿破仑、威廉第二，及近之德、义、日诸侵略者，孰非坐此病乎？又如商鞅、白起、王安石、张居正诸人，其进退得失之迹不同，而其未得其正一也。由此观之显矣。又如坤初六：履霜坚冰至，亦寻常之现象耳。《文言》释之曰：积善之家，必有余庆；积不善之家，必有余殃。臣弑其君，子弑其父，非一朝一夕之故，其所由来者渐矣，由辨之不早辨也。遍衡史事，不可胜举。其发之于坤之初爻者，戒女祸也。观《史》《汉》外戚传序，及恽敬论《唐书》之言，何其显也。

　　《史记·外戚世家序》：自古受命帝王及继体守文之君，非独内德茂也，盖亦有外戚之助焉。夏之兴也以涂山，而桀之放也以末喜；殷之兴也以有娀，纣之杀也嬖妲己；周之兴也以姜原及太任，而幽王之禽也淫于褒姒。故《易》基乾、坤，《诗》始《关雎》，《书》美厘降，《春秋》讥不亲迎。夫妇之际，人道之大伦也。礼之用，唯婚姻为兢兢。夫乐调而四时和，阴阳之变，万物之统也，可不慎欤！人能弘道，无如命何。甚哉，妃匹之爱，君不能得之于臣，父不能得之于子，况卑下乎？既欢合矣，或不能成子姓；能成子姓矣，或不能要其终，岂非命也哉！孔子罕言命，盖难言之，非通幽明之变，恶能识乎性命？（《汉书》直录其文，盖深取之也。史公自谓究天人之际，此论即其究天人之际之言。如纪孝惠后曰：吕太后以重亲故，欲其生子万方，终无子。又纪陈皇后曰：陈皇后求子，与医钱凡九千万，然竟无子。故有欢合而不能成子姓，成子姓或不能要其终之语，以戒世之妄意人力一切可为者。）

恽敬《驳朱锡鬯书杨太真传后》：《唐书·玄宗纪》开元二十五年四月乙丑，废太子瑛及鄂王瑶、光王琚为庶人，皆杀之。十二月丙午，惠妃武氏薨。二十八年十月甲子，以寿王妃杨氏为道士，号太真。天宝四载八月壬寅。立太真为贵妃。数事皆大恶，皆日之，此史家之慎也。（《春秋》日不日皆有义，后史不甚注意，故读史者亦多忽之。恽氏于此，以《春秋》之法推史义，亦示履霜之义。）

《春秋》推见至隐，盖史公承董仲舒之学。董氏《贤良策》曰：案《春秋》之文，求王道之端，得之于正。正次王，王次春。春者，天之所为也。正者，王之所为也。其意曰：上承天之所为而下以正其所，为正王道之端云尔。又曰：谓一为元者，视大始而欲正本也。《春秋》深探其本而反自贵者始，故为人君者，正心以正朝廷，正朝廷以正百官，正百官以正万民，正万民以正四方；四方正远近莫敢不壹于正，而亡有邪气奸其内者。又曰：孔子作《春秋》，上揆之天道，下质诸人情，参之于古，考之于今。故《春秋》之所讥，灾害之所加也；《春秋》之所恶，怪异之所施也。书邦家之过，兼灾异之变，以此见人之所为，其美恶之极，乃与天地

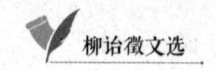

流通而往来相应，此亦言天之一端也。读《司马相如传赞》，必以《董仲舒传》参之，然后知史公所指。《史记·儒林传·仲舒传》不载此文，然《自序》载其《春秋》之学闻之董生。故知推见至隐之义，即仲舒《贤良策》之意也。

近人讲史学，不知推本《春秋》，漫曰《春秋》是经非史。而中国史学之根本不明，惟就史以求史，故其于《史》《汉》亦不解所谓。不但于《史》《汉》不知所谓也，即众所似甚崇拜之史学家，若章氏之《文史通义》，主要之语，亦不能解矣。章氏《史德篇》有一最精之语曰："史之义出于天。"讲章氏史学者不闻标举此义也。惟章氏解此，故于《文史通义》为《原道》三篇，究其说之由来，亦即从董氏《贤良策》"道之大原出于天"一语而来。故董子、史公之讲《春秋》，直至清代章实斋之讲史学，一脉相承，无二义也。夫谓道之大原出于天，闻者既若廓落而无当；谓史之义出于天，读者亦且茫昧而不解。是又可以董子之言解之。《春秋繁露·玉杯篇》曰："人受命于天，有善善恶恶之性，可养而不可改，可豫而不可去，若形体之可肥癯而不可得革也。"是故史之为书，所以善善恶恶也。善善恶恶者，人之性而受命于天者也。吾国之为史者，其浅深高下固亦不齐，而由经典相传，以善善恶恶之性从事于史则一。实斋有见于此，故为史家说明第一义曰：史之义出于天。即刘知幾之论史，其斤斤于史法史笔者，何一不本善善恶恶？故曰：向使世无竹帛，时阙史官，虽尧、舜之与桀、纣，伊、周之与莽、卓，夷、惠之与跖、蹻，商、冒之与曾、闵，但一从物化，坟土未干，则善恶不分，妍媸永灭者矣。苟史官不绝，竹帛长存，则其人已亡，杳成空寂，而其事如在，皎同星汉。用使后之学者，坐披囊箧，而神交万古，不出户庭，而穷览千载，见贤而思齐，见不贤而内自省。若乃《春秋》成而逆子惧，南史至而贼臣书。其纪事载言也则如此，其劝善惩恶也又如彼。由斯而言，则史之为用，其利甚溥，乃生人之急务，国家之要道，有国有家者，其可缺之哉！

（《史通·史官建置篇》）是则人性必变而恶善善恶，吾国史义，乃可摧毁不谈；否则无从变更此定义也。

《易》义有恒有变，史义亦有正有变。知其变方能识其正。《榖梁传》最重正变之义，有明正，有复正，有变之正。

《榖梁传·僖公四年》：春，王正月，公会齐侯、宋公、陈侯、卫侯、郑伯、许男、曹伯侵蔡，蔡溃。侵，浅事也。侵蔡而蔡溃，以桓公为知所侵也。不土其地，不分其民，明正也。

又，昭公五年：舍中军。贵复正也。

定公八年：从祀先公。贵复正也。……十四年：天王使石尚来归脤。石尚欲书《春秋》，谏曰：久矣周之不行礼于鲁也，请行脤。贵复正也。

又，僖公五年：秋八月，诸侯盟于首戴。桓，诸侯也，不能朝天子，是不臣也。王世子，子也，块然受诸侯之尊已而立乎其位，是不子也。桓不臣，王世子不子，则其所善焉何也？是则变之正也。天子微，诸侯不享觐。桓控大国，挟小国，统诸侯，不能以朝天子，亦不敢致天王。（此即以晋文公召王相比，而见其正。亦可以证《论语》所谓晋文公谲而不正，齐桓公正而不谲之义。）尊王世子于首戴，乃所以尊天王之命也。世子含王命，会齐桓，亦所以尊天王之命也。世子受之可乎？是亦变之正也。

襄公二十九年：仲孙羯会晋荀盈、齐高止、宋华定、卫世叔仪、郑公孙段、曹人、莒人、邾人、滕人、薛人、小邾人城杞。古者天子封诸侯，其地足以容其民，其民足以满城以自守也。杞危而不能自守，故诸侯之大夫相帅以城之，此变之正也。

昭公三十二年：冬，仲孙何忌会晋韩不信、齐高张、宋仲几、卫太叔申、郑国参、曹人、莒人、邾人、薛人、杞人、小邾人城成周。天子微，诸侯不享觐。天子之在者，惟祭与号。故诸侯之大夫相帅以城之，此变之正也。

盖自开篇正隐治桓，明《春秋》之贯义不贵惠，信道不信邪以下，凡种种不正之事，均以其文之变者示其正义。此所谓《春秋》以道义也。

《穀梁传·隐公元年》：春，王正月，虽无事，必举正月，谨始也。公何以不言即位？（史家正格，公即位必书即位。《春秋》开卷不书公即位，即以示变义。）成公志也。焉成之，言君之不取为公也。君之不取为公，何也？将以让桓也。让桓正乎？曰不正。（此全书皆论正不正之发端。）《春秋》成人之美，不成人之恶，隐不正而成之，何也？将以恶桓也。其恶桓何也？隐将让而桓弑之，则桓恶矣；桓弑而隐让，则隐善矣。（此普通人所能解之善恶，而君子于善恶必推见至隐，故与常解异。）善则其不正焉何也？《春秋》贵义而不贵惠，信道而不信邪。

又，桓公元年：春，王。桓无王。（二年传曰：桓无王。其曰王，何也？正与夷之卒也。十年传曰：桓无王。其曰：王，何也？正终生之卒也。此外皆无王。至十八年始桓如齐遇弑始言王。）其曰：王，何也？谨始也。其曰：无王，何也？桓弟弑兄，臣弑君，天子不能定，诸侯不能救，百姓不能去，以为无王之道，遂可以至焉尔。（去王字，以见自天子至百姓，皆失其正。是为无王之道，然犹必以王道正之，故发此义。）元年有王，所以治桓也。正月，公即位。继故不言即位，正也。继故不言即位之为正，何也？曰：先君不以其道终，则子弟不忍即位也。继故而言即位，则是与闻乎弑也。（此所谓推见至隐。）继故而言即位是为与闻乎弑，何也？曰先君不以其道终，己正即位之道而即位，是无恩于先君也。

又，隐公四年：卫人立晋。卫人者，众辞也。立者，不宜立者也。晋之名，恶也。其称人以立之，何也？得众也。得众则是贤也。贤则其曰不宜立何也？《春秋》之义，诸侯与正而不与贤也。（晋既得众，即常人所共称之贤。《春秋》以为其立不正，故恶之，其义之严如此。）……十年：六月辛未，取郜。辛巳，取防。取邑不日，此其日，何也？不正。其乘败人而深为利，取二邑，故谨而日之也。……宋人、蔡人、卫人伐戴，郑伯伐取之。不正其因人之力而易取之，故主其事也。（因人之力而易取之，是《春秋》所谓不正。）

桓公五年：天王使任叔之子来聘。任叔之子者，录父以使子也。故微其君臣，而著其父子，不正父在子代仕之辞也。……八年：祭公来，遂逆王后于纪。其不言使，何也？不正其以宗庙之大事，即谋于我，故弗与使也。

庄公二十三年：祭叔来聘。其不言使，何也？天子之内臣也，不正其外交故不与使也。

僖公四年：齐人执陈辕涛涂。齐人者，齐侯也。其人之何也？于是哆然外齐侯也，不正其逾国而执也。……二十三年：春，齐侯伐宋围闵。伐国不言围邑，此其言围，何也？不正其以恶报恶也。（以恶报恶，亦常人所谓正，而在《春秋》则不正。）……二十五年：卫侯毁灭邢。毁之名，何也？不正其伐本，而灭同姓也。……二十七年：冬，楚人、陈侯、蔡侯、郑伯、许男围宋。楚人者，楚子也。其曰人，何也？人楚子所以人诸侯也。其人诸侯，何也？不正其信夷狄而伐中国也。

昭公十二年：晋伐鲜虞。其曰晋，狄之也。其狄之，何也？不正其与夷狄交伐中国，故狄称之也。

定公四年：十一月庚辰，吴入楚。何以谓之吴也？狄之也。何谓狄之也？君居其君之寝，而妻其君之妻；大夫居其大夫之寝，而妻其大夫之妻。盖有欲妻楚王之母者，不正其乘败人之绩，而深为利，居人之国，故狄之也。

《左氏传》两举《春秋》之称，亦以言其变义。

《左传·成公十四年》：君子曰：《春秋》之称，微而显，志而晦，婉而成章，尽而不污，惩恶而劝善，非圣人谁能修之。

又，昭公三十一年：君子曰：名之不可不慎也如是夫，有所有名而不如其已。以地叛，虽贱，必书地，以名其人，终为不义，弗可灭已。是故君子动则思礼，行则思义，不为利回，不为义疚。或求名而不得，或欲盖而名章，惩不义也。齐豹为卫司寇，守嗣大夫，作而不义，其书为盗。（昭公二十年《经》：秋，盗杀卫侯之兄絷。杜注：齐豹作而不义，故书曰盗。所谓求名而不得。）邾庶其（襄公二十一年《经》：邾庶其以漆闾丘来奔）、莒牟夷（昭公五年《经》：夏，莒牟夷以牟娄及防兹来奔）、邾黑肱（是年《经》：冬，黑肱以滥来奔），以土地出，求食而已，不求其名，贱而必书。此二物者；所以惩肆而去贪也。若艰难其身，以险危大人，而有名章彻，攻难之士，将奔走之。（此似预戒桓温以遗臭万年为大丈夫之意。）若窃邑叛君，以徼大利而无名，贪冒之民，将寘力焉。是以《春秋》书齐豹曰盗，三叛人名，以惩不义，数恶无礼，其善志也。故曰：《春秋》之称，微而显，婉而辨。上之人能使昭明，善人劝焉，淫人惧焉，是以君子贵之。

杜预《春秋左氏传序》：故发传之体有三，而为例之情有五。一曰微而显，文见于此而起义在彼。称族尊君命、舍族尊夫人、梁亡城缘陵之类，是也。二曰志而晦，约言示制，推以知例。参会不地、与谋曰及之类是也。三曰婉而成章，曲从义训，以示大顺。诸所讳辟、璧假许田之类是也。四曰尽而不污，直书其事，具文见意。丹楹刻桷、天王求车、齐侯献捷之类是也。（观杜此说，可见凡谓《春秋》直书其事、万恶自见者，乃五种之一，不足以尽《春秋》全书之义也。）五曰惩恶而劝善，求名而亡，欲盖而章。书齐豹盗、三叛人名之类是也。推此五体，以寻经传触类而长之，附于二百四十二年行事，王道之正，人伦之纪备矣。

《公羊传》言，异辞同辞，尤以见其变义。

《公羊传·隐公元年》：公子益师卒。何以不日，远也。所见异辞，所闻异辞，所传闻异辞。

桓公二年：三月，公会齐侯、陈侯、郑伯于稷，以成宋乱。内大恶讳，此其目言之何，远也。所见异辞，所闻异辞，所传闻异辞。

又，隐公七年：春，王三月，滕侯卒。何以不名？微国也。微国则其称侯何？不嫌也。《春秋》贵贱不嫌同号，美恶不嫌同辞。

何休《公羊解诂》：所见者，谓昭、定、哀，己与父时事也。所闻者，谓文、宣、成、襄，王父时事也。所传闻者，谓隐、桓、庄、闵、僖，高祖、曾祖时事也。异辞者，见恩有厚薄，义有深浅。时恩衰义缺，将以理人伦序人类，因制治乱之法。故于所见之世，恩已与父之臣尤深。大夫卒，有罪无罪皆日录之，丙申季孙隐如卒是也。于所闻之世，王父之臣，恩少杀。大夫卒，无罪者日录，有罪者不日，略之，叔孙得臣卒是也。于所传闻之世，高祖、曾祖之臣，恩浅。大夫卒，有罪无罪，皆不日，略之也，公子益师无骇卒是也。于所传闻之世，见治起于衰乱之中，用心尚粗粗，故内其国而外诸夏。先详内而后治外，录大略小，内小恶书，外小恶不书，大国有大夫，小国略称人，内离会书，外离会不书是也。于所闻之世，见治升平，内诸夏而外夷狄，书外离会，小国有大夫，宣十一年秋晋侯会狄于攒函、襄二十三年邾娄鼻我来奔是也。至所见之世，著治太平，夷狄进至于爵，天下远近大小若一，用心尤深而详，故崇仁义，讥二名，晋魏曼多仲孙何忌是也。

又，贵贱不嫌者，通同号称也。若齐亦称侯，滕亦称侯，微者亦称人，贬亦称人，皆有起文，贵贱不嫌同号是也。（杨疏：滕侯卒不名，下恒称子，起其微也。齐侯恒在宋公之上，起其大也。宋人盟于宿不书日，亦起微也。郑人来输平称人者其国辞起其贬之，故曰皆有起文也。）若继体君亦称即位，继弑君亦称即位，皆有起文，美恶不嫌同辞是也。滕微国，所传闻之世，未可卒。所以称侯而卒者，《春秋》王鲁，托隐公以为始受命王。滕子先朝隐公，《春秋》襃之以礼，嗣子得以其礼祭，故称侯见其义。

《春秋繁露》尤专言变义，诸所论难，不可胜举，约录二则，以示经权。孔子称舜择两端而用中，又自称叩两端而竭焉。义有相反而相成者，非合两端而言，不能知因时制宜之义也。

《春秋繁露·竹林》：难者曰：《春秋》之书战伐也，有恶有善也。恶诈击而善偏战，耻伐丧而荣复仇。奈何以春秋为无义战，而尽恶之也？曰：凡《春秋》之记灾异也，虽亩有数茎，犹谓之无麦苗也。今天下之大，三百年之久战攻侵伐，不可胜数，而复仇者有二焉。（庄公四年纪侯大去其国，传曰：曷为不言齐灭之？为襄公讳也，复仇也。又九年，及齐师战于乾时，我师败绩。传曰：内不言败，此其言败何？复仇也。何氏云：复仇以死败为荣，故录之。）是何以异于无麦苗之有数茎哉！不足以难之，故谓之无义战也。以无义战为不可，则无麦苗亦不可也。以无麦苗为可，则无义战亦可矣。若《春秋》之于偏战也，善其偏不善其战，有以效其然也。《春秋》爱人，而战者杀人，君子奚说善杀其所爱哉！故《春秋》之于偏战也，犹其于诸夏也。引之鲁则谓之外，引之夷狄则谓之内。（成十五年《传》曰：《春秋》内其国而外诸夏，内诸夏而外夷狄。）比之诈战，则谓之义；比之不战，则谓之不义。故盟不如不盟，然而有所谓善盟；战不如不战，然而有所谓善战。不义之中有义，义之中有不义。辞不能及，皆在于指。非精心达思者，其孰能知之。

又，《精华》：难者曰：《春秋》之法，大夫无遂事。（见僖三十年《传》，事见下。）又曰：出境有可以安社稷利国家者，则专之可也。（见庄十九年《传》。）又曰：大夫以君命出，进退在大夫也。（襄十九年，晋士匄侵齐至谷，闻齐侯卒，乃迁传。）又曰：闻丧徐行而不反也。（宣八年，公子遂如齐，至黄乃复传。）夫既曰无遂事矣，又曰专之可也；既曰进退在大夫矣，又曰徐行而不反也，若相悖然，是何谓也？曰：四者各有所处，得其处则皆是也，失其处则皆非也。《春秋》固有常义，又有应变。无遂事者，谓平生安宁也；专之可也者，谓救危除患也；进退在大夫者，谓将率用兵也；徐行不反者，谓不以亲害尊，不以私妨公也。此之谓将得其私，知其指。故公子结受命，往媵陈人之妇于鄄，道生事，从齐桓盟。《春秋》弗非，以为救庄公之危。（庄十九年）公子遂受命使京师，道生事，之晋。《春秋》非之，以为是时僖公安宁无危。（僖卅年）故有危而不专救，谓之不忠；无危而擅生事，是卑君也。故此二臣俱生事，《春秋》有是有非，其义然也。

择两端之中，明相反之义，而后可以治经，可以治史，而后可以无适无莫，而立人之义于天下。如孔子称微子、箕子、比干为三仁，而又曰桓公九合诸侯，不以兵车，管仲之力也，如其仁。如其仁，则管仲之不死子纠，不似匹夫匹妇之谅，不得以殷之三仁病之。此所谓夫言岂一端而已，夫各有所当也。（尊王是一义，讥贬天王又是一义；为尊者讳为亲者讳是一义，正隐治桓又是一义；卫诸夏攘夷狄是一义，诸侯用夷礼则夷之、戎狄进于中国则中国之又是一义。此所谓无适无莫也。后史不知此义，故南、北各史及宋、金之史，多事讳饰。赵瓯北尝历举之。今人言史，亦多适莫。震于富强，则咸称吾国之能辟地而尚武功；病于侵略，则偏重吾族尚和平而泯种异。皆适莫之见。）《春秋》之义，《三传》各以师说阐发几罄，虽有龃龉，要当观其会通。第尚有一义，自来经师，犹未尽了，而在今日不得不辨者。如《左氏传》文公十七年曰：宋人弑其君杵臼，君无道也。宣公四年曰：郑公子归生弑其君夷，权不足也。君子曰：仁而不武，无能达也。凡弑君称君，君无道也；称臣，臣之罪也。盖言为君为臣，皆须各尽其道，臣不可以犯义而弑君，君亦不可无道以致弑。二义不相反而相成。杜氏《释例》言之甚当。

《春秋释例》卷三：书弑例第十五。天生民而树之君，使司牧之，群物所以系命也。故戴之如天地，亲之如父母，仰之如日月，事之如神明。其咸受雪霜之严，雷电之威，则奉身归命，有死无贰。故传曰：君，天也。天可逃乎？此人臣所执之常也。然本无父子自然之恩，未有家人习玩之爱，高下之隔悬殊，壅塞之否万端，是以居上者降心以察下，表诚以感之，然后能相亲也。若亢高自肆，群下绝望，情义圮隔，是谓路人，非君臣也。人心苟离，则位号虽存，无以自固。故传例曰：凡弑君：称君，君无道；称臣，臣之罪。称君者，惟书君名，而称国称人以弑，言众之所共绝也。称臣者，谓书弑者主名，以垂来世。终为不义，而不可赦也。然君虽不君，臣不可以不臣。故宋昭之恶，罪及国人。晋荀林父讨宋曰：何故弑君？犹立文公还。深见贬削，诸怀贼乱以为心者，固不容于诛也。

清儒焦循、陈澧、皮锡瑞，皆集矢杜氏，以杜仕司马氏，故以经义为魏、晋事解。（见焦循《左传补疏》、陈澧《东塾读书记》、皮锡瑞《春秋通论》。）不知杜氏仕晋是一事，《左氏》凡例是一事。此例之义以《鲁语》证之，即可知其为周、鲁相承史法。

《国语·鲁语》：晋人杀厉公，边人以告，成公在朝，公曰：臣杀其君，谁之过也？大夫莫对。里革曰：君之过也。夫君人者，其威大矣。失威而至于杀，其过多矣。且夫君也者，将牧民而正其邪者也。若君纵私回而弃民事，民旁有慝，无由省之，益邪多矣。若以邪临民，陷而不振，用善不肯专，则不能使，至于殄灭，而莫之恤也，将安用之？桀奔南巢，纣踣于京，厉流于彘，幽灭于戏，皆是术也。夫君也者，民之川泽也。行而从之，美恶皆君之由，民何能为焉？（里革是鲁史官，其言如此。知《左传》之凡例，是鲁史之旧。且必有所受，不始于里革也。然此是专责人君之义。《晋语》：宋人弑昭公，赵宣子请师于灵公以伐宋，公曰：非晋国之急也。对曰：大者天地，其次君臣，所以为明训也。今宋人弑其君，是反天地而逆民则也，天必诛焉。晋为盟主而不修天罚，将惧及焉？公许之。若与里革之言相勘，则二义并行而不悖。）

合之师旷谓卫君实甚（《左传》襄公十四年：晋侯曰：卫人出其君，不亦甚乎？对曰：或者其君实甚。已见《史权篇》），晏婴谓君民者岂以陵民，《春秋》贤者论为君之义，若是之严。

《左传·襄公二十五年》：崔氏弑君，晏子立于崔氏之门外，其人曰：死乎？曰：独吾君也乎哉，吾死也。曰：行乎？曰：吾罪也乎哉，吾亡也。曰：归乎？曰：君死安归？君民者岂以陵民，社稷是主；臣君者岂为其口实，社稷是养。故君为社稷死则死之，为社稷亡则亡之。若为己死而为己亡，非其私暱，谁敢任之？

即《公》《穀》二传，于称国以弑，亦归罪于其君。

《公羊传·文公十八年》：莒弑其君庶其，称国以弑何？称国以弑者，众弑君之辞。

《穀梁传·成公十八年》：晋弑其君州蒲，称国以弑其君，君恶甚矣。

后儒误泥孟子乱臣贼子惧一语，遂若归恶于君，乃助乱贼张目。不知圣哲之意，儆戒君臣，各使有所警惕，初无所畸轻畸重。故孟子曰：闻诛一夫纣矣，未闻弑君也。又曰：君之视臣如犬马，则臣视君如寇仇。经子大义，何尝专重尊君抑臣。后世君权日尊，儒生囿于所习，乃举古义而忘之。昧者不察，乃以尊君抑臣，诟病儒家。而人伦大义，愈以不明。视吾国所谓君者，皆若路易十四所谓朕即国家一切惟其暴戾残虐者然，而岂知吾国圣哲典训，裁制君权，实不亚于他国之宪法。且非独经传为然也，史公《自序》有曰：故有国者不可以不知《春秋》。前有谗而弗见，后有贼而不知。又曰：为人君父而不通于《春秋》之义者，必蒙首恶之名，何尝专戒臣子哉！（史公之言，本《春秋繁露》引子夏之言。）

学者读中国史籍，必先明吾国古代君臣之义，而后于秦汉以降君主制度演变之得失，始有一正确之权衡。其主要之语曰：天生民而立之君，使司牧之。（师旷语，见前。）故曰：民为贵。得乎丘民而为天子。其他以民为主之精言，不可缕举。《吕氏春秋》虽有长出于争之语。

《吕氏春秋·荡兵篇》：未有蚩尤之时，民固剥林木以战矣，胜者为长。长则犹不足以治之，故立君。君又不足以治之，故立天子。天子之立也出于君，君之立也出于长，长之立也出于争。

而《恃君览》又曰：君道立则利出于群。且盛言无君之害，及德衰世乱，递兴递废之故。

《吕氏春秋·恃君览》：凡人之性，爪牙不足以自守卫，肌肤不足以扞寒暑，筋骨不足以从利辟害，勇敢不足以却猛禁悍。然且犹栽万物、制禽兽、服狡虫，寒暑燥湿

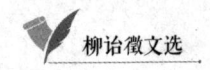

弗能害，不惟先有其备而以群聚邪？群之可聚也，相与利之也。利之出于群也，君道立也。故君道立则利出于群，而人备可完矣。昔太古尝无君矣。其民聚生群处，知母不知父，无亲戚、兄弟、夫妻、男女之别，无上下长幼之道，无进退揖让之礼，无衣服、履带、宫室、畜积之便，无器械、舟车、城郭、险阻之备，此无君之患。故君臣之义不可不明也。自上世以来，天下亡国多矣，而君道不废者，天下之利也。（《太平御览》六百二十作天下利之也。）故废其非君，而立其行君道者。君道何如？利而勿利章。（俞樾曰：君道以利而勿利为贵。）……四方之无君者，其民麋鹿禽兽，少者使长，长者畏壮，有力者贤，暴傲者尊，日夜相残，无时休息，以尽其类。圣人深见此患也，故为天下长虑莫如置天子也，为一国长虑莫如置君也。置君非以阿君也，置天子非以阿天子也，置官长非以阿官长也。德衰世乱，然后天子利天下，国君利国，官长利官。此国所以递兴递废也，乱难之所以时作也。故忠臣廉士，内之则谏其君之过也，外之则死人臣之义也。

《执一篇》又曰：一则治，两则乱。

《吕氏春秋·执一》：军必有将，所以一之也。国必有君，所以一之也。天下必有天子，所以一之也。天子必执一，所以抟之也。一则治，两则乱。今御骊马者，使四人操一策，则不可以出于门闾者，不一也。

盖人群之组织，必有一最高之机构，统摄一切，始可以谋大群之福利，一切礼法，皆从此出。而所谓君者，不过在此最高机构执行礼法，使之抟一不乱之人。而其臣民非以阿私独俾此权于一人，此一人者亦非以居此最高之机构为其私人之利。故孔孟皆曰：舜禹有天下而不与。苟言民主之真精神，殆莫此言若矣。顾亭林论周室班爵禄，最得古者立君之义。

《日知录》卷七"周室班爵禄"：为民而立君，故班爵之意，天子与公、侯、伯、子、男一也，而非绝世之贵。代耕而赋之禄，故班禄之意，君、卿大夫、士与庶人在官一也，而非无事之食。是故知天子一位之义，则不敢肆于民上以自尊；知禄以代耕之义，则不敢厚取于民以自奉。不明乎此，而侮夺人之君，常多于三代之下矣。

黄梨洲《原君》《原臣》《原法》诸篇言之尤痛切。故读儒书者真知古义，洵有考诸三王而不谬百世，以俟圣人而不惑之境。然亦未易为执一者道。欲知斯义之两端，必合温公《通鉴》论与梨洲之言观之，乃知君位之不可私，与礼法之不可隳。而杜专制，绝乱萌，义各有当矣。

《通鉴》卷一论周命魏斯、赵籍、韩虔为诸侯曰：天子之职，莫大于礼，礼莫大于分，分莫大于名。何谓礼？纪纲是也。何谓分？君臣是也。何谓名？公、侯、卿大夫是也。夫以四海之广，兆民之众，受制于一人，虽有绝伦之力，高世之智，莫不奔走而服役者，岂非以礼为之纪纲哉！是故天子统三公，三公率诸侯，诸侯制卿大夫，卿大夫治士庶人，贵以临贱，贱以承贵。上之使下，犹心腹之运手足，根本之制支叶；下之事上，犹手足之卫心腹，支叶之庇本根。然后能上下相保，而国家相安。故曰：天子之职莫大于礼也。文王序《易》，以乾、坤为首。孔子系之曰：天尊地卑，乾、坤定矣，卑高以陈，贵贱位矣。

言君臣之位，犹天地之不可易也。《春秋》抑诸侯，尊王室，王人虽微，序于诸侯之上，以是见圣人于君臣之际，未尝不惓惓也。非有桀纣之暴，汤武之仁，人归之，天命之，君臣之分，当守节伏死而已矣。是故以微子而代纣，则成汤配天矣；以季札而君吴，则太伯血食矣。然二子宁亡国而不为者，诚以礼之大节不可乱也。（吾国之礼，相当于外国之法。礼法既定，人所必遵，不可以人而变。如合众国选举之际，党魁可以依法竞选，及选举既定，竞选者恪谨服从。虽膺选之正任，卒然病故，惟可依法以其副继之，其先之竞选者，不得谓选举不过数月间事，吾仍可以号召众人重选也。）夫礼辨贵贱，序亲疏，裁群物，制庶事；非名不著，非器不形，名以命之，器以别之，然后上下粲然有伦，此礼之大经也。名器既亡，则礼安得独在哉！昔仲叔于奚有功于卫，辞邑而请繁缨，孔子以为不如多与之邑。惟名与器，不可以假人，君之所司也，政亡则国家从之。卫君待孔子而为政，孔子欲先正名，以为名不正则民无所措手足。夫繁缨，小物也，而孔子惜之；正名，细务也，而孔子先之：诚以名器既乱，则上下无以相保故也。夫事未有不生于微而成于著，圣人之虑远，故能谨其微而治之（此史学家所以贵识征）；众人之识近，故必待其著而后救之。治其微则用力寡而功多，救其著则竭力而不能及也。《易》曰履霜坚冰至，《书》曰一日二日万几，谓此类也。故曰：分莫大于名也。（《通鉴》首揭此论，历代君王贤否不一，为其所恃以持其国者，舍此末由也。）呜呼！幽、厉失德，周道日衰，纲纪散坏，下陵上替，诸侯专征，大夫擅政，礼之大体什丧七八矣。然文武之祀，犹绵绵相属者，盖以周之子孙尚能守其名分故也。何以言之？昔晋文公有大功于王室，请隧于襄王，襄王不许，曰：王章也，未有代德而有二王；亦叔父之所恶也。不然，叔父有地而隧，又何请焉？文公于是惧而不敢违。是故以周之地，则不大于曹、滕；以周之民，则不众于邾、莒，然历数百年宗主天下，虽以晋、楚、齐、秦之强，不敢加者，何哉？徒以名分尚存故也。至于季氏之于鲁，田常之于齐，白公之于楚，智伯之于晋，其势皆足以逐君而自为，然而卒不敢者，岂其力不足而心不忍哉？乃畏奸名犯分而天下共诛之也。今晋大夫暴蔑其君，剖分晋国，天子既不能讨，又宠秩之，使列于诸侯，是区区名分复不能守而并弃之也。先王之礼，于斯尽矣！或者以为，当是之时，周室微弱，三晋强盛，虽欲勿许，其可得乎？是大不然。夫三晋虽强，苟不顾天下之诛，而犯义侵礼，则不请于天子而自立矣。不请于天子而自立，则为悖逆之臣，天下苟有桓文之君，必奉礼义而征之。今请于女子而天子许之，是受天子之命而为诸侯也，谁得而讨之？故三晋之列于诸侯，非三晋之坏礼，乃天子自坏之也。乌乎！君臣之礼既坏矣，则天下以智力相雄长，遂使圣贤之后为诸侯者，社稷无不泯绝；生民之类，糜灭几尽。岂不哀哉！

又二百二十：至德二载，李怀玉杀平卢节度使王玄志之子，推侯希逸为平卢军使，朝廷因以希逸为节度副使。节度使由军士废立自此始。……夫民生有欲，无主则乱，是故圣人制礼以治之。自天子诸侯，至于卿大夫士庶人，尊卑有分，大小有伦，若纲条之相维，臂指之相使。是以民服事其上，而下无觊觎。其在《周易》，上天下泽履，象曰：君子以辨上下，定民志。此之谓也。（今日民主国家，总统虽由民选，及履行职务，则国中官吏民众，罔不遵守其命令。依然天泽之义，民志所由定也。）凡人君所以能有其臣民者，以八柄存乎己也。（胡注引《周礼》八柄全文。)苟或舍之,则彼此之势均,何以使其下哉?肃宗遭唐中衰,幸而复国,是宜正其上下之礼,以纲纪四方。而偷取一时之安,不思永久之患。彼命将帅,统藩维,国之大事也,乃委一介之使,徇行伍之情,无问贤不肖,惟其所欲与者则授之。自是之后,积习为常,君臣循守,以为得策,谓之姑息。乃至偏裨士卒,杀逐主帅,亦不治其罪,因以其位任授之。然则爵禄废置,杀生予夺,皆不出于上而出于下,乱之生也,庸有极乎?(《吕氏春秋》曰一则治两则乱,即此义也。)且夫有国家者,赏善而诛恶,故为善者劝而为恶者惩。彼为人下而杀逐其上,恶孰大焉?乃使之拥旄秉钺,师长一方,是赏之也。赏以劝恶,恶其何所不至乎?《书》云:远乃猷。(《康诰》)《诗》云:猷之未远,是用大谏。(《大雅·板》)孔子曰:人无远虑,必有近忧。为天下之政,而专事姑息,其忧患可胜校乎?由是为下者,常眈眈焉伺其上,苟得间则攻而族之;为上者常惴惴焉畏其下,苟得间则掩而屠之,争务先发,以逞其志。非有相保养,为俱利久存之计也。如是而求天下之安,其可得乎?迹其厉阶,肇于此矣。盖古者治军必本于礼,故晋文公城濮之战,见其师少长有礼,知其可用。今唐治军而不顾礼,使士卒得以陵偏裨,偏裨得以陵将帅,则将帅之陵天子,自然之势也。由是祸乱继起,兵革不息,民坠涂炭,无所控诉,凡二百余年。(至德二载至宋太祖开宝元年,凡经二百一十年。)然后大宋受命,太祖始制军法,使以阶级相承,小有违犯,咸伏斧锧。是以上下有叙,令行禁止,四征不庭,无思不服。宇内乂安,兆民允殖,以迄于今。皆由治军以礼故也,岂非诒谋之远哉!(郤縠说礼乐而惇《诗》《书》,始可为元帅,此古义也。王闿运《湘军志》曰：曾国藩首建义旗，终成大功，未尝自以为知兵。其所自负，独在教练。至今湘军尊上而知礼，畏法而爱民，犹可用也。则温公之言，及清季犹验矣。人之才德相悬，名位遂隔，礼也。礼之用必有阶级，惟居上者不能凭权位以虐下，居下者不能逞野心以叛上，各尽其道，方得礼意。而一切民众，自不惑于阶级斗争之说矣。）

又二百九十一：显德元年夏四月庚申，太师中书令瀛文懿王冯道卒。（书日、书官、书谥，皆讥之也。）下录欧阳修《五代史记论》，温公又论之曰：天地设位，圣人则之，以制礼立法。内有夫妇，外有君臣，妇之从夫，终身不改（此因欧公引王凝妻事，故相承而言）；臣之事君，有死无贰。此人道之大伦也，苟或废之，乱莫大焉。范质称冯道厚德稽古，宏才伟量，虽朝代贸迁，人无间言，屹若巨山，不可转也。（胡注：范质之为人，盖学冯道者也。）臣愚以为正女不从二夫，忠臣不事二君。为女不正，虽复华色之美，织纴之巧，不足贤矣；为臣不忠，虽复材智之多，治行之优，不足贵矣。何则？大节已亏故也。道之为相，历五朝八姓，若逆旅之视过客，朝为仇敌，暮为君臣，易面变辞，曾无愧怍。大节如此，虽有小善，庸可称乎？或以为自唐室之亡，群雄力争，帝王兴废，远者十余年，近者四三年，虽有忠智，将若之何？当是之时，失臣节者，非道一人，岂得独罪道哉？臣愚以为忠臣忧公如家，见危致命，君有过则强谏力争，国败亡则竭节致死。智士邦有道则见，邦无道则隐，或灭迹山林，或优游下僚。今道尊宠则冠三师，权位则首诸相；国存则依违拱嘿，窃位素餐，国亡则图全苟免，迎谒劝进；君则兴亡接踵，道则富贵自如：兹乃奸臣之尤，安得与他人为比哉？或谓道能全身远害于乱世，斯亦贤已。臣谓君子有杀身成仁，无求生害仁，岂专以全身远害为贤哉！然则盗跖病终而子路醢，果谁贤乎？抑此非特道之愆也，时君亦有责焉。何则？不正之女，中士羞以为家；不忠之人，中君羞以为臣。彼相前朝，语其忠则反君事仇，语其智则社稷为墟，后来之君，不诛不弃，乃复用以为相，彼又安肯尽忠于我而能获其用乎？故曰：非特道之愆，亦时君之责也。（胡注：温公以此警后世之君臣深矣。）

《明夷待访录·原君》：有生之初，人各自私也，人各自利也。天下有公利而莫或兴之，有公害而莫或除之。有人者出，不以一己之利为利，而使天下受其利；不以一己之害为害，而使天下释其害。此其人之勤劳，必千万于天下之人。夫以千万倍之勤劳，而己又不享其利，必非天下之人情所欲居也。故古之人君，量而不欲入者，许由、务光是也（后世如郭子仪薄天子而不为，视许由等之传说尤可信）；入而又去之者，尧、舜是也；初不欲入而不得去者，禹是也。岂古之人有所异哉？好逸恶劳，亦犹夫人之情也。后之为人君者不然，以为天下利害之权皆出于我，我以天下之利尽归于己，以天下之害尽归于人，亦无不可；使天下之人不敢自私、不敢自利，以我之大私，为天下之公。始而惭焉，久而安焉，视天下为莫大之产业，传之子孙，受享无穷，汉高帝所谓"某业所就，孰与仲多"者，其逐利之情，不觉溢于辞矣。此无他，古者以天下为主，君为客，凡君之所毕世而经营者，为天下也。今也以君为主，天下为客，凡天下之无地而得安宁者，为君也。是以其未得之也，屠毒天下之肝脑，离散天下之子女，以博我一人之产业，曾不惨然，曰：我固为子孙创业也。其既得之也，敲剥天下之骨髓，离散天下之子女，以奉我一人之淫乐，视为当然，曰：此我产业之花息也。然则为天下之大害者，君而已矣。向使无君，人各得自私也，人各得自利也。呜呼！岂设君之道固如是乎？古者天下之人，爱戴其君，比之如父，拟之如天，诚不为过也。今也天下之人，怨恶其君，视之如寇仇，名之为独夫，固其所也。而小儒规规焉以君臣之义无所逃于天地之间。（庄子之言，亦自颠扑不破。君臣犹主从也，一团体一组织必有主有从而后成。章实斋所谓三人居室而道形也。小儒特误解此语之义耳。）至桀、纣之暴，犹谓汤、武不当诛之，而妄传伯夷、叔齐无稽之事，乃兆人万姓崩溃之血肉，曾不异夫腐鼠。岂天地之大，于兆人万姓之中，独私其一人一姓乎？是故，武王，圣人也；孟子之言，圣人之言也。后世之君，欲以如天如父之空名，禁人之窥伺者，皆不便于其言，至废孟子而不立，非导源于小儒乎？虽然，使后之为君者，果能保此产业，传之无穷，亦无怪乎其私之也。既以产业视之，人之欲得产业，谁不如我？摄缄縢，固扃鐍，人之智力，不能胜天下欲得之者之众，远者数世，近者及身，其血肉之崩溃在其子孙矣。昔人愿世世无生帝王家，而毅宗之语公主，亦曰：若何为生我家？痛哉斯言！回思创业时其欲得天下之心，有不废然摧沮者乎？是故明乎为君之职分，则唐虞之世，人人能让，许由、务光，非绝尘也。不明乎为君之职分，则市井之间，人人可欲，许由、务光所以旷后世而不闻也。然君之职分难明，以俄顷淫乐不易无穷之悲，虽愚者亦明之矣。

又《原臣》：有人焉，视于无形，听于无声，以事其君，可谓之臣乎？曰：否。杀其身以事其君，可谓之臣乎？曰：否。（此即以义断之也。合于义，亦即可也。）夫视于无形，听于无声，资于事父也；杀其身者，无私之极则也，而犹不足以当之，则臣道如何而后可？曰：缘夫天下之大，非一人之所能治，而分治之以群工。故我之出而仕也，为天下，非为君也；为万民，非为一姓也。吾以天下万民起见，非其道，即君以形声强我，未之敢从也，况于无形无声乎；非其道，即立身于其朝，未之敢许也，况于杀其身乎？不然，而以君之一身一姓起见，君有无形无声之嗜欲，吾从而视之听之，此宦官宫妾之心也。君为己死而为己亡，吾从而死之亡之，此其私昵者之事也。是乃臣不臣之辨也。世之为臣者，昧于此义，以谓臣为君而设者也，君分吾以天下而后治之，君授吾以人民而后牧之，视天下之人民，为人君囊中之私物。今以四方之劳扰，民生之憔悴，足以危吾君也，不得不讲治之、牧之之术。苟无系于社稷之存亡，则四方之劳扰，民生之憔悴，虽有诚臣，亦以为纤芥之疾也。夫古之为臣者，于彼乎，于此乎？盖天下之治乱，不在一姓之兴亡，而在万民之忧乐。是故桀、纣之亡，乃所以为治也；秦政、蒙古之兴，乃所以为乱也；晋、宋、齐、梁之兴亡，无与于治乱者也。为臣者轻视斯民之水火，即能辅君而兴从君而亡，其于臣道固未尝不背也。（言即如此，尚不得为尽臣道，况如冯道者乎？读书不可误会此语，遂以冯道熟视八姓兴亡，不为不义也。）夫治天下，犹曳大木然，前者唱邪，后者唱许。君与臣共曳木之人也，若手不执绋，足不履地，曳木者惟娱笑于曳木者之前，从曳木者以为良，而曳木之职荒矣。嗟乎！后世骄君自恣，不以天下万民为事，其所求乎草野者，不过欲得奔走服役之人。乃使草野之应于上者，亦不出夫奔走服役，一时免于寒饿，遂感在上之知遇，不复计其礼之备不备，跻之仆妾之间，而以为当然。万历初年，神宗之待张居正，其礼稍优，比于古之师傅，未能百一。当时论者骇然，以居正之受无人臣礼。夫居正之罪，正坐不能以师傅自待，听指使于仆妾，而责之反是，何也？是则耳目浸淫于流俗之所谓臣者，以为鹄矣。又岂知臣之与君，名异而实同耶？（同者，对天下负责同也。非谓臣与君当得其权威，同其亨乐也。）或曰：臣不与子并称乎？曰：非也。父子一气，子分父之身而为身，故孝子虽异身，而能日近其气，久之无不通矣。不孝之子，分身而后，日远日疏，久之而气不相似矣。君臣之名，从天下而有之者也。吾无天下之责，则吾在君为野人。出而仕于君也，不以天下为事，则君之仆妾也；以天下为事，则君之师友也。夫然谓之臣，其名累变，夫父子固不可变者也。

又《原法》：三代以上有法，三代以下无法。何以言之？二帝三王知天下之不可无养也，为之授田以耕之；知天下之不可无衣也，为之授地以桑麻之；知天下之不可无教也，为之学校以兴之，为之昏姻之礼以防其淫，为之卒乘之赋以防其乱，此三代以上之法也。固未尝为一己而立也。后之人主，既得天下，惟恐其祚命之不长也，子孙之不能保有也，思患于未然，以为之法。然则其所谓法者，一家之法，而非天下之法也。是故秦变封建而为郡县，以郡县得私于我也。汉建庶孽，以其可以藩屏于我也。宋解方镇之兵，以方镇之不利于我也。此其法何曾有一毫为天下之心哉！而亦可谓之法乎？三代之法，藏天下于天下者也。山泽之利，不必其尽取；刑赏之权，不疑其旁落。贵不在朝廷也，贱不在草莽也。在后世方议其法之疏。而天下之人不见上之可欲，不见下之可恶。法愈疏而乱愈不作。所谓无法之法也。后世之法，藏天下于筐箧者也。利不欲其遗于下，福必欲其敛于上。用一人焉，则疑其自私，而又用一人以制其私；行一事焉，则虑其可欺，而又设一事以防其欺。天下之人，共知其筐箧之所在，吾亦鳂鳂然日惟筐箧之是虞。故其法不得不密，法愈密而天下之乱，即生于法之中。所谓非法之法也。论者谓一代有一代之法，子孙以法祖为孝。夫非法之法，前王不胜其利欲之私以创之，后王或不胜其利欲之私以坏之。坏之者固足以害天下，其创之者亦未始非害天下者也。乃必欲周旋于此胶漆之中，以博宪章之余名，此俗儒之剿说也。即论者谓天下之治乱不系于法之存亡。夫古今之变，至秦而一尽，至元而又一尽。经此二尽之后，古圣王之所恻隐爱人而经营者，荡然无具。苟非为之远思深览，一一通变，以复井田学校封建卒乘之旧，虽小小更革，生民之戚戚终无已时也。即论者谓有治人无治法，吾以谓有治法而后有治人。（此二义相反而皆未备。孟子曰：徒善不足以为政，徒法不能以自行。始是盛水不漏之语。自清季以来，学者多奉梨洲有治法而后有治人之语以驳荀子，然徒法之效，亦未睹也。）自非法之法桎梏天下人之手足，即有能治之人，终不胜其牵挽嫌疑之顾盼，有所设施，亦就其分之所得，安于苟简，而不能有度外之功名。使先王之法而在，莫不有法外之意存乎其间。其人是也，则可以无不行之意；其人非也，亦不至深刻罗网以害天下。故曰：有治法而后有治人。

千古史迹之变迁，公私而已矣。公与私初非二物。只徇一身一家之计，不顾他人之私计，则为私；推其只徇一身一家之计之心，使任何人皆能便其一身一家之私计，则为公。故大公者，群私之总和。即《易·文言》所谓利者义之和也。由此推阐，公之中有私焉，私之中亦有公焉。相反相成，推迁无既。亦即董生所谓义之中有不义，不义之中有义。此学者所不可不知也。封建郡县，此历史形式之变也。《礼运》以天下为公、天下为家，判古史之升降。而柳宗元谓公天下之端自秦始，则由公为私，由私为公，未易画分矣。

> 柳宗元《封建论》：徇之以为安，仍之以为俗，汤武之所不得已也。夫不得已，非公之大者也，私其力于己也，私其卫于子孙也。秦之所以革之者，其为制，公之大者也，其情私也。私其一己之威也，私其尽臣畜于我也。然而公天下之端自秦始。

封建之世，列国并立，而天子总其大纲，举所统治为天下。故古所谓天下者，犹今之所谓世界。而秦汉以后之天下，则今之所谓国也。论封建之私，天子遂其大私，列国遂其小私耳。然以其推己及人，遂得一调整世界之道。《书》曰：协和万邦。《易》曰：先王以建万国亲诸侯。而《周官》以治典经邦国，教典安邦国，礼典和邦国，政典平邦国，刑典诘邦国，事典富邦国，《夏官》又详言建邦国之九法。

> 《周官》：大司马之职，掌建邦国之九法，以佐王平邦国，制畿封国以正邦国，设仪辨位以等邦国，进贤兴功以作邦国，建牧立监以维邦国，制军诘禁以纠邦国，施贡分职以任邦国，简稽乡民以用邦国，均守平则以安邦国，比小事大以和邦国。

其谋各国之安全，及生民之乐利者，又散见于各官，一本怀保协和之意。盖自蚩尤、共工以来，各民族之攘夺纷争为祸至酷，然后产生此等思想制度，而大造于世。虽古之世界与今之世界异，然其原理一也。故古所谓天子及王室，易言之即当时列国共建之最高和平机构。天子畿内为其直接统治之一大国，其于政教养卫经营惨淡，必极其精懿，以为各国之模范。而各国之休戚得失又息息与王室相通。朝、觐、宗、遇、会、同，以及五物五书，周挚曲尽。

《周官》：大行人掌大宾之礼，及大客之仪，以亲诸侯。春朝诸侯，而图天下之事。秋觐，以比邦国之功。夏宗，以陈天下之谟。冬遇，以协诸侯之虑。时会，以发四方之禁。殷同，以施天下之政。时聘，以结诸侯之好。殷𫖲，以除邦国之愿。闲问，以谕诸侯之志。归脉，以交诸侯之福。庆贺，以赞诸侯之喜。致禬，以补诸侯之灾。以九仪辨诸侯之命，等诸臣之爵，以同邦国之礼，而待其宾客。

又：王之所以抚邦国诸侯者，岁遍存；三岁遍𫖲；五岁遍省；七岁属象胥，谕言语，协辞命；九岁属瞽史，谕书名，听声音；十有一岁，达瑞节，同度量，成牢礼，同数器，修法则；十有二岁，王巡狩殷国。凡诸侯之王事，辨其位，正其等，协其礼，宾而见之。若有大丧，则诏相诸侯之礼。若有四方之大事，则受其币，听其辞。凡诸侯之邦交，岁相问也。殷相聘也，世相朝也。

又：小行人，若国札丧，则令赙补之。若国凶荒，则令赒委之。若国师役，则令犒禬之。若国有福事，则令庆贺之。若国有祸灾，则令哀吊之。凡此五物者，治其事故。及其万民之利害为一书，其礼俗政事教治刑禁之逆顺为一书，其悖逆暴乱作愿犹犯令者为一书，其札丧凶荒厄贫为一书，其康乐和亲安平为一书。凡此五物者，每国辨异之，以反命于王，以周知天下之故。

所谓圣人能以天下为一家，中国为一人者，初非空谈理论；各有其宏纲要旨，良法美意，实可见诸施行。此所谓王道也。然人类生活，不能无变。其亘古残存之兽性，有时而作，故亦必有极强之兵力以镇抚而威慑之。

《周官·夏官》：王六军，大国三军，次国二军，小国一军。……大司马以九伐之法正邦国，冯弱犯寡则眚之，贼贤害民则伐之，暴内凌外则坛之，野荒民散则削之，负固不服则侵之，贼杀其亲则正之，放弑其君则残之，犯令凌政则杜之，外内乱鸟兽行则灭之。

祭公谋父所谓有刑不祭，伐不祀，征不享，让不贡，告不王，于是乎有刑罚之辟，有攻伐之兵（《周语》）；及孟子所谓征者上伐下也，敌国不相征，以及春秋无义战之说，皆由此而来也。孔子谓文武之政布在方策，即此等详密之条文。当时告鲁哀公，不能备举，第揭其要义曰：柔远人则四方归之，怀诸侯则天下畏之。其若何怀，若何畏，固在方策也。是故封建虽各徇其私，而以保障全民，不得不有至公之制度。孔子修《春秋》，欲立一王之法，拨乱世而反之正。岂其僭拟王者，由其欲明明德于天下，而生于乱世，不得不慨想升平。公羊家之说，非以《周官》证之不明。胡安国《春秋传》，恒发公天下之义。

《春秋胡氏传》：隐公元年三月，公及邾仪父盟于蔑。常者，道之正。变者，道之中。《春秋》大义，公天下，以讲信修睦为事。而刑牲歃血，要质鬼神，则非所尚也。

又，僖公十一年春，晋杀其大夫丕郑父。《春秋》以大义公天下为诛赏，故书法如此。

又，昭公九年夏四月，陈灾。楚已灭陈，夷于属县，何以书于鲁国之策乎？……盖兴灭国，继绝世，以尧舜三代公天下之心为心，异于孤秦墨侯置守欲私一人以自奉者，所以归民心合天德也。《穀梁》以为存陈，得其旨矣。

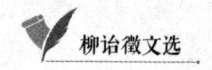

而秦儒之为《吕氏春秋》者，屡叹天下之无天子，即患天下无此机构也。

《吕氏春秋·振乱》：当今之世浊甚矣，黔首之苦，不可以加矣。大于既绝，贤者废伏，世主恣行，与民相离，黔首无所告诉。

又《观世》：今周室既灭，天子既废，乱莫大于无天子。无天子，则强者胜弱，众者暴寡，以兵相制，不得休息，今之世当之矣。

而其说天子之定义，即吾所谓得群私之总和也。

《吕氏春秋·本生》：始生之者天也，养成之者人也。能养天之所生而勿撄之谓之天子。天子之动也，以全天为故者也，此官之所自立也。立官者，以全生也。今世之惑主，多官而反以害生，则失所为立之矣。

秦汉以来之皇帝，非古之天子也。其形式则变古之世界而为一国，而环而处于四裔之蛮夷戎狄，又非古之列国比。故《周官》抚邦国之法，寝以湮灭。或征讨四夷，或绥怀属国，仅存古义于什一。汉文帝之诏匈奴，廓然有天子之量矣。然制度不立，徒存王者之意耳。

《汉书·匈奴传》：孝文后二年，使使遗匈奴书曰：先帝制，长城以北，引弓之国，受令单于。长城以内，冠带之室，朕亦制之。使万民耕织射猎衣食，父子毋离，臣主相安，俱无暴虐。今闻渫恶民贪降其赵，背义绝约，忘万民之命，离两主之欢。然其事已在前矣。书云：二国已和亲，两主欢说，寝兵休卒养马，世世昌乐，翕然更始。朕甚嘉之。圣者日新，改作更始，使老者得息，幼者得长，各保其首领，而终其天年。朕与单于，俱由此道，顺天恤民，世世相传，施之无穷，天下莫不咸嘉。使汉与匈奴，邻敌之国，匈奴处北地寒，杀气早降，故诏吏遗单于秫糵金帛绵絮它物，岁有数。今天下大安，万民熙熙，独朕与单于为之父母。朕追念前事薄物细故，谋臣计失，皆不足以离昆弟之欢。朕闻天不颇覆，地不偏载。朕与单于，皆捐细故，俱蹈大道也，堕坏前恶，以图长久，使两国之民若一家子，元元万民，下及鱼鳖，上及飞鸟，跂行喙息蠕动之类，莫不就安利避危殆；故来者不止，天之道也。俱去前事，朕释逃虏民，单于毋言章尼等。朕闻古之帝王，约分明而不食言，单于留志，天下大安，和亲之后，汉过不先，单于其察之。

故论秦汉以后之国际，或御侮，或黩武，或屈辱，不能律以《周官》之世界。而王莽、苏绰、王安石诸人之行《周官》者，亦仅采取《周官》自治其畿内之制之遗意。以国家之大小悬殊，故亦不易见其效，而历代之私天下而亦不失公天下之义，又当别论焉。

国小则务竞进，国大则劈宽容。竞进则国与民合体，《周官》曰体国经野，即国与民合体也。而易于整齐；宽容则国与民相安，而不易画一。故古之治王畿也密，而后之治全国也疏。其疏之原则，曰无为而治。自汉以来之治法，咸以清净无为、网漏吞舟为主。一切政法，无非去其太甚，救敝补偏，取其不扰民而已。是义公乎？曰公。以国之大，面立法行政者之不能尽察，虽有良法美意，而推行辄生弊害。法出而奸生，令下而诈起，自两汉已然。

《汉书·董仲舒传》：今汉继秦之后，如朽木粪墙矣，虽欲善治之，亡可奈何。法出而奸生，令下而诈起。

《后汉书·和帝纪》：永元十二年诏：三公，朕之腹心，而未获承天安民之策。数诏有司，务择良吏，今犹不改，竟为苛暴，侵愁小民，以求虚名，委任下吏，假势行邪。是以令下而奸生，禁至而诈起。巧法析律，饰文增辞，货行于言，罪成乎手。朕甚痛焉！

柳宗元《种树郭橐驼传》，且以种树移之官理。

柳宗元《种树郭橐驼传》：问者曰：以子之道，移之官理可乎？驼曰：我知种树而已。官理，非吾所业也。然吾居乡，见长人者好烦其令，若甚怜焉而卒以祸。旦暮吏来而呼曰：官命促尔耕，勖尔植，督尔获，早缫而绪，早织而缕，字而幼孩，遂而鸡豚。鸣鼓而聚之，击木而召之。吾小人辍飧饔以劳吏者且不得暇，又何以蕃吾生而安吾性邪？故病且怠。若是，则与吾业者，其亦有类乎？

吕端、李沆，在宋称为贤相；而黄霸之米盐靡密，亦曰治道去其泰甚。

《汉书·黄霸传》：为条教，置父老师帅伍长，班行之于民间。劝以为善防奸之意，及务耕桑，节用殖财，种树畜养，去食谷马，米盐靡密。初若烦碎，然霸精力，能推行之。吏民见者，语次寻绎，问它阴伏，以相参考。尝欲有所司察，择长年廉吏，遣行，属令周密。吏出，不敢舍邮亭，食于道旁，乌攫其肉。民有欲诣府口言事者，适见之，霸与语，道此。后日，吏还谒霸，霸见，迎劳之曰：甚苦。食于道旁，乃为乌所盗肉。吏大惊，以霸为知其起居，所问毫厘不敢有所隐。鳏寡孤独有死无以葬者，乡部书言，霸具为区处，某所大木可以为棺，某亭猪子可以祭。吏往，皆如其言，其识事聪明如此。吏民不知所出，咸称神明，奸人去入它郡，盗贼日少。霸力行教化而后诛罚，务在成就全安。长吏许丞老病聋，督邮白欲逐之，霸曰：许丞廉吏，虽老，尚能拜起送迎，正颇重听何伤？且善助之，毋失贤者意。或问其故，霸曰：数易长吏，送故迎新之费，及奸吏缘绝簿书，盗财物，公私耗费甚多，皆当出于民。所易新吏，又未必贤，或不如其故，徒相益为乱。凡治道去其泰甚者耳。

要之使民各遂其私耳。皇帝以天下为私产，因亦徇天下人之私，使之自营自遂而不相扰，则此私产安矣。推之选士求贤教学设科，亦无非徇人之私之道。汉高曰：贤士大夫有肯从我游者，吾能尊显之。班固论儒林曰：禄利之路然也。

《汉书·高帝纪》：十一年二月诏：今吾以天之灵，贤士大夫定有天下，以为一家。欲其长久，世世奉宗庙亡绝也。贤人已与我共平之矣，而不与我共安利之可乎？贤士大夫有肯从我游者，吾能尊显之。

又《儒林传》赞曰：自武帝立五经博士，开弟子员，设科射策，劝以官禄，讫于元始，百有余年，传业者寖盛，支叶蕃滋。一经说至百余万言，大师众至千余人，盖禄利之路然也。（自汉之博士弟子员，至唐宋以来科举制度，言其善，则曰：兴学育才，使平民得参朝政。究其弊，则读书讲学者，专鹜私人之荣利，何尝知有天下国家？惟其根据经史，以相课试，故士所诵习，犹保留圣哲修身、齐家、治国、平天下之精义于其心目。故虽多数人视为拾金紫之阶梯，而贤者犹体之于身心，时时欲见之于行事。此科试制度之利弊相因者也。禄利之途，病也；使知经史，药也。病中有药，故亦不乏贤哲出于其中。去其药，而病之根仍在，则病不可药矣。)

大多数不识不知之人，既各遂其私；少数秀杰者，又有官阶禄利以逞其私；武人枭将，亦不外乎威胁利诱，劫持而融洽之。其处置各得其平，又无敌国外患之逼迫，则人人自由，可相安于无事。故欲民之自由，莫若无为而治，执政者时时视泰甚者而去之。而资本家、大地主，亦不至过甚。梨洲之言，未能及乎此也。然以帝王徇私，而臣民又各徇私，内则木腐虫生，后妃、宦寺、宗室、外戚、佞幸、权奸、盗贼之患，相因而生，既有以促其颠覆，民治地政武备军力，侵寻窳敝，又不足以御外患而竟邻敌。不独少数人之自私者不可保，大多数之自私者，亦不能永享无为而治之政府之下之自由矣。顾亭林之论郡县，欲寓封建于郡县，亦从人之私利着想。盖欲以散碎不整之自私，集为千百数较团聚之自私，再集此群私，以巩固此庞大之全国（见顾集《郡县论》）。其说顾未能实现。良以天下之事，非一人之思议所可骤改也。物穷则变，寰海棣通，物质竞进，人治亦有所考镜而勃兴。故君主世及之制铲除，而民选公治之法亦为众所共信焉。夫历史之演变孔多，而制治之方式固亦无几。五帝官天下，变而为三王家天下，由公而趋私焉。各地土司，世袭既久，改为流官，众尤便之，由私而趋公也。君主世及之变为民选公治，亦何异于改土归流乎？至于异域民治，两党角立，各出政纲，取决民意，亦无非由散碎之小私，集为两团体之大私。视吾国所谓舜禹有天下而不与者，犹若有间。是故公之中有私，私之中有公之义。就古今中外史实，叩其两端而竭焉，则治史者之责也。

呜呼！无为而治，传自虞舜，其本在恭己修身（《皋陶谟》

曰：慎厥身修思永）。其用在知人安民，固非漫不事事之谓。由虞夏而至周，礼法明备，其于地政、民治、政纲、军备，洪纤毕具，尤非汉、宋君臣徒托无为者所可比。然汉、宋君臣窃其绪余，犹若可以为治，岂古之政术，本天恤民，所由来者远，而所谓集私为公者，固常能节制其私而恒出于公耶？他国之治，亦多出于谋小己之私利，充其愿力，共谋国是。萃私为公，锐于有为，其孟晋而争新者，大胜于吾之窳敝；而逞国族之私，弱肉强食，又转以贻生人之大祸。则两端之短长固互见也。世运迈进，其必趋于各遂其私而又各节其私之一途，而后可以谓之公理大彰。今方在动荡洄洑之中，未能骤臻上理也。吾人能深察乎此，以古之治王畿乡遂者，抟大国为一体，交通工具之利，可以使大小远近若一。故治大国亦可若烹小鲜。以植于列辟之林，以古之抚邦国诸侯者，合天下为一家，以启其方新之制，则吾史之义，岂第为一国一族之福利已哉！

史例第八

史出于礼，而承典志谱传《春秋》《世本》之体系，演为纪传书表之式。其联系分合之故，特书、不书之秘，已于各篇分论，合之已可得史例之大端矣。顾史之有例，亦惟吾国所特创，他国史家莫之能先，而东亚各国之为史者，多承用吾史之例，是不可不申言之也。史例权舆《礼经》，计时已在春秋之前。然《左氏》所举五十凡例，尚未足为吾国著书之有凡例之始。溯著述之有凡例，殆始于《易》之爻辞。《易》卦皆六爻，爻象阴阳，曰九曰六，此全书之通例也。而《乾》《坤》二卦六爻之后，各加一则，以示用九用六之例，此非群书凡例之始乎？且乾卦用九见群龙无首吉，而《文言》释之曰：乾元用九，乃见天则。天则者，天之大例，即后世所谓则例也。坤卦用六利永贞，《象》曰：用六永贞，以大终也。一书之体，有始有终，虽在开篇，必已包括。故吾以为著述之有凡例，始于《易》也。

时至有周，上承千古，总摄万邦，分职设官，政繁事赜。其于百为，往往以一二三四，条举件系，以示官守。观《逸周书》及《周官》列举之文，夥矣。然事有不胜列举者，一一举示，其繁猥何如。则必括其性质之相近者赅以一词，使知事物之相类者，一一皆依此措置，不必赘述。故发凡之用，由驭繁而得执简者也。《周官》宰夫掌百官府之征令，辨其八职，一曰正，掌官法以治要，二曰师，掌官成以治凡，三曰司，掌官法以治目，四曰旅，掌官成以治数，其第六即曰史，掌官书以赞治。国家政令职务，有大纲焉，曰要曰凡；有条流焉，曰数曰目。史之为官书也，即此要凡目数之总汇。官书之体例由此出，史官之凡例即由此来。史书不得与一切官书相悖也。综《周官》五官之言凡，及《考工记》之言凡，不下六百条。《左氏》之五十凡，则礼官之史，约举而别存者耳。

周之为教，言动有法，称谓有别，治事有序，御物有方。如《士相见礼》言凡者六，即可见其精意。《曲礼》之言凡者尤多。

《仪礼·士相见礼》：凡燕见于君，必辩君之南面。若不得，则正方不疑君。君在堂，升见无方阶，辩君所在。……凡言非对也。妥而后传言。与君言，言使臣；与大人言，言事君；与老者言，言使弟子；与幼者言，言孝弟于父兄；与众言，言忠信慈祥；与居官者言，言忠信。……凡与大人言，始视面，中视抱，卒视面。毋改，众皆若是。若父则游目，毋上于面，毋下于带。若不言，立则视足，坐则视膝。……凡侍坐于君子，君子欠伸，问日之早晏，以食具告。改居，则请退可也。夜侍坐，问夜，膳荤，请退可也。……凡执币者不趋，容弥蹙以为仪。执玉者则唯舒武，举前曳踵。……凡自称于君，士大夫则曰下臣；宅者在邦，则曰市井之臣；在野则曰草茅之臣；庶人则曰刺草之臣；他国之人则曰外臣。

《曲礼》：凡为人子之礼，冬温而夏凊，昏定而晨省，在丑夷不争。……凡与客入者，每门让于客。……凡为长者粪之礼，必加帚于箕上，以袂拘而退，其尘不及长者，以其自乡而扱之。……凡进食之礼，左肴右胾，食居人之左，羹居人之右。脍炙处外，醯酱处内。葱渫处末，酒浆处右。以脯修置者，左朐右末。（《礼运》曰：大礼之初，始诸饮食。周代饮食之礼至懿，即陈列一端，亦有定则如此。今人但知他国饮食之礼，以为文明对吾国之礼，则未之知也。故略举以见例。）

由动作事为，皆有规律，至于记言记事，亦必有共守之规律。自王朝之史，至诸国之史，一皆据以为书，此非异事也。知此而后可以言《春秋》之凡例。

《左氏传·之发凡》，计五十则。

《左传·隐公七年》：凡诸侯同盟，于是称名，故薨则赴以名，告终、称嗣也，以继好息民，谓之礼经。……九年：凡雨自三日以往为霖，平地尺为大雪。……十一年：凡诸侯有命告则书，不然则否。师出臧否亦如之。虽及灭国，灭不告败，胜不告克，不书于策。

桓公元年：凡平原出水为大水。……二年：凡公行，告于宗庙，反行，饮至、舍爵、策勋焉，礼也。特相会，往来称地，让事也。自参以上，则往称地，来称会，成事也。……三年：凡公女嫁于敌国，姊妹则上卿送之，以礼于先君；公子则下卿送之。于大国，虽公子，亦上卿送之；于天子，则诸卿皆行，公不自送。于小国，则上大夫送之。……五年：凡祀，启蛰而郊，龙见而雩，始杀而尝，闭蛰而烝，过则书。……九年：凡诸侯之女行，唯王

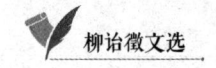

后书。

庄公三年：凡师一宿为舍，再宿为信，过信为次。……十一年：凡师，敌未陈曰败某师，皆陈曰战，大崩曰败绩，得俊曰克，覆而败之曰取某师，京师败曰王师败绩于某。……二十五年：凡天灾有币无牲，非日月之眚不鼓。……二十七年：凡诸侯之女归宁曰来，出曰来归，夫人归宁曰如某，出曰归于某。……二十八年：凡邑有宗庙先君之主曰都，无曰邑，邑曰筑，都曰城。……二十九年：凡马日中而出，日中而入。……凡师有钟鼓曰伐，无曰侵，轻曰袭。……凡物不为灾不书。……凡土功，龙见而毕务，戒事也。火见而致用，水昏正而栽，日至而毕。……三十一年：凡诸侯有四夷之功，则献于王；王以警于四夷。中国则否。诸侯不相遗俘。

僖公元年：凡侯伯救患，分灾，讨罪，礼也。……四年：凡诸侯薨于朝会，加一等；死王事，加二等，于是有以衮敛。……五年：凡分至启闭必书云物，为备故也。……八年：凡夫人不薨于寝，不殡于庙，不赴于同，不祔于姑，则弗致也。……九年：凡在丧，王曰小童，公侯曰子。……二十年：凡启塞从时。……二十三年：凡诸侯同盟死，则赴以名，礼也。赴以名则亦书之，不然则否，辟不敏也。……二十六年：凡师能左右之曰以。……三十三年：凡君薨，卒哭而祔，祔而作主，特祀于主，烝尝禘于庙。

文公元年：凡君即位，卿出并聘，践修旧好，要结外援，好事邻国，以卫社稷，忠信卑让之道也。忠，德之正也；信，德之固也；卑让，德之基也。……二年：凡君即位，好舅甥，修昏姻，娶元妃，以奉粢盛，孝也。孝，礼之始也。……三年：凡民逃其上曰溃，在上曰逃。……七年：凡会诸侯，不书所会，后也。后至不书其国，辟不敏也。……十四年：凡崩薨不赴，则不书。祸福不告，亦不书。惩不敬也。……十五年：凡胜国曰灭之，获大城焉曰入之。……凡诸侯会，公不与，不书，讳君恶也。与而不书，后也。

宣公四年：凡弑君称君，君无道也。称臣，臣之罪也。……七年：凡师出与谋曰及，不与谋曰会。……十年：凡诸侯之大夫违，告于诸侯曰某氏之守臣某，失守宗庙，敢告。所有玉帛之使者则告，不然则否。……十六年：凡火，人火曰火，天火曰灾。……十七年：凡太子之母弟，公在曰公子，不在曰弟。凡称弟，皆母弟也。……十八年：凡自虐其君曰弑，自外曰戕。

成公八年：凡诸侯嫁女，同姓媵之，异姓则否。……十二年：凡自周无出，周公自出故也。……十五年：凡君不道于其民，诸侯讨而执之，则曰某人执某侯。不然则否。……十八年：凡去其国，国逆而立之曰入，复其位曰复归，诸侯纳之曰归，以恶曰复入。

襄公元年：凡诸侯即位，小国朝之，大国聘焉，以继好结信，谋事补缺，礼之大者也。……十二年：凡诸侯之丧，异姓临于外，同姓于宗庙，同宗于祖庙，同族于祢庙。是故鲁为诸姬，临于周庙；为邢、凡、蒋、茅、胙、祭，临于周公之庙。……十三年：凡书取，言易也。用大师焉曰灭，弗地曰入。

昭公四年：凡克邑不用师徒曰取。

定公九年：凡获器用曰得，得用焉曰获。

以上共四十九则，宣十七年凡太子之母弟共二凡，故曰五十凡例。

杜元凯综而论之曰：其发凡以言例，皆经国之常制，周公之垂法，史书之旧章。仲尼从而修之，以成一经之通体。其微显阐幽，裁成义类者，皆据旧例而发义，指行事以正褒贬（《左传序》）。世或疑此诸凡，不专为史策而发；而周之《礼经》，散见《左氏传》者，或不言凡。然亦可以诸言凡者推之，谓此诸文全出自笔削之后，孔前绝无模范之文。

廖平《左传杜氏五十凡驳例笺》：文公十五年，诸侯五年再相朝以修王命，古之制也。凡言即位朝，此言五年朝，二说不可阙一，故凡不凡皆经例。……庄二十五年，日有食之，鼓用牲于社，非常也；唯正月之朔，慝未作，日有食之，于是乎用币于社，伐鼓于朝。此条与凡天灾同在一年，互相发明，同举礼例。可见言凡不言凡，非有二义也。……言凡之中，有专详礼制，全于经文无涉者二条（凡马日中而出，及凡诸侯之丧异姓临于外），有专论推历，无关于书法者二条（凡启塞从时，及凡分至启闭必书云物）。据此可见五十凡中，又有此四条溢出经例之外者，安得谓周公史书之旧章？……杜氏所谓不言凡者，若以凡字冠其首，依然文义详明，与言凡者一律相同，非有古今文字之异，前后体制之殊。可见左氏文笔随宜，时或言凡，时或不言凡，亦传记立言之常，初无容心于其间。……通考传文，其言凡与不言凡者，莫不互相补助，水乳交融，合之两美，皆所以解释经义。全出自笔削之后，故孔前绝无模范之文也。

不悟三《礼》言凡，岂皆出孔子之笔。孔子以前史官记事，皆漫无定例，何以属辞？如君无道而遇弒，则过在君，既是里革所言，已可见旧史义例。赵宣子曰：大罪伐之，小罪惮之。袭侵之事，陵也。是故伐备钟鼓，声其罪也（《晋语》）。又可证凡师有钟鼓曰伐之有自来，不必因推尊孔子，遂谓《春秋》以前无史例也。

杜氏又曰：诸称书、不书、先书、故书、不言、不称、书曰之类，皆所以起新旧，发大义，谓之变例。然亦有史所不书，即以为义者。此盖《春秋》新意，故传不言凡，曲而畅之也。其经无义例，因行事而言，则传直言其归趣而已，非例也。《左传序》按书与不书，旧例已言，惟如不书即位之类，则所以发大义耳。刘贲《春秋释例序》谓《释例》之作，宗本于旧章，非元凯独断而然，实包括三《传》，同归于圣经之奥。《四库提要》谓预用心周密，后人无以复加。其例亦皆参考经文，得其体要。又曰《春秋》以《左传》为根本，《左传》以杜解为门径，《集解》又以是书为羽翼，缘是以求笔削之旨，亦可云考古之津梁，穷经之渊薮矣。杜氏《释例》全书虽不可见，武英殿本从《永乐大典》中辑出者，犹可十得七八。言史例者，不可不先从事此一家之学矣。

言《春秋》之例者，《公羊》广而《穀梁》精。《公羊》之学，自胡母生作《条例》，至何休作《文谥例》，有三科九旨二类七等七缺诸目，徐彦疏据以为说。

《公羊传疏》：问曰：《春秋说》云：《春秋》设三科九旨，其义如何？答曰：何氏之意，以为三科九旨，正是一物。若总言之，谓之三科，科者段也；若析而言之，谓之九旨，旨者意也，言三个科段之内，有此九种之意。故何氏作《文谥例》云：三科九旨者，新周，故宋，以春秋当新王，此一科三旨也。又云：所见异辞，所闻异辞，所传闻异辞。二科六旨也，又内其国而外诸夏，内诸夏而外夷狄。是三科九旨也。……问曰：案宋氏之注《春秋》说三科者，一曰张三世，二曰存三统，三曰异外内，是三科也。九旨者，一曰时，二曰月，三曰日，四曰王，五曰天王,六曰天子,七曰讥,八曰贬,九曰绝。时与日月,详略之旨也。王与天王天子,是录远近、亲疏之旨也。讥与贬、绝,则轻重之旨也。如是三科九旨,聊不相干,何故然乎?答曰:《春秋》之内,具斯三种理,故宋氏又有此说,贤者择之。……问曰:《文谥例》云:此《春秋》五始三科九旨七等六辅二类之义,以矫枉拨乱为受命品道之端,正德之纪也。然则三科九旨之义,已蒙前说。未审五始、六辅、二类、七等之义如何?答曰:案《文谥例》下文云:五始者,元年春王正月公即位是也。七等者,州、国、氏、人、名、字、子是也。六辅者,公辅天子、卿辅公、大夫辅卿、士辅大夫、京师辅君、诸夏辅京师是也。二类者,人事与灾异是也。……问曰:《春秋说》云:《春秋》书有七缺。七缺之义如何?答曰:七缺者,惠公妃匹不正,隐桓之祸生,是为夫之道缺也;文姜淫而害夫,为妇之道缺也;大夫无罪而致戮,为君之道缺也;臣而害上,为臣之道缺也;僖五年晋侯杀其世子申生,襄二十六年宋公杀其世子痤,残虐枉杀其子,是为父之道缺也;文元年楚世子商臣弑其君髡,襄三十年蔡世子般弑其君固,是为子之道缺也;桓八年正月己卯烝,桓十四年八月乙亥尝,僖三十一年夏四月四卜郊不从,乃免牲,犹三望,郊祀不修,周公之礼缺。是为七缺也矣。

清儒刘逢禄等,推阐其说。至康有为,遂以《春秋》改制之义,倡导变法。夫以研究一部古史之条例,经数千年,可以发生绝大之影响,是亦他国史籍之所无也。清季言《公羊》之例者,众推王代丰之《春秋例表》,其序曰:《春秋》者礼也,礼者例也。合其诸表观之,方知其片言之居要也。

王代丰《春秋例表·序》：故《春秋》者礼也，礼也者例也。其序则齐桓晋文，其词则孔子有焉矣。一予一夺，不出一字；一美一恶，不嫌同词。非夫聪明睿知纵心而不逾矩者，其孰能当之而不乱乎？

范宁注《穀梁传》，并为《略例》，陈澧谓其无穿凿迂曲之病。

《东塾读书记》：范氏为《略例》百余条（见《集解序·杨疏》），杨疏引之，有称《范氏略例》者，有称《范例》者，有称《范氏别例》者，皆即《略例》也。范氏注中已有例，又别为《略例》，故可称《别例》。如庄二十年夏大灾，疏引《范例》云：灾有十二，内则书日，外则书时。（以下文多不录。）此分别书时月日之例，亦不穿凿迂曲。如闵二年夏五月乙酉，吉禘于庄公，疏引《范略例》云：祭礼例有九，皆书月以示讥。九者，谓桓有二烝一尝，总三也；闵吉禘，四也；僖禘太庙，五也；文春祫尝，六也；宣公有事，七也；昭公禘武宫，八也；定公从祀，九也。此以皆书月无异例，故胪举其事而已。凡疏所引二十余条（王仁俊《汉魏遗书钞》已钞出），皆无穿凿迂曲之病。盖《春秋》无达例，但当胪列书法之同异，有可以必知其意者，则为之说；其不可知者，则不为妄说，斯得之矣。

《穀梁》时月日之例，视《公羊》尤精。先叔祖宾叔先生《穀梁大义述》，首述日月例，其推勘各例之所从来，及其相互相反之义，范注、杨疏皆不逮也。夫史例经例，皆本于礼。礼必准情度理，非可以意为之。故研究《春秋》时月日例，亦以人情事理推之而已。《穀梁大义述》得此要旨，故于诸以时月日见义者，皆以诸侯卒葬之正变推之；以卒葬之日时，最易解，而其相反之义亦特明。由此类推，则准情度理，褒贬予夺，皆有至理，而诸例迎刃而解矣。

《穀梁大义述》三：诸侯卒葬。《春秋》所以治诸侯，故书其卒葬特详，而日月褒贬之例亦特备。《礼》，天子七日而殡，诸侯五日而殡，大夫三日而殡。故传例云日卒正也，月卒非正也，时卒恶之也。天子七月而葬，七月则历三时矣。诸侯五月而葬，五月则历二时矣。大夫三月而葬，三月则尽一时矣。故传例云：时葬正也，月葬故也，日葬故也，危不得葬也。其起例之反对，实理之自然，不假强为者也。而通传之以书日而褒者，皆自日卒正也之例推之；以书日为贬者，皆自日葬故也之例推之。此更一以贯之矣。后儒未窥此秘，但见同一书日，此既为褒，彼又为贬；同一不书日，而此既为贬，彼又为褒；且同一事也，而前以不日为信，后又以书日为美。遂纷纷议之，固无怪其一唱而百和矣。自此说出，而《穀梁》日月之例，乃以悬诸日月而不刊云。

又，卷一内盟条云：盟，大事也。无论内盟外盟，旧史应皆书日。孔子成《春秋》，寓重内略外之义，于是有内盟日外盟不日之例。至内盟之当贬者，仍略其日；外盟之可褒者，仍不略其日。此意惟《穀梁》知之，所以为善于经也。后儒纷纷校量，辩难多端，徒词费尔。……定元年传例云：内之大事日，外亦同。凡日与不日之褒贬，皆自诸侯卒葬日正也、不日略之也例来。

朱子论《春秋》，颇病三《传》之例不尽可通。

《朱子语类》八十三：《春秋》大旨，其可见者，诛乱臣，讨贼子，内中国，外夷狄，贵王贱伯而已，未必如先儒所言字字有义也。想孔子当时只是要备二三百年之事，故取史文写在这里。何尝云某事用某法，某事用某例邪？

又：《春秋》传例，多不可信。圣人记事，安有许多义例？

又：或论《春秋》之凡例。先生曰：《春秋》之有例固矣，奈何非夫子之为也。昔尝有人言及命格，予曰：命格谁之所为乎？曰：善谈五行者为之也。予曰：然则何贵？设若自天而降，具言其为美为恶，则诚可信矣。今特出于人为，乌可信也？知此，则知《春秋》之例矣。

又：或人论《春秋》，以为多有变例，所以前后所书之法多有不同。曰：此乌可信？圣人作《春秋》，正欲褒善贬恶，示万世不易之法。今乃忽用此说以诛人；未几，又用此说以赏人。使天下后世皆求之而莫识其意，是乃后世弄法舞文之吏之所为也。曾谓大中至正之道而如此乎？

又：问《春秋》当如何看？曰：只如看史样看。曰：程子所谓以传考经之事迹，以经别传之真伪，如何？曰：便是亦有不可考处。曰：其间不知是圣人果有褒贬否？曰：也见不得。如许世子止尝药之类如何？曰：圣人亦只因国史所载而言之耳。圣人光明正大，不应以一二字加褒贬于人。若如此屑屑求之，恐非圣人之本意。

后儒多本其说。顾栋高至谓看《春秋》须先破除一例字（《春秋大事表·读春秋随笔》），此又是治春秋之一法。其实朱子为《纲目凡例》，即导源于《春秋》。特其意以为孔子修《春秋》，未尝如其为《纲目》先定凡例，而三《传》诸例多出他人推测，故不敢信为孔子之意耳。然如后世史书，多有未尝自言其例，而治史学者就其全书寻绎，亦可以见其例意。如赵氏《陔馀丛考》所举诸史之例，多非当时修史者所自言。故即以《春秋》为史书，亦不妨由后之学者推寻其例也。

《陔馀丛考》卷六：宋、齐二书，但记本国，而邻国之事，仅书其与本国交涉者，其他虽兴灭崩立亦不书。即与本国交涉之事，于魏则书索虏，于魏主则书虏伪主，或书虏帅拓跋某，而《宋书》列传后并立《索虏传》，与鲜卑、吐谷浑同，《齐书》列传后亦立《魏虏传》，与芮芮、氐、羌同，此宋、齐二书体例也。《魏书》则详记本国，而邻国大事亦附书。然于东晋诸帝，已斥其名，于宋、齐、梁诸帝，则书岛夷刘裕、岛夷萧道成、岛夷萧衍。于西魏及周，亦斥名曰宝炬，曰黑獭。列传后亦立岛夷刘萧诸传，与匈奴刘聪、铁弗刘虎等同，此《魏书》体例也。（引此以证作史者未自言其体例，而后人推寻其书例如此，非以其体例合于《春秋》，读者当识此意。）梁、陈二书，则不复称索虏，而称国号，并于魏、齐、周诸帝皆称谥号。（合诸史观之，亦未始非《公羊》州国氏人渐进之意）。然《梁书》亦但详本国，而于北朝之事，除交兵通使外，如魏宣武、孝明诸帝之崩立，及大通二年尔朱荣之弑胡太后立庄帝，中大通二年庄帝杀尔朱荣又为其党所弑等事，一概不书。《陈书》则兼纪萧詧一国，如天嘉三年梁王萧詧死，子岿代立则书，而天嘉元年周明帝殂武帝立、二年齐孝昭殂武成帝立等事，亦一概不书。此又梁、陈二书体例也。北齐、后周二书则不惟兼纪邻国大事，并书邻国之君曰某帝。如《周书》大统十三年书齐神武薨，子澄嗣是为文襄帝；武成元年书陈武帝薨，兄子蒨立是为文帝之类。《齐书》天保七年书魏相宇文觉受魏禅，八年书陈霸先弑其主自立是为陈武帝之类。此又周、齐二书体例也。南、北二史则更为周密。《南史》不惟兼书魏事，于燕、凉等国兴废亦书，如宋永初元年书是岁西凉亡，景平元年书是岁魏明元帝崩之类是也。又兼记邻国年号，使阅史者一览了然，如宋元嘉二年书是岁魏神䴥元年之类是也。《北史》亦兼记南朝之事，如魏泰常五年晋恭帝禅位于宋之类。至于《高齐纪》，则兼书南朝，而并及后周之事，如天保七年书魏恭帝逊位于周，八年书梁主逊位于陈之类。《周纪》亦兼书南朝，而并及北齐之事，如明帝元年书梁敬帝逊位于陈，武成元年书文宣帝殂之类。他如燕、凉等国之兴灭，亦一一附书。此又《南北史》体例也。至各史所书帝号，又有不同者。宋、齐、魏三史于本国之帝皆书庙号，如太祖、高祖、世祖之类，而邻国则斥其名。梁、陈、周、齐诸史，则本国书庙号，于邻国书谥号。南、北史则本国邻国皆书谥号。此又各史书帝号之体例也。各史书法又有窒碍者。《史记》汉高祖微时称刘季，及封沛称沛公，王于汉称汉王，即位乃称帝。此本于《尚书·舜典》及《康王之诰》，最为古法。《齐书》则自萧道成微时以至为帝，皆称太祖。《梁书》自萧衍微时以至为帝，亦皆称高祖。殊无分别。《宋书》于萧道成未封王以前即书齐王，如升明二年给太傅齐王三望车，三年加太傅齐王羽葆鼓吹而下，乃书诏太傅总百揆封十郡为齐公。《齐书》于萧衍未封王以前，亦即书梁王，如中兴二年诏大司马梁王进位相国，封十郡为梁公，则更书王在前，封公在后，书法混淆，莫此为甚。（解此，然后知吾史所以须讲书法；而讲书法，必自《春秋》道名分而来。）《梁书》于陈霸先未封时皆书其官号，为司空则书司空陈霸先，为丞相则书丞相陈霸先，此较为合法。（所谓合法者，并非有人制定一法，令人必从。第求其合理，即为合法。）《北齐书》书法亦有失之者，魏庄帝时孝武及文帝尚为王，不应即称其帝号，乃《高隆之传》云：太昌初，隆之为骠骑将军，与西魏文帝饮酒忿争，文帝坐以黜免。竟似隆之与帝王对饮，而帝被废矣。孝静帝时高欢、高澄皆臣也，不应即书其追尊之帝号，乃于欢已书神武，于澄已书文襄，则似东魏同朝有两帝矣。西魏时宇文泰亦臣也，不应即书其追尊之帝号，乃亦书周文帝，如河阴之战，书西魏帝与周文并未赴救，则亦似西魏同朝有两帝矣。《周书》亦然。此皆书法之失检者也。（赵氏以君臣之义绳各史之失，即从礼教而来。不知礼教，则对于此等得失，皆懵然莫辨矣。）《北史》于《魏纪》书渤海王高欢、安定公宇文泰，较为斟酌得宜。又《南》、《北》兼书邻国大事，固属周密，然亦略无分别。凡本国之事及邻国交兵通使与本国相涉者，自应按其月日，依次而书；若邻国兴灭崩立之类，于本国无涉者，则第于一年之末，附书是岁某国某事，所以别内外也。（别内外，即《春秋》之义。）乃南、北史以邻国之事，亦与本国之事一例顺叙于每月每日之下，殊无界限矣。此例惟《魏书》最为得法。周、齐二书亦与南、北史同。（原注：按《齐》《梁书》自微时至为帝皆称太祖、高祖，亦有所本。《汉书·高祖本纪》亦是如此。——此又可见当时史家属辞时，亦必考求前例，特未尝自言其例所出。赵氏研究诸书，并推明其例之由来也。）

汉晋学者之治三《传》，皆究心经例，故为史者亦讲求著述之例。此非偶然相类，实学术相沿之涂辙也。《史通·序例》篇历举诸史之例，今多不传。

《史通·序例》：夫史之有例，犹国之有法。国无法则上下靡定，史无例则是非莫准。昔夫子修经，始发凡例。左氏立传，显其区域。科条一辨，彪炳可观。降及战国，迄乎有晋，年逾五百，史不乏才。虽其体屡变，而斯文中绝。唯令升先觉，远述丘明，重立凡例，勒成《晋纪》。邓、孙已下，遂蹑其踪。史例中兴，于斯为盛。若沈《宋》之志序，萧《齐》之序录，虽皆以序为名，其实例也。必定其臧否，征其善恶。干宝、范晔，理切而多功；邓粲、道鸾，词烦而寡要。子显虽文伤蹇踬，而义甚优长。斯一二家，皆序例之美者。失事不师古，匪说攸闻。苟模楷曩贤，理非可讳。而魏收作例，全取蔚宗，贪天之功以为己力。异夫范依叔骏，班习子长。攘袂公行，不陷穿窬之罪也。盖凡例既立，当与纪传相符。案皇朝《晋书》例云：凡天子庙号唯书于卷末。依检孝武崩后，竟不言庙曰烈宗。又案百药《齐书》例云，人有本字行者今并书其名。依检如高慎、斛律光之徒，多所仍旧，谓之仲密明月。此并非言之难，行之难也。又《晋》《齐》史例，皆云坤道卑柔，中宫不可为纪。今编同列传，以戒牝鸡之晨。窃惟录皇后者，既为传体，自不可加以纪名。二史之以后为传，虽云允惬，而解释非理，成其偶中，所谓画蛇而加足，反失杯中之酒也。至于题目失据，褒贬多违，斯并散在诸篇，此可得而略矣。

按史之为例，有去取焉，有差等焉，有联散焉，有序第焉；有片语之例，有全书之例，有编年与纪传相同之例，有二体独具之例。如迁、固之为自序，标举纪书表传次第，此全书之例，即纪传体独有之例。而编年体故无取乎此，以年次自有一定，不必尽述也。迁、固自序，盖出于《易·序卦》，后史惟独撰者，如《宋书》《北史》承之。集众官修之书，纪传之体久定，故不必再踵其序。联散者，纪传体所独擅，若《春秋》及后世纲目之纲，似无涉于此。然《左传》叙事，恒综述前事，合于某年之大事。如述韩之战曰：晋侯之入也，秦穆姬属贾君焉，且曰尽纳群公子，晋侯烝于贾君，又不纳群公子，是以穆姬怨之。晋侯许赂中大夫，既而皆背之。赂秦伯以河外列城五，东尽虢略，南及华山，内及解梁城，既而不与。晋饥，秦输之粟；秦饥，晋闭之籴。故秦伯伐晋。则编年之史，亦宜斟酌于事之联散矣。且《春秋》及史纲，散见各年之事，亦必联合而观，方得其属辞之例。则载笔之始，亦宜预筹及之。《史通·本纪》《列传》诸篇，多言及联散之得失。

《史通·本纪》：纪者既以编年为主，唯叙天子一人。有大事可书者，则见之于年月。其书事委曲，付之列传。此其义也。如近代述者魏著作、李安平之徒，其撰魏、齐二史，于诸帝篇或杂载臣下，或兼言他事，巨细毕书，洪纤备录，全为传体，有异纪文；迷而不悟，无乃太甚。

又《列传》：传之为体，大抵相同，而述者多方，有时而异。如二人行事，首尾相随，则有一传兼书，包括令尽。若陈余、张耳合体成篇，陈胜、吴广相参并录是也。亦有事迹虽寡，名行可崇，寄在他篇，为其标冠。若商山四皓，事列王阳之首；庐江毛义，名在刘平之上是也。

又《二体》：编次同类，不求年月。后生而擢居首帙，先辈而抑归末章。遂使汉之贾谊，将楚屈原同列；鲁之曹沫，与燕荆轲并编。此其所以为短也。

赵瓯北论南、北史附传及附著子孙之例，此亦传体所重，而编年史所不必议也。

　　《廿二史札记》：《南北史》子孙附传之例，传一人而其子孙皆附传内，此《史记》世家例也。至列传则各因其人之可传而传之，自不必及其后裔。间有父子祖孙各有传者，则牵连书之。如《前汉》之于楚元王（裔孙向、歆）、周勃（子亚夫）、李广（孙陵）、张汤（子安世，孙延寿）、金日䃅（子安上）、疏广（兄子受）、萧望之（子育、咸、由）、翟方进（子宣义）、韦贤（子玄成），《后汉书》之于来歙（曾孙历）、邓禹（子训，孙骘）、寇恂（曾孙荣）、耿弇（弟国，子秉夔）、窦融（弟固，曾孙宪，玄孙章）、马援（子廖、防）、伏湛（子隆）、梁统（子竦，曾孙商，玄孙冀）、桓荣（子郁，孙焉，曾孙鸾，玄孙典彬）、班彪（子固）、班超（子勇）、杨震（子秉，孙赐，曾孙彪，玄孙修）、荀淑（子爽，孙悦）、陈寔（子纪），《三国志》之于袁绍（子谭、尚）、公孙度（子康，孙渊）、曹真（子爽）、荀彧（子恽，孙彪）、钟繇（子毓）、王朗（子肃）、杜畿（子恕、预）、胡质（子威）、诸葛亮（子乔、瞻）、张昭（子承、休）、步骘（子阐）、吕范（子据）、朱桓（子异）、陆逊（子抗）、陆凯（弟允），代不过十余人。然《后汉》班彪与固为一传，班超与勇又为一传，一家父子尚各为传。《三国志》诸葛瑾与诸葛恪父子也，而亦各为传。其以子孙附祖父传之例，沈约《宋书》已开其端。然如萧思话、萧惠开，徐美之、徐湛之，谢宏微、谢庄，王宏、王僧达，范泰、范奕，王昙首、王僧绰，颜延之、颜竣，皆父子也；檀道济、檀韶、檀祗，谢晦、谢瞻，皆兄弟也，犹皆各自为传，则以其事当各见，故不牵混，使阅者一览了如也。若一人立传，而其子孙兄弟宗

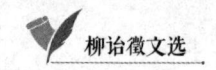

族，不论有官无官，有事无事，一概附入，竟似代人作家谱，则自魏收始。收谓中原丧乱，谱牒遗逸，是以具书支派。然当时杨愔、陆操等已谓其过于繁碎，乃《南北史》仿之。而更有甚者，《魏书》一传数十人，尚只是元魏一朝之人，南、北史则并其子孙之仕于列朝者俱删此一人之后。遂使一传之中，南朝则有仕于宋者，又有仕于齐、梁及陈者；北朝则有仕于魏者，又有仕于齐、周、隋者。每阅一传，即当检阅数朝之事，转觉眉目不清。且史虽分南、北，而南、北又分各朝，今既以子孙附祖父，则魏史内又有齐、周、隋之人，成何魏史乎？宋史内又有齐、梁、陈之人，成何宋史乎？又如褚渊、王俭为萧齐开国文臣之首，而渊附于宋代褚裕之传内，俭附于宋代王昙首传内，遂觉萧齐少此二人，刘宋又多此二人。此究是作史者之弄巧成拙。其后宋子京修《唐书》，反奉以为成例，而踵行之。其意以为简括，而不知究非史法也。……《南北史》仿《魏书》子孙附传之例，亦稍有不同。《魏书》凡是某人之子孙尽附于其传后，如朱端子孟允及弟珍，珍弟腾，腾弟庆宾，庆宾子清，皆但有官位，毫无事迹。《北史》则删之，较为简净。《新唐书》仿之，又更有别择，必其子孙有事可传者附之，否则削而不书，尚不至如《魏书》《北史》之代人作家谱也。

去取、差等，则编年纪事之史，皆所必重。源本《春秋》，根据礼义，非此不足为史也。自《史原》至《史识》，标举诸史大例已备，至如范书序例及《史通》所载荀氏之说五志三科，皆由《春秋》来也。

《后汉书·光武帝纪》：建武五年。李贤注：范晔序例云：帝纪略依《春秋》，唯字彗、日食、地震书，余悉备于志。《安帝纪注》引序例：已见前《史德》篇。

《史通·书事》：昔荀悦有云：立典有五志焉，一曰达道义，二曰彰法式，三曰通古今，四曰著功勋，五曰表贤能。干宝之释五志也，体国经野之言则书之，用兵征伐之权则书之，忠臣烈士孝子贞妇之节则书之，文诰专对之辞则书之，才力技艺殊异则书之。于是采二家之所议，征五志之所取，盖记言之所网罗，书事之所总括，粗得于兹矣。然必谓故无遗恨，犹恐未尽者乎。今更广以三科，用增前目，一曰叙沿革，二曰明罪恶，三曰旌怪异。何者？礼仪用舍、节文升降则书之，君臣邪僻、国家丧乱则书之，幽明感应、祸福萌兆则书之。于是以此三科，参诸五志，则史氏所载，庶几无阙，求诸笔削，何莫由斯。

魏澹史例，亦本《春秋》，而其意重在差等。盖《春秋》道名分，尤为抉择史事去取既定之后所当注意者矣。

《隋书·魏澹传》：高祖以魏收所撰书褒贬失实，平绘为中兴书，事不伦序，诏澹别成《魏史》。澹自道武下及恭帝，为十二纪、七十八传，别为史论及例一卷，并目录合为十二卷。澹之义例，与魏收多所不同。其一曰：臣闻天子者，继天立极，终始绝名。故《穀梁传》曰：太上不名。《曲礼》曰：天子不言出，诸侯不生名。诸侯尚不生名，况天子乎？若为太子，必须书名，良由子者对父生称。父前子名，礼之意也。是以桓公六年九月丁卯，子同生，传曰：举以太子之礼。杜预注曰：桓公子庄公也，十二公惟子同是嫡夫人之长子，备用太子之礼，故史书之于策，即位之日，尊成君而不名。《春秋》之义，圣人之微旨也。至如马迁，周之太子，并皆言名，汉之储两，俱没其讳，以尊汉室，同臣子之意也。窃谓虽立此理，恐非其义，何者？《春秋》礼记太子必书名，天王不言出，此仲尼之褒贬。皇王之称谓，非当时与异代遂可优劣也。班固、范晔、陈寿、王隐、沈约参差不同，尊卑失序。至于魏收，讳储君之名，书天子之字，过又甚焉！今所撰史，讳皇帝名，书太子字，欲以尊君卑臣，依《春秋》之义也。……其二曰：五帝之圣，三代之英，积德累功，乃文乃武，贤圣相承；莫过周室。名器不及后稷，追谥止于三王，此即前代之茂实，后人之龟镜也。魏氏平文以前，部落之君长耳。大祖远追二十八帝，并极崇高，违尧舜宪章，越周公典礼。但道武出自结绳，未师典诰，当须南董直笔，裁而正之，反更饰非，言是观过，所谓决渤海之水复去堤防，襄陵之哭，未可免也。但力微天女所诞，灵异绝世，尊为始祖，得礼之宜。平文、昭成，雄据塞表，英风渐盛，图南之业，基自此始。长孙斤之乱也，兵交御座，太子授命，昭成获免。道武此时，后婚方娠，宗庙复存，社稷有主，大功大孝，实在献明。此之三世，称谥可也，自兹以外，未之敢闻。……其三曰：臣以为南巢桀亡，牧野纣灭，斩以黄钺，悬首白旗，幽王死于骊山，厉王出奔于彘，未尝隐讳，直笔书之，欲以劝善惩恶，贻诫将来者也。而太武献文，并皆非命，前史立纪，不异天年，言论之间，颇露首尾。杀主害君，莫知名姓，逆臣贼子，何所惧哉！君子之过，如日月之食，圆首方足，孰不瞻仰？况复兵交御座，矢及王屋，而可隐没者乎？今所撰史，分明直书，不敢回避。且隐、桓之死，闵、昭杀逐，丘明据实录于经下，况复悬隔异代而致依违哉！……其四曰：周道陵迟，不胜其弊。楚子亲问九鼎，吴人来征百牢。无君之心，实彰行路。夫子刊经，皆书曰卒。自晋德不竞，宇宙分崩，或帝或王，各自署置。当其生日，聘使往来，略如敌国；及其终也，书之曰死，便同庶人。存没顿殊，能无怀愧？今所撰史，诸国凡处华夏之地者，皆书曰卒，同之吴楚。其五曰：壶遂发问，马迁答之，义已尽矣。后之述者，仍未领悟。董仲舒、司马迁之意，本云《尚书》者隆平之典，《春秋》者拨乱之法，兴丧礼异，制作亦殊。治定则直叙钦明，世乱则辞兼显晦。分路命家（此即《史通》分六家所本），不相依放。故云"周道废，《春秋》作焉，尧舜盛，《尚书》载之"是也。"汉兴以来，改正朔，易服色，臣力诵圣德，仍不能尽，余所谓述故事，而君比之《春秋》，谬哉！"然则纪传之体，出自《尚书》，不学《春秋》明矣。而范晔云：《春秋》者，文既总略，好失事形。今之拟作，所以为短。纪传者，史班之所变也，纲维一代，事义周悉。适之后学，此焉为优，故继而述之。观晔此言，岂直非圣人之无法，又失马迁之意旨。孙盛自谓钻仰具体而放之。魏收云：鲁史既修，达者贻则。子长自拘纪传，不存师表，盖泉源所由，地非企及。虽复逊词畏圣，亦未思纪传之所由来也。……澹又以为司马迁创立纪传以来，述者非一人，无善恶，皆为立论。计在身行迹，具在正书，事既无奇，不足惩劝。再述乍同铭颂，重叙唯觉繁文。案丘明亚圣之才，发扬圣旨，言"君子曰"者，无非甚泰，其间寻常，直书而已。今所撰史，窃有慕焉。可为劝戒者，论其得失；其无损益者，所不论也。

欧阳修《五代史记》，上法《春秋》，其义例多自为论说，以释世疑。

《五代史记·梁本纪论》：天下之恶梁久矣。自后唐以来，皆以为伪也。至予论次五代，独不伪梁。而议者或讥予大失《春秋》之旨，以谓梁负大恶，当加诛绝，而反进之，是奖篡也，非《春秋》之志也。予应之曰：是《春秋》之志尔。鲁桓公弑隐公而自立者，宣公弑子赤而自立者，郑厉公逐其子忽而自立者，卫公孙剽逐其君衎而自立者，圣人于《春秋》皆不绝其为君。此予所以不伪梁者，用《春秋》之法也。然则《春秋》亦奖篡乎？曰：惟不绝四者之为君，于此见《春秋》之意也。圣人之于《春秋》，用意深故能劝戒切，为言信然后善恶明。夫欲著其罪于后世，在乎不没其实。其实尝为君矣，书其为君；其实篡也，书其篡。各传其实，而使后世信之，则四君之罪，不可得而掩尔。使为君者不得掩其恶，然后人知恶名不可逃，则为恶者庶乎其息矣。是谓用意深而劝戒切，为言信而善恶明也。桀纣不待贬其王，而万世所共恶者也。《春秋》于大恶之君不诛绝之者，不害其褒善贬恶之旨也。惟不没其实以著其罪而信乎后世，与其为君而不得掩其恶以息人之为恶。能知《春秋》此意，然后知予不伪梁之旨也。

《十国世家·年谱论》：或问十国固非中国有也，然犹命以封爵而称中国年号来朝贡者，亦有之矣，本纪之不书何也？曰：封爵之不书，所以见其非中国有也。其朝贡之来如夷狄，以夷狄书之，则甚矣。问者曰：四夷十国皆非中国有也，四夷之封爵朝贡则书，而十国之不书，何也？曰：以中国而视夷狄，夷狄之可也。以五代之君而视十国，夷狄之则未可也。（此即所差等也。内外夷夏——须权其分际，而后可以为史例。）故十国之封爵朝贡，不如夷狄，则无以书之。书如夷狄，则五代之君未可以夷狄之也。是以外而不书，见其自绝于中国焉尔。问者曰：外而不书，则东汉之立何以书？曰：吾于东汉，常异其辞于九国也。（此又是一种差等。）《春秋》因乱世而立治法，本纪以治法而正乱君。世乱则疑难之事多，正疑处难，敢不惧也。周、汉之事可谓难矣哉！或谓刘旻尝致书于周求其子赟不得而后自立，然则旻之志不以忘汉为仇而以失子为仇也。曰：汉尝诏立赟为嗣，则赟为汉之国君，不独为旻子也。旻之大义宜不为周屈，其立虽未必是，而义当不屈于周，此其可以异乎九国矣。终旻之世，犹称乾祐，至承钧立，然后改元，则旻之志，岂不可哀也哉！

又托为徐无党注，详述其属词之例。如《梁本纪》注，自即位以后大事则书，变古则书，非常则书，意有所示则书，后有所因则书。非此五者则否。又曰：夷狄来，不言朝，不责其礼；不言贡，不责其物。故书曰来。五代乱世，著其屡来，以见夷狄之来不来，不因治乱；而乱世屡来，不足贵也。又曰：于好杀之世，小赦必书，见其亦有爱人之意也。又曰：五代乱世，兵无虚日，不可悉书，故用兵无胜败，攻城无得失，皆不书。其命大将与天子有所如，自著大事尔。此如怀泽者，以兵方攻潞州也，又曰：自唐末之乱，礼乐亡，至此始用乐，故书。又曰：御殿而云入阁，录其本语，书之以见礼失。事在《李琪列传》。此礼其后屡行皆不书，一书以见其失，足矣。又曰：书屠，著其酷之甚者。诸所言书、不书、故书之类，皆三《传》所以解《春秋》者，其去取、差等，晓然可见。赵瓯北即本其例，详考纪传以证之。是亦犹杜、孔诸儒详考《春秋》各事以释经例也。

《廿二史札记》：不阅《旧唐书》，不知《新唐书》

之综核也。不阅薛史，不知欧史之简严也。欧史不惟文笔洁净，直追《史记》，而以《春秋》书法寓褒贬于纪传之中，则虽《史记》亦不及也。其用兵之名有四：两相攻曰攻，如《梁纪》孙儒攻杨行密于扬州是也；以大加小曰伐，如《梁纪》遣刘知俊伐岐是也；有罪曰讨，如《唐纪》命李嗣源讨赵在礼是也；天子自往曰征，如《周纪》东征慕容彦超是也。攻战得地之名有二：易得曰取，如张全义取河阳是也；难得曰克，如庞师古克徐州是也。以身归曰降，如冯霸杀潞将李克恭来降是也；以地归曰附，如刘知俊叛附于岐是也。立后得其正者，曰以某妃某夫人为皇后，如《唐明宗纪》立淑妃曹氏为皇后是也；立不以正者，曰以某氏为皇后，如《唐庄宗纪》立刘氏为皇后是也。凡此皆先立一例，而各以事从之，褒贬自见。（其实是先将各事权其差等，然后立一例，俾事与例合耳。）其他书法，亦各有用意之处，如《梁纪》书弑济阴王。王即唐昭宣帝也，不曰昭宣帝，而曰济阴王者，逊位后梁所封之王，书之以著其实，又书弑以著梁罪也。襄州军乱杀其刺史王班。不书王班死之，而以被杀为文者，智不足以卫身而被杀，不可以死节予之也。杀王师范不曰伏诛，而曰杀者，有罪当杀曰伏诛，不当杀则以两相杀为文也。郢王友珪反。反与叛不同（一字之差等如此），叛者背彼附此，反则自下谋上，恶逆更大也。反不书日者，反非一朝一夕，难得其日也。梁太祖、唐庄宗皆被弑，故不书葬。唐明宗考终，宜书葬矣。以贼子从珂所葬，故亦不书也。《梁纪》天雄军乱，节度使贺德伦叛附于晋。乱首系张彦，而书德伦者，责在贵者也，而德伦究不可加以首恶，而可责以不死，故书叛附于晋也。唐灭梁，敬翔自杀。翔因梁亡而自杀，可谓忠矣，不书死之而但书自杀，以梁祖之恶皆翔所为，故不以死节予之也。除官非宰相枢密使不书（原书《唐本纪》同光元年夏四月，行台左丞相豆卢革为门下侍郎，右丞相卢程为中书侍郎：同中书门下平章事，中门使郭崇韬、昭义监军张居翰为枢密使。注．枢密使唐故以宦者为之，其职甚微，至此始参用士人，而与宰相权位钧矣。故与宰相并书），而《唐纪》书教坊使陈俊为景州刺史、内园栽接使储德源为宪州刺史者，著其授官之太滥也。《明宗纪》先书皇帝即位于枢前，继书魏王继岌薨，见其即位时君之子尚在，则其反不待辨而自明也。又书郭从谦为景州刺史，既而杀之。从谦弑庄宗乃不讨而反官之，见明宗之无君也；其罪本宜诛，乃不书伏诛而书杀者，明宗亦同罪，不得行诛，故以两相杀为文也。秦王从荣以兵入兴圣宫不克，伏诛。从荣本明宗子，以明宗病恐不得立，以兵自助，故不书反；而擅以兵入宫，其罪当诛，故其死书伏诛也。《汉纪》隐帝崩即书汉亡。隐帝被杀后尚有李太后临朝及迎湘阴公赟嗣位之事，汉犹未亡也，而即书汉亡，见太后临朝等事，皆周所假托，非汉尚有统也。《周太祖纪》书汉人来讨。周祖篡汉得位，崇之于周，义所当讨，故书讨也。《世宗纪》书帝如潞川攻汉；不曰伐而曰攻者，曲在周也。此可见欧史本纪书法一字不苟也。其列传亦有折衷至当者。死节分明，如王彦章、裴约、刘仁赡，既列之《死节传》矣；尚有宋令询、李遐、张彦卿、郑昭荣等，皆一意矢节以死殉国，而传无之，则以其事迹不完不能立传故也，然于本纪特书死之，以表其忠，固不在传之有无矣。张宪留守太原，庄宗被弑后，皇弟存霸来奔；或劝宪拘存霸以俟朝命，张昭又劝共奉表明宗，宪皆涕泣拒之；已而存霸为符彦超军士所杀，宪出奔沂州。薛史书宪弃城赐死，欧独明其不然，然以其不死于太原，故亦不入于《死事传》，但书宪出奔沂州见杀而已。药彦稠、王思同皆以兵讨潞王从珂，为从珂所执而死。乃思同入《死事传》，而彦稠不入，则以思同词义不屈，系甘心殉国者，彦稠第被执见杀，不可竟以死节予之也。（此又可见差等之例。）于此可见欧史之斟酌至当矣。

世之议欧史者，多以不书韩通死节，为欧公疵累。而钱氏《廿二史考异》就前史之例，明其限断，谓不应自紊其例。此又欧史、徐注所未自言，而钱氏能为之解释，以明史例。治史者能如此用心，则触处洞然，一切皆得是非之公矣。

《廿二史考异》：《新五代史·孙晟传》亟召侍卫军虞候韩通。案韩通名惟此传及契丹附录两见之。昔人讥欧阳公不为通立传，失《春秋》之旨。余考前史之例，如王凌、毋丘俭、诸葛诞之死，魏未亡也，故列于《魏志》；袁粲、刘秉之死，宋未亡也，故列于《宋书》。若通之死事，乃在宋已受禅之日，于例不当入《五代史》矣。《五代史》七十四篇，自世家而外，绝不涉宋一字。符彦卿、李洪信等功名显于五代，而没在宋初，即不为立传。史家限断之法宜尔，不得以通一人而紊其例也。

司马温公修《通鉴》，自定凡例。其曾孙伋辑录一卷，称有三十六例。《四库提要》谓其盖并各类中细目计之。且其书出于南渡后，不无以意增损，未必尽光本旨。

《通鉴凡例》：用天子例：周、秦、汉、晋、隋、唐，皆尝混一九州，传祚于后，子孙虽微弱播迁，四方皆其故臣，故全用天子之礼以临之，帝后称崩，王公称薨。

书列国例：三国、南北、五代，与诸国本非君臣，从列国之例，帝后称殂，王公称卒。秦、隋未并天下，亦依列国之例。（此两条已见《论正统》文中。）书帝王未即位及受禅例：帝王未即位皆名，自赞拜不名以后不书名。书称号例：天子近出称还宫，远出称还京师，列国曰还某郡。……凡新君即位必曰某宗，后皆曰上。太上皇止称上皇。上太上皇太后号曰尊。皇后太子曰立，改封曰徙，公侯有国邑曰封，无曰赐爵。列国非臣下之言不称乘舆、车驾、行在、京师、天子，及崩，臣下所称，仍其旧文。书官名例：节度使赴镇曰为，使相曰充，遥授曰领。凡官名可省者，不必备书。公相以善去曰罢，以罪去曰免。书事同日例：两国事同日不可中断者，以日先序一国事已，更以其日起之。如齐建武元年十月辛亥，魏主发平城云云，辛亥太后废帝为海陵王云云。书两国相涉例：凡两国事相涉则称某主，两君相涉则称谥号，不相涉而事首已见，则称上称帝。书斩获例：凡战伪走而设伏斩之曰斩首，斩首千级以下不书获，辎重兵械杂畜非极多不书。书复姓例：宋永初三年长孙嵩实姓拓跋，时魏之群臣出于代北者皆复姓，孝文迁洛改为单姓，史患其烦，悉从后姓。书字例：凡以字行者始则曰名某字某，以字行及小字可知者，不复重述，难知者乃述之。书反乱例：凡诛得怨曰有罪，逆上曰反，争疆曰乱。

观《通鉴问疑》，似初修书时，诸例尚未定。至周、秦、汉纪已修毕，始与刘道原详加讨论。故书法亦不一律。

《通鉴问疑》：君实曰：凡用天子法者，所统诸侯皆称薨。而《晋书》帝纪惟亲王、三公及二王后称薨，余虽令仆、方伯开府如羊祜、杜预之徒，亦止称卒。《隋书》帝纪内史令、纳言及封国公、郡公者亦称卒，惟亲王、三公及开府仪同三司称薨。新、旧《唐书》令仆、中书令、侍中、平章事、参知机务政事皆称薨。若依古礼，五等称薨，则晋惠帝时令长卒伍皆有爵邑，不可概称薨也。西晋荀勖等为尚书令中书监令，虽用事，不谓之宰相，东晋庾亮、何充等始谓之宰相，欲自晋以后，惟王爵及三公宰相称薨，余皆称卒，南北朝王公亦称卒。至隋则令仆、内史令、纳言为宰相，至唐则平章事为宰相，三师三公皆为散官，欲皆以为薨，可乎？……道原曰：周、秦、汉、魏诸侯称薨，至晋已后惟王爵及三公宰相称薨。或薨或卒，于例未匀，不如用陆淳例，皆称卒。……君实曰：诸臣称卒，诚为确论。但恨已进者周、秦、汉纪，不可请本追改。其晋、隋、唐纪除诸王、三公、三师称薨，余虽宰相亦称卒。尚书令、仆射及门下、中书，权任所在，谓之宰相，终非正三公也。……道原曰：散官若亦称薨，宰相不应称卒。

盖历代官制既殊，权任亦异，诸史旧文，又多抵悟。故统括二千三百六十二年之事，即寻常一二薨卒之例，已不易示其差等，更不克就一二字寓褒贬别善恶矣。《春秋》二百四十二年，周制尚存；后之汉唐，不过数百年；五代则仅五十余年，其事较易。此时间之差别，所宜为修通史者原也。

世多议《通鉴》书诸葛亮寇魏之非，盖沿陈寿之失。

　　《魏志·明帝纪》：太和五年，诸葛亮寇天水。

　　《通鉴》：太和五年二月，汉丞相亮帅诸军入寇，围祁山。

又：青龙二年二月，亮悉大众十万，由斜谷入寇。
（《魏志》曰：诸葛亮出斜谷，屯渭南。）

然如书孔融弃市，又不用范书。则帝魏之见，与范氏恶曹操者异也。

《后汉书·献帝纪》：建安十三年八月壬子，曹操杀太中大夫孔融，夷其族。（《通鉴》书：太中大夫孔融弃市。）

又如操封魏公后，不书姓，亦与班书不同。班书《平帝纪》王莽封安汉公后，仍书王莽，不曰安汉公莽也。

《通鉴》：建安十八年五月丙申，以冀州十郡封曹操为魏公。……秋七月，魏公操纳三女为贵人。胡注：自此以后，曹操不书姓，而冠以国。

顾《通鉴》虽帝魏，亦有区别。如魏文帝书殂，与东晋诸帝书崩不同。以晋尝混一，而魏不能有天下也。

《通鉴》：黄初七年，魏文帝殂。胡注：《通鉴》书法，天子奄有四海者书崩，分治者书殂。惟东晋诸帝以先尝混一书崩。（此即胡注本《通鉴凡例》以明书法。）

史例之详，以朱子所定《通鉴纲目凡例》为最。盖承《春秋三传》《通鉴》诸史而集其大成，所谓后起者易为功也。其例凡十九类，曰统系，曰岁年，曰名号，曰即位，曰改元，曰尊立，曰崩葬，曰篡贼，曰废徙，曰祭祀，曰行幸，曰恩泽，曰朝会，曰封拜，曰征伐，曰废黜，曰罢免，曰人事，曰灾祥。十九类中，可以统系为之纲，其十八类，大都以正统列国无统别之。其文又有朱墨之别，使阅者一目了然。

《通鉴纲目·岁年例》：凡岁不用岁阳名（以《通鉴》用岁阳名也），只用甲子（依《史记》年表，以从简便），大书于横行之上。甲字子字别之以朱，其余皆墨。

凡正统，周自篇首，秦、汉、晋、隋、唐自初并天下，皆大书于横行之下。朱书国号（如云周、秦、汉、晋、隋、唐）、谥号（如周威烈王、秦始皇）、君名（如云午）、年号（如太康、开皇、武德），墨书某年（如周云二十三年、秦云二十六年）。次年以后，但于行下墨书某年。篇首周年下朱注列国（如云秦、晋、楚、燕等），墨书谥爵（如云简公、烈公之类）、君名（如止如之类）、某年。所注列国，以兴起先后为次，而于新旧之间，以圈隔之，其末又以圈隔。下朱注总结统旧国若干、新国若干、凡若干国。次年以后，唯元年注之，如前注。凡天子继世，则但于行下朱书谥号年号，墨书元年。（周则列国之元亦注其下。）次年以后，如篇首次年之法。建国僭国之大者，则于年下朱书国名谥号姓名（如楚隐王陈胜、魏文帝曹丕之类）、年号（如魏黄初之类），墨注元年。次年以后，则朱注国名，墨注年号某年。其小者，则依周列国例，但年号用墨注。首尾增损新旧之间亦如前法。其篡贼干统，而正统已绝，无年可系，则朱注其国名、墨注年号于行下。（如吕氏、新莽。）正统虽绝，而故君尚存，则追系正统之年而注其下。（如唐之武氏，用范氏《唐鉴》之例。）其不成君，亦依正统已绝之例。（如汉帝玄之类。）凡无统自更端处（如秦昭襄王五十一年、楚汉元年、吴黄武元年、宋永初元年、梁开平元年），即于行下分注诸国之年。大者纪年，小者纪元朱书。新旧首尾增损皆如前法。但其兴废促数，则岁结之。不纪年者，亦列数其国号。

其辞例不可备举，姑就征伐一类言之。《左氏传》但曰敌未阵曰败某师，皆阵曰战，大崩曰败绩，得俊曰克，覆而败之曰取某师，京师败曰王师败绩于某，及凡师有钟鼓曰伐、无曰侵、轻曰袭耳。《公羊传》但曰粗者曰侵，精者曰伐，战不言伐，围不言战，入不言围，灭不言入（《庄公八年》）耳。《五代史记》用兵之名，亦止两相攻曰攻，以大加小曰伐，有罪曰讨，天子自往曰征四例。《通鉴凡例》所言尤简。观《纲目·征伐例》，则自战国以降中外兵事，所应依其分际而区别书之者，靡不具焉。盖史实猥多，史例必随而演进。其斤斤于一字一辞者，皆事理所应尔，非好为是纤琐也。

《纲目·征伐例》：凡正统自下逆上曰反，有谋未发者曰谋反，兵向阙者曰举兵犯阙。……凡调兵曰发，集兵曰募，整兵曰勒，行定曰徇，行取曰略，肆掠曰侵，掩其不备曰袭，同欲曰同，合势曰连，兵并进曰合，兵在远而附之曰应，相接曰通，服属曰从，益其势曰助，援其急曰救，开其围曰解，交兵曰战，尾其后曰追，环其城曰围。……凡胜之易者曰败某师、平之，难者曰捕斩之，舍此之彼曰叛、曰降于某、附于某，犯城邑寇得曰陷，居曰据。……凡僭名号曰称。（周列国称王称帝，汉以后僭国篡贼称皇帝，盗贼称帝称天子之类。）……人微事小曰作乱，人微众少曰盗，众多曰群盗。……犯顺曰寇。……凡中国有主，则夷狄曰入寇，或曰寇某郡，事小曰扰某处。

中国无主，则但云入边，或云入塞，或云入某郡杀掠吏民。……凡正统天子亲将兵曰帝自将，遣将则曰遣某官某将兵。……大将兼统诸军则曰率几将军，或云督诸军，或云护诸将。……将卑师少无大胜负，则但云遣兵。……不遣兵而州郡自讨，则云州郡或云州兵或云郡兵。置守令平盗贼曰以某人为某云云。（如汉成帝河平二年夷雟相攻，以陈立为牂牁太守讨平之。及后汉以虞诩为朝歌长之类。）……凡正统用兵于臣子之僭叛者，曰征曰讨；于夷狄若非其臣子者曰伐曰攻曰击；其应兵曰备曰御曰拒。皆因其本文。……凡人举兵讨篡逆之贼，皆曰讨。……凡战不地，屡战则地，极远则地。……凡书敌于敌国曰灭之，于乱贼曰平之。敌国乱贼岁久地广屡战而后定，则结之曰某地悉定，或曰某地平。……凡得其罪人者于臣子曰诛，于夷狄若非臣子者曰斩曰杀。……凡执其君长将帅，曰执、曰虏、曰禽、曰获、曰得。皆从其本文。……凡师入曰还，全胜而归曰振旅，小败曰不利，彼为主曰不克，大败曰大败，或曰败绩，将帅死节曰死之。……凡人讨逆贼而败者亦曰不克，死曰死之。（刘崇、翟义之类。）其破灭者亦以自败为文。（三辅兵皆破灭之类。）……凡非正统而相攻，先发者不曰寇陷，后应者不曰征讨。其他皆从本文。惟治其臣子之叛乱者书讨，讨而杀之曰诛。

官局修史，杂出众手，要亦必有共循之例。若唐修《晋书》例云天子庙号书于卷末者是也。元修三史，其例简略，属辞之例，大抵依据宋贤，故不缕举。元史之例亦然。

《辽宋金史凡例》：一、帝纪。各史书法准《史记》《汉书》《新唐书》，各国称号准南、北史。二、各史所载，取其所重者作志。三、表与志同。四、列传。（后妃、宗室、外戚、群臣杂传。）人臣有大功者，虽父子各传。余以类相从，或数人共一传。三国所书，事有与本朝相关涉者，当禀金宋死节之臣，皆立合传，不须避忌。其余该载不尽，从总裁官与修史官临文详议。五、疑事传疑，信事传信，准《春秋》。

《元史凡例》：一、本纪。按两汉本纪，事实与言辞并载，兼有书《春秋》之义，及唐本纪则书法严谨，全仿乎《春秋》，今修《元史》，本纪准两汉史。一、志。按历代史志为法间有不同，至唐志则悉以事实组织成篇，考核之际，学者惮之。惟近代《宋史》所志条分件列，览者易见。今修《元史》，志准《宋史》。一、表。按汉、唐史，表所载为详，而《三国志》《五代史》则无之。唯辽、金史据所可考者作表，不计详略。今修《元史》，表准辽、金史。一、列传。按史传之目，冠以后妃，尊也；次以宗室诸王，亲也；次以一代诸臣，善恶之总也；次以叛逆，成败之归也；次以四夷，王化之及也。然诸臣之传，历代名目又自增减不同。今修《元史》，传准历代史而参酌之。一、历代史书纪志表传之末，各有论赞之辞。今修《元史》，不作论赞，但据事直书，具文见意，使其善恶自见，准《春秋》。

清修《明史》，当时在事诸人，讨议体例之文孔多。观刘承幹所刊《明史例案》，可以考见其修订之矜慎。徐乾学首陈例议六十一条，如分合、繁省、补遗、互见诸条，皆有精义。

徐乾学《修史条议》第四条：元末群雄如韩林儿、徐寿辉、张士诚、陈友谅、明玉珍、陈友定、方国珍辈，

《元史》既不为立传，今所作诸人传，当详列其事迹，不得过于简略。……第六条：元之遗臣如也速、王保保辈，虽《元史》已为立传，然自遁荒之后，阙而不书。今当载其后事，以补前史之遗。……第十五条：史之有志，所以纪一代之大制度也。如郡县之沿革，官职之废置，刑罚之轻重，户籍之登耗，以及兵卫修废，河漕通塞，日食星变之类，既详列于志，不得复入本纪。本纪之体，贵乎简要。《新唐书》文求其省，固失之略，《宋》《元史》事求其备，亦失之繁。斟酌于二者之间，务使详略适宜，始为尽善。今惟大典大政登诸本纪，其他宜入志者，归之于志；宜入表者，归之于表；宜入传者，归之于传。则事简而文省矣。……第廿二条：有一事而数人分功者，如顺义之封，内则阁部（内阁李春芳、高拱、张居正、赵贞吉、中枢郭乾），外则督抚（督臣王崇古、抚臣方逢时），皆有决策之劳者也。如宁夏之征，文则督抚（前总督魏学曾、后总督董应熊、巡抚朱正色、监军御史梅国桢），武则总兵（李如松、萧如薰、麻贵），皆有戡定之绩者也。不得专属一人以掩他人之美，当使彼此互见，详略得宜。……第三十三条：明之战功，大约文武数人共之。如麓川之役王骥与蒋贵共事，大藤峡之役韩雍与赵辅共事，播州之役李化龙与刘綎共事，决机发策当归于文，冲锋陷阵必归于武，不得重文轻武，以血战之功归诸文墨之士。必使数人之传，出于一人之手，庶无牴牾，且免重复。

而详胪忠义，附著四王，则有用其议而不尽者。

《修史条议》第三十五条：忠义之士，莫多于明，一盛于建文之朝，再盛于崇祯之季。此固当大书特书，用光史籍。若乃国亡之后，吴越闽广，多有其人，此虽洛邑之顽民，固即商家之义士。考之前典，陆（秀夫）、张（世杰）、文（天祥）、谢（枋得）并列于赵宋之书，福寿宜孙亦入于有元之史，此皆前例之可据，何独今史为不然。当搜逸事于遐陬，用备一朝之巨典。第三十六条：庄烈愍皇帝纪后宜照《宋史》瀛国公纪后二王附见之例，以福、唐、鲁、桂四王附入，以不泯一时事迹，且见本朝创业之隆。

王鸿绪《史例议》，首举书日、书事诸法，视徐议尤细密。

　　王鸿绪《史例议》：一、即位以前，前史例不书日，间有书日者，事或不得不日也。即位以后，举动必书，不可不日。然事亦有不可以日者，则以是月系之，有不可以月者，则以是岁系之。……一、命官不书，封王则书，侯则不书，非常而有故则书。（下引史例甚多。）……一、宰相除拜，《前汉》不书，有特诏则书，罢书，薨书。唐则除罢俱详载矣。明罢丞相，设府部院寺以理庶务，于是六部之职权始重似六卿，亦宜并书。然六卿书矣，陪京之六卿可不书乎？添注之六卿可不书乎？词臣而晋尚书保傅者可不书乎？六卿之拜书矣，罢可不书乎？抑将书六卿，而殿阁之学士大学士预机务者反不书乎？倘殿阁之预机务者当书，而六卿又不可不书。则一月之中除罢不一而足，本纪竟成除书矣。且表又何用焉？（下略）如必以为尚书不可不书，或择其人之有关理乱张本者书之。……一、攻战所克郡邑，非两国相争要地不书，非敌都不书。（已见《史识篇》。）

其论史体与纲目不同，尤为精卓。故读王氏《史例议》，不独知《明史》之例，兼可贯通群史之例。惟其以元为正统，则满清入主时不得不以明承元，此其与明人治史之观念不同者也。

《史例议》：一、紫阳《纲目》体例精严，提纲大书，法并《春秋》，真千古褒善贬恶之大经也。或曰本纪即仿其纲而书之，不亦善乎？愚应之曰：此紫阳氏之书，而非史家之书也。史家之书，踵其文于胜国而笔削之，其用意宽。紫阳之书，合前史所书之事而赏罚之，其用意严。不惟是也，其体例亦有不同。本纪是载一帝之事，而分见于志传之中者也。《纲目》是摘纪志传之事，而汇见于一帝之下者也。如汉书文帝元年召河南守吴公为廷尉，以贾谊为太中大夫；三年以张释之为廷尉；四年召河东守季布至，罢归郡。唐书贞观元年制谏官随宰相入阁议事；五年修洛阳宫，十二月开党项之地为十六州；六年群臣请封禅不许，七月宴近臣于丹霄殿。如此类者不可枚举，要皆本纪之所不书，而紫阳从志传中摘之，以示一帝之理乱得失为后世之法戒。其体例一而已矣。非若史之有纪志表传，可以错综互见者也。（观此更可以悟史联之义。）故曰此紫阳氏之书，而非史家之书也。……或曰：《纲目》一书，子朱子义例全法《春秋》，尚已。若司马迁承五伯之运，继《春秋》而纂史，昔贤谓自麟经绝笔之后而得褒贬之遗意者，于迁史有取焉。若然，则二者异名同原，子何得而歧视之乎？余曰：作史而不取则于《春秋》，曷以成其为史？然一书有一书之体，亦各有命意之所在。《纲目》在存统，史书在尊王也。（此语未尽谛。须知尊王是一义，以王道治时王又是一义。）何以言之？文公答吕伯恭书曰：温公旧例皆以后改者为正。（指改年号之事。）

此殊未安。如汉建安二十五年之初，汉尚未亡，今便作魏黄初元年，夺汉太速，与魏太遽，大非《春秋》存陈之意，恐亦不可为法。又文公《语录》载问《通鉴》提纲主意，曰主在正统。问何以主在正统？曰三国当以蜀汉为正，而温公乃云某年某月诸葛亮入寇，是冠履倒置，何以示训？若夫史则不然。《史记》列项羽于纪，以羽为伯王，政由己出，是时汉未得天下，虽纪羽可也。班则本纪属之帝，而列羽为传矣。当沛公至霸上，秦王子婴降，羽入关屠咸阳而东，自立为西楚霸王，尊楚怀王孙心为义帝，《史记·羽纪》书汉元年四月诸侯罢戏下，而不以楚纪年。《高纪》则书汉元年冬十月沛公至霸上，秦王子婴素车白马系颈以组，封皇帝玺符节降轵道旁，是以子婴降为汉受命之元，而义帝之元置之不论矣。亦不独《史》、《汉》，他史率多类此。

《史例议》下：按本纪之体，元是正统，明是龙兴，故称元称顺帝，称明称太祖，可顺文意以立言。若陈友谅之称汉，明玉珍之称夏，在友谅与玉珍传中，则著其国号曰汉曰夏，而于《太祖本纪》中有战伐交兵者，止宜称友谅将某某、玉珍将某某，不当以其国号称也。《光武本纪》书破公孙述将某某，《新唐书·高祖本纪》书王世充、窦建德、刘武周等陷某州，或云与某某等战败之，皆不称其国号，而以名。此乃史例。（此论自当，惟元尚非汉之比耳。）往见史馆《太祖本纪》友谅称汉将而不书友谅名，与张士诚二例，似宜易。

史术第九

史术即史学，犹之经学亦曰经术，儒家之学亦曰儒术也。吾意史术通贯经术，为儒术之正宗，故以史术名篇。术即道也，为古今人所共由之道。然学者亦须知所择，知所遵，始不误于歧途曲径。《易·系辞》曰：初六，藉用白茅，无咎。（《大过》卦之初爻。）子曰：苟错诸地而可矣。藉之用茅，何咎之有？慎之至也。夫茅之为物薄而用可重也，慎斯术也以往，其无所失矣。此孔子读《易》，教人慎遵其术也。孟子曰：矢人岂不仁于函人哉！矢人惟恐不伤人，函人惟恐伤人，巫匠亦然。故术不可不慎也。由孟子之言推之，岂惟矢、函、巫匠，读史亦然。读殖民史，则驰心于远略；读战争史，则极意于争雄；读外交史，则务夸纵横捭阖之能；读商业史，则醉心经济侵略之策。史能转人，而人不能转史。世界之祸，遂穷惨极酷，几于不可收拾矣。惟吾国史不然，其中固不乏拓地殖民，耀兵奋武，纵横钩距，轻重贸迁之术，而以儒术为之主宰，乃以开发建树此东亚数千年之世界。其术犹可以用之今日，而造福于未来。故史之中亦有函矢焉，吾史则视其时而用函矢者也。（孔子曰：道二，仁与不仁而已矣。矢之不仁，用之得当，亦即仁术。学者知此意，始不疑于吾言。）宋张咏劝寇准读《霍光传》，准读至不学无术句，知其讽己也。故读史可得持身处事之术，其例不可胜举。

《宋史·寇准传》：初张咏在成都，闻准入相，谓其僚属曰：寇公奇材，惜学术不足尔。及准出陕，咏适自成都罢还，准严供帐大为具待。咏将去，准送之郊，问曰：何以教准？咏徐曰：《霍光传》不可不读也。准莫谕其意，归取其传读之，至不学无术，笑曰：此张公谓我矣。

《汉书·霍光传赞》：霍光以结发内侍，起于阶闼之间，确然秉志，谊形于主。受襁褓之托，任汉室之寄，当庙堂，拥幼君，摧燕王，仆上官，因权制敌，以成其忠。处废置之际，临大节而不可夺，遂匡国家，安社稷。拥昭立宣，光为师保，虽周公阿衡，何以加此？然光不学无术，暗于大理，阴妻邪谋，立女为后，湛溺盈溢之欲，以增颠覆之祸。死财三年，宗族诛夷，哀哉！

隽不疑以《春秋》之义执成方遂。

《汉书·隽不疑传》：始元五年，有一男子乘黄犊车，建黄旐，衣黄襜褕，著黄冒，诣北阙，自谓卫太子。公车以闻，诏使公卿将军中二千石杂识视。长安中吏民聚观者数万人，右将军勒兵阙下以备非常。丞相御史中二千石至者，立莫敢发言。京兆尹不疑后到，叱从吏收缚。或曰：是非未可知，且安之。不疑曰：诸君何患于卫太子？昔蒯聩违命出奔，辄拒而不纳，《春秋》是之。（《公羊传·哀公三年》：辄者曷为者也？蒯聩之子也。然则曷为不立蒯聩而立辄？蒯聩为无道，灵公逐蒯聩而立辄。然则辄之义可以立乎？曰：可。其可奈何？不以父命辞王父命，以王父命辞父命，是父之行乎子也；不以家事辞王事，以王事辞家事，是上之行乎下也。《穀梁传》：辄不受父之命，受之王父也。信父而辞王父，则是不尊王父也，其弗受以尊王父也。范宁《穀梁传序》非之曰：以拒父为尊祖，是为子可得而叛也，害教伤义，不可强通。）卫太子得罪先帝，亡不即死，今来自诣，此罪人也。遂送诏狱。天子与大将军霍光闻而嘉之，曰：公卿大臣当用经术，明于大谊。由是名声著于朝廷，在位者皆自以不及也。后赵广汉为京兆尹，言我击奸止邪，行于吏民，至于朝廷事，不及不疑远甚。廷尉验治何人，竟得奸诈，本夏阳人，姓成名方遂，居湖，以卜筮为事。有故太子舍人尝从方遂卜，谓曰：子状貌甚似卫太子。方遂心利其言，几得以富贵，即诈自称诣阙。廷尉逮召乡里识知者张宗禄等，方遂坐诬罔不道，要斩东市。（《后汉书·王昌传》：一名郎，自称孝成皇帝子子舆。数战不利，使其谏议大夫杜威持节请降。威雅称郎实成帝遗体。光武曰：设使成帝复生，天下不可得，况诈子舆者乎？亦即不疑执成方遂之意。）

诸葛亮以晋国之事，开悟刘琦。

《后汉书·刘表传》：二子，琦、琮。初表以琮貌类于己，甚爱之。后为琮娶其后妻蔡氏之侄，蔡氏遂爱琮而恶琦，毁誉之言，日闻于表。表宠耽后妻，每信受焉。又妻弟蔡瑁及外甥张允并得幸于表，又睦于琮。而琦不自宁，尝与琅邪人诸葛亮谋自安之术。亮初不对，后乃共升高楼，因令去梯，谓亮曰：今日上不至天，下不至地，言出子口，而入吾耳，可以言未？亮曰：君不见申生在内而危，重耳在外而安乎？琦意感悟，阴规出计。会表将江夏太守黄祖为孙权所杀，遂求代其任。（本《蜀志·诸葛亮传》。）

吕蒙识超鲁肃，由读三史。

《吴志·吕蒙传》注《江表传》：孙权谓蒙及蒋钦曰：卿今并当涂掌事，宜学问以自开益。蒙曰：在军中常苦多务，恐不容复读书。权曰：孤岂欲卿治经为博士邪？但当令涉猎见往事耳。卿言多务，孰若孤，孤少时历《诗》《书》《礼记》《左传》《国语》，惟不读《易》。至统事以来，省三史、诸家兵书，自以为大有所益。如卿二人意性朗悟，学必得之，宁当不为乎？宜亟读

《孙子》《六韬》《左传》《国语》及三史。孔子言：终日不食，终夜不寝，以思无益，不如学也。光武当兵马之务，手不释卷。孟德亦自谓老而好学。卿何独不自勉勖邪？蒙始就学，笃志不倦，其所览见，旧儒不胜。后鲁肃上代周瑜，过蒙言议，常欲受屈。肃拊蒙背曰：吾谓大弟但有武略耳，至于今者，学识英博，非复吴下阿蒙。蒙曰：士别三日，即更刮目相待。大兄今论，何一称穰侯乎？兄今代公瑾，既难为继，且与关羽为邻。斯人长而好学，读《左传》略皆上口，梗亮有雄气，然性颇自负，好陵人。今与为对，当有单复，以卿待之。密为肃陈三策，肃敬受之，秘而不宣。权常叹曰：人长而进益，如吕蒙、蒋钦，盖不可及也。富贵荣显，更能折节好学，耽悦书传，轻财尚义，所行可迹，并作国士，不亦休乎！

崔浩主伐凉州，实本《汉志》。读史之益多矣。

《通鉴》卷百二十三：魏主（太武）议伐凉州，众云彼无水草，崔浩曰：《汉书·地理志》称凉州之畜为天下饶，若无水草，畜何以蕃？又汉人终不于无水草地筑城郭建郡县也。太武用其议，至凉州时，赐太子晃诏曰：姑臧城东西门外涌泉合于城中，其大如河，自余沟渠流入汉中，其间乃无燥地。按古之大将，必说礼乐，敦《诗》《书》；后世大将，亦必涉猎史传，或咨询学者，或听人诵读。《蜀志》王平使人读《史》《汉》诸传记听之，备知其大义，往往论说不失其指。《晋书·载记》石勒尝令儒生读书史而听之，亦以其意论古帝王善恶。尝使人读《汉书》，闻郦食其劝立六国后，大惊曰：此法当失，何得遂成天下？至留侯谏，乃曰：赖有此耳。都可与所引孙权、吕蒙、崔浩之事互证。故用兵之学莫备于史。《方舆纪要》《读史兵略》所载例证尤多，不第局部战事制胜策敌已也。又如晁错《言兵事疏》曰：卑身以事强，小国之形也；合小以攻大，敌国之形也；以蛮夷攻蛮夷，中国之形也。此数语括尽兵谋外交之术。汉武通西域，通西南夷，用此术也。李泌对唐德宗曰：臣能不用中国之兵，使吐蕃坐困。因言欲结回纥、大食、云南与共图吐蕃。（《通鉴》贞元三年）迄清季李鸿章浼俄、法、德三国干涉割让辽东半岛以启日俄之战，皆此术也。故倭人常恨李氏以夷制夷之术。古所谓蛮夷，易言之亦即列国。用列国以制一敌，岂非晁错之术通贯古今者乎？然用此术，亦当监于前史。《困学纪闻》卷六曰：列国之变，极于吴越。通吴以疲楚者，晋也；通越以挠吴者，楚也。春秋于是终焉。唐以南诏攻吐蕃，而唐之亡以南诏。本朝（指宋）以女真灭契丹，而中原之亡以女真。女真之将亡也，吾国又不监于宣和，而用夹攻之策，不知《春秋》之义也。王伯厚所谓不知《春秋》之义者，即人事因果孔多，知其利而不知其害，未为善读史也。

反而观之，汉廷不以《太史公书》予诸侯王。

《汉书·东平思王宇传》：上疏求诸子及《太史公书》。上以问大将军王凤。对曰：臣闻诸侯朝聘，考文章，正法度，非礼不言。今东平王幸得来朝，不思制节谨度以防危失，而求诸书，非朝聘之义也。诸子书或反经术，非圣人意，或明鬼神信物怪。《太史公书》有战国纵横权谲之谋，汉兴之初谋臣奇策，天官灾异地形阨塞，皆不宜在诸侯王，不可予。

宋彭城王义康悔不知淮南王事。

> 《通鉴》卷一百三十四：彭城王义康被废在安成郡读书，见淮南厉王长事，废书叹曰：自古有此，我乃不知，得罪为宜也。

可知史学之益，自持身涉世谋国用兵，为术多而且精，非徒记问撰著即可为史学也。程伊川读史，必先料成败。

> 《近思录》：伊川先生每读史，到一半，便掩卷思量，料其成败，然后却看。看不合处，又更精思。其间多有幸而成不幸而败，今人只见成者便以为是，败者便以为非，不知成者煞有不是，败者亦煞有是处。

包世臣教人读《通鉴》，必如置身当时，阅众议而筹善策。

> 包世臣《姚生传》：生一日阅《通鉴》数十卷，问之略能言其始末。余曰：此经生对策之技，非真学者也。《通鉴》善在先述其事，乃叙众议，然后载廷议所从，而详记其得失于后。学者阅其事，先为画上中下三策，然后阅众议而验己见之是否有合；又筹廷议所当从，再阅廷议；则后之收效与否，已可十得八九。如是则如置身当时之朝端，庶几异日遇事能不惑也。生自是每日止尽一卷，一月之后，其意与古人合者十常四五也。

曾国藩教其弟读史，亦曰莫妙于设身处地，记一人恍如接其人，记一事恍如亲其事。斯皆大儒之学也。

《曾文正家书》（道光二十三年正月十七）：读史之法，莫妙于设身处地，每看一处，如我便与当时之人酬酢笑语于其间。不必人人皆能记也，但记一人，则恍如接其人；不必事事皆能记也，但记一事，则恍如亲其事。

曹操自矜其更事之多，故能预知应变。顾人事万变，岂能悉经？读史则事变纷纭，比例昭著。读史而能精通其意，虽前所未有，亦可推知。庄子谓：小知不及大知，小年不及大年。读史则知识之丰，可赅千百国千万年，自等大知大年矣。

《魏志·武帝纪》：毋丘兴为安定太守。公戒之曰：羌胡欲与中国通，自当遣人来，慎勿遣人往。善人难得，必将使羌胡妄有所请求，因以自利。不从便为失异俗意，从之则无益于事。兴至，遣校尉范陵至羌中，陵果教羌使自请为属国都尉。公曰：吾预知当尔，非圣也，但更事多耳。

虽然，史之为术，盖尤有大于此者。司马迁自述其书曰：罔罗天下放失旧闻，王迹所兴，原始察终，见盛观衰。论考之行事，略推三代，录秦汉，上记轩辕，下至于兹。又曰：礼乐损益，律历改易，兵权山川鬼神，天人之际，承敝通变。又曰：扶义倜傥，不令己失时，立功名于天下。又曰：略以拾遗补蓺，成一家之言。厥协六经异传，整齐百家杂语，藏之名山，副在京师，俟后世圣人君子。其意量之闳远何如！班固自述其书，亦曰：凡《汉书》，叙帝皇，列官司，建侯王；准天地，统阴阳，阐元极，步三光；分州域，物土疆，穷人理，该万方；纬六经，缀道纲，总百氏，赞篇章；函雅故，通古今，正文字，惟学林。合之马迁之言，知史术无所不赅，非徒可以谋一身断一事之借镜也。前言古史，已举其所掌典法则枋之弘伟，若就其中历考之，则上之测天揆日，观象授时，星野躔度，云物祅祥；下之分州画野，导山浚川，城郭宫室，封疆道路，都鄙乡遂，井牧田莱，廛市闾馆，山林川泽，无所不赅。其人则帝皇君长，官吏师儒，农工商贾，嫔妇臣妾，巫医矇瞽；其物则九谷六畜，酒浆丝枲，金玉锡石，章服车旗，衮冕黻珽，衰麻经杖，度量权衡，鼓钟同律；其文则《诗》《书》系世，方志名数，版图简稽，盟誓约剂；其事则建国设官，陈殷置辅，分职任民，理财阜货，悬书读法，校比登下，师田行役，选贤兴能，刑宪刺宥，庆吊赒恤，月要岁会，辅志弊谋。乃至鸟兽语言，圜畜教扰，土化粪种，潴防涉扬，无不定其制度，存其法守，厘其伦脊，究其中失，以之作人立极，参两天地。此史职所包函，皆儒术所贯澈。《中庸》曰：仲尼祖述尧舜，宪章文武，上律天时，下袭水土。特言其略耳。详究之，则祖述宪章，上律下袭者，一一皆有实事实政，非空言高论已也。庄周知此术，故于《天下篇》极言古之道术，六通四辟，无所不在。而儒史所传特设于中国为百家所自出。今之学者，不究其旧法世传之全，而喜举后之不赅不遍一曲之说，恶得为知史哉！

《庄子·天下篇》：古之人其备乎。配神明，醇天地，育万物，和天下，泽及百姓。明于本数，系于末度，六通四辟，小大精粗，其运无乎不在。其明而在数度者，旧法世传之史尚多有之。其在于《诗》《书》《礼》《乐》者，邹鲁之士缙绅先生多能明之。《诗》以道志，《书》以道事，《礼》以道行，《乐》以道和，《易》以道阴阳，《春秋》以道名分。其数散于天下而设于中国者，百家之学时或称而道之。天下大乱，贤圣不明，道德不一，天下多得一察焉以自好。譬如耳目鼻口，皆有所明，不能相通。犹百家众技也，皆有所长，时有所用。虽然，不该不遍，一曲之士也。

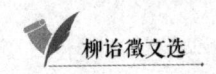

病儒者，动谓博而寡要，劳而少功，累世不能通其学，当年不能究其礼。实则儒者自有其要，曰中曰和，为自古相传之通术。盖自虞廷教胄，允执厥中；皋陶陈谟，广为九德；箕子述《洪范》，以正直刚柔戒颇僻。

《洪范》：六，三德：一曰正直，二曰刚克，三曰柔克。平康正直，强弗友刚克，燮友柔克，沉潜刚克，高明柔克。惟辟作福，惟辟作威，惟辟玉食。臣无有作福、作威、玉食。臣之有作福作威玉食，其害于而家，凶于而国。人用侧颇僻，民用僭忒。

周公言《立政》，以迪知忱恂章大竞。

《立政》：古之人迪惟有夏，乃有室大竞，吁俊事上帝，迪知忱恂于九德之行。（据此，知《皋陶谟》所陈九德，确为虞夏名言，故周公引之也。）

而《周官》乡三物之教六德，则曰知、仁、圣、义、忠、和。成均以礼乐教国子，则曰中和、祇庸、孝友。司徒之职曰：以五礼防万民之伪，而教之中；以六乐防万民之情，而教之和。宗伯之职曰：以天产作阴德，以中礼防之；以地产作阳德，以和乐防之。故曰虞夏至周，皆以中和为教。而《诗》之颂汤曰：不竞不絿，不刚不柔，敷政优优，百禄是遒（《商颂·长发》）。美仲山甫曰：人亦有言，柔则茹之，刚则吐之。维仲山甫，柔亦不茹，刚亦不吐，不侮鳏寡，不畏强御（《大雅·烝民》）。此诗最可推见中和之德。中和非卑弱也，故须柔亦不茹，刚亦不吐，惟其当而施之；且以见不畏强御者，惟不侮鳏寡而后能。《书·无逸》曰：文王不敢侮于鳏寡。《孝经》曰：治国者不敢侮于鳏寡，而况于士民乎？凡侮鳏寡、虐士民者，即其自恃强御，遇有强御，则畏葸无似矣。）其以中和为主要，实源远而流长。故《中庸》举之曰：中也者，天下之大本也。和也者，天下之达道也。达道即通术也。以《周官》证之，盖自君师以至国子乡民，皆尚中和。故推致其中和之德，可以位天地育万物，非一人独坐静悟保持中和，而天地万物自然位育也。一人独坐静悟，保持中和，固亦可以感觉天地万物与吾一体之境界，然非治国平天下之义。治国平天下，在致一人之中和，致官民之中和，又一一致之于事物，而后可达位育之效。故《中庸》一致字，具有无穷事理，必参之《周官》而后见。自舍《官礼》言《中庸》，而儒术遂流于空寂。而骛事功者又徒眩惑于物质，不知大本达道。而庄生所谓明于本数、系于末度、内圣外王之道，乃沉霾千载焉。呜呼！

明乎庄周所言古之道术，然后可以知迁、固所言之术。迁史言术，归申商于黄老。

《史记·老庄申韩列传》：申不害者，京人也。故郑之贱臣，学术以干韩昭侯。申子之学，本于黄老，而主刑名。

又：韩非者，韩之诸公子也。喜刑名法术之学，而其归本于黄老。

其于黄老术，多连言之。

《史记·曹相国世家》：其治用黄老术。

又《陈丞相世家赞》：陈丞相平少时，本好黄帝老子之术。

《汉书·陈平传》：少时家贫，好读书，治黄帝老子之言。

又《外戚世家》：窦太后好黄帝老子之言，帝及太子诸窦不得不读黄帝老子，事其术。

《汉书·刘德传》：少修黄老术，有智略。

而其讥贬申屠嘉、灌夫之无术，殆亦指黄老之术。

《史记·张丞相列传赞》：周昌，木强人也，任敖以旧德用。申屠嘉可谓刚毅守节矣，然无术学，殆与萧、曹、陈平异矣。（萧、曹、陈平皆治黄老术，故知此所谓术学，即指黄老之术。）

又《魏其武安侯列传赞》：灌夫无术而不逊。

即其讥淮阴侯不能学道谦让，亦惜其不学此种道术也。

《史记·淮阴侯列传赞》：假令韩信学道谦让，不伐己功，不矜其能，则庶几哉。于汉家勋，可以比周、召、太公之徒，后世血食矣。

班氏讥霍光不学无术，当亦类是。夫黄老之术何自而来？由古史来也。其术之大，可以君人南面。即为将相，亦可临民柄国，名遂身安。观《汉志》之言，可以知黄老之术即史术矣。

《汉书·艺文志》：道家者流，盖出于史官，历记成败存亡祸福古今之道，然后秉要执本，清虚以自守，卑弱以自持。此君人南面之术也。

虽然，道家出于史，实与儒家同源。《周官》曰：儒以道得民。《王制》曰：乐正崇四术，立四教。春秋教以礼乐，冬夏教以《诗》《书》。《说文》曰：儒，柔也，术士之称。故道术者，儒所专有，道家特与儒术相表里耳。《淮南·要略》称墨子学儒者之业，受孔子之术。墨学亦本《诗》《书》，固儒术也。特其学有所偏，故荀卿极言墨术不逮儒术。

《荀子·富国篇》：故儒术诚行，则天下大而富，使有功，撞钟击鼓而和。墨术诚行，则天下尚俭而弥贫，非斗而日争，劳苦顿萃而愈无功，愀然忧戚非乐而日不和。

司马谈虽似扬道抑儒，而一再曰：列君臣父子之礼，序夫妇长幼之别，虽百家弗能易也。班《志》评九家之长短，归于修六艺之术，可以通万方之略。是则史家之定论，不可翻案者也。

《汉书·艺文志》：诸子十家，其可观者，九家而已。皆起于王道既微，诸侯力政，时君世主，好恶殊方，是以九家之术，蜂出并作。若能修六艺之术，而观此九家之言，舍短取长，则可以通万方之略矣。（此与《叙传》穷人理、该万方词意一致。儒术之长，即在穷人理、该万方也。）

孔门讲学，根据六艺。以之从政，告冉有以富教，语子贡以食兵，示颜渊以为邦，许仲由以治赋，未尝离家国天下而言学。惟其术本末始终，一贯相承，必自身心推暨事物，无所畸轻畸重。故空言心性，偏尚事功，亦不可谓非儒术，特非其全耳。其为学也，必先博文，而终以约礼。故论士曰：推十合一为士。盖必先从事于十百千万之事迹文物，而后归纳于一理，则其持之也约，而用之也弘矣。推十合一，即《学记》《大学》九年大成、知类通达之境也。读书讲学而不能通达人事，适成书厨耳。孔子曰：诵诗三百，授之以政，不达；使于四方，不能专对，虽多，亦奚以为！其警学者徒骛记诵不能贯通之病至矣。孔子许子贡之达曰：于从政乎何有？观其论贫富而悟《卫诗》切磋琢磨之功，论卫君而以伯夷、叔齐为问，其胸中之六通四辟可见。然犹自逊为闻一知二，不逮颜子之闻一知十。盖即同一知类通达，尚有浅深高下之判也。樊迟问仁问知，疑爱人知人之术相违。而子夏闻之，即知孔子之言函义之富，为举例曰：舜有天下选于众，举皋陶，不仁者远矣；汤有天下选于众，举伊尹，不仁者远矣。孔门之讲史学如是。如是，蹈空炫博，盖俱无当矣。

孔子欲为东周，孟子欲以齐王，皆志在于用世。然其同一鹄的，实欲明明德于天下。非今之标举政纲，竞执政权，所可同日语。孟子且推论伯夷、伊尹、孔子之同曰：行一不义，杀一不辜，而得天下，皆不为也。其悬格之严如此。孟子之学，尤长于《诗》《书》（赵岐《孟子题辞》）。其于井地之制，爵禄之略，皆确然有条理，可见诸施行。故曰：始条理者，智之事也；终条理者，圣之事也。讲求经史之学，知类通达，可以施之家国天下者，始条理之智也；由之集义养气，尽心知性，则终条理之圣也。孟子惧人以圣为难学，则诱人曰：圣人与我同类。又惧人以其学非自古所传，而惧其无效，则示人曰：夏曰校，殷曰序，周曰庠，学则三代共之，皆所以明人伦也。人伦明于上，小民亲于下。孟子之学，澈始澈终者，通伦类耳。司马迁传稷下诸子，附墨子于末，而独推尊孟子，且首论之曰：余读孟子书，至梁惠王问何以利吾国，未尝不废书而叹也。曰：嗟乎！利诚乱之始也。夫子罕言利者，常防其原也。故曰放于利而行多怨，自天子至于庶人好利之弊何以异哉！盖史家历观好利之弊，乃有以知其诚为乱始，而必有以防其原。乃知孔孟之术之未尝误人。夫自天子至于庶人，以好利致乱者，就一国而言耳。推其类，则举一国家一民族以竞利而乱世界，亦何以异是？故孟子曰：人能充无欲害人之心，而仁不可胜用；能充无穿窬之心，而义不可胜用。所患者，人同此心，而为物所囿，不能扩而充之耳。

荀子之学，尤尚伦类，开卷即言伦类不通，仁义不一，不足谓善学（《劝学篇》）。其称大儒，则曰法先王，统礼义，一制度，以浅持博，以古持今，以一持万。苟仁义之类也，虽在鸟兽之中，若别白黑。倚物怪变，所未尝闻也，所未尝见也。卒然起一方，则举统类而应之，无所拟怍，张法而度之，则了然若合符节。是大儒者也（《儒效篇》）。先王之礼义制度举有统类以应万事，非史术乎？又曰：君子审后王之道，而论于百王之前。若端拜而议，推礼义之统，分是非之分，总天下之要，治海内之众，若使一人，故操弥约而事弥大。五寸之矩，尽天下之方也。故君子不下室堂，而海内之情举积此者，则操术然也（《不苟篇》）。唐李翰之序《通典》，亦曰：不出户，知天下；未从政，达人情；罕更事，知时变。翰与杜佑之境地，未知视荀子何如，要其由史迹而知类通达，则一术也。

荀子之学，最精于礼，且尤重周礼。故曰：人道莫不有辨，辨莫大于分，分莫大于礼，礼莫大于圣王。圣王有百，吾孰法焉。故曰：文久而息，节族久而绝，守法数之有司，极礼而褫。故曰：欲观圣王之迹，则于其粲然者矣，后王是也。彼后王者，天下之君也。舍后王而道上古，譬之是犹舍己之君，而事人之君也。故曰：欲观千岁，则数今日；欲知亿万，则审一二；欲知上世，则审周道；欲知周道，则审其人所贵君子。故曰：以近知远，以一知万，以微知明。又曰：五帝之外无传人，非无贤人也，久故也；五帝之中无传政，非无善政也，久故也；禹汤有传政，而不若周之察也，非无善政也，久故也。传者久则论略，近则论详；略则举大，详则举小。清儒论此者，多谓后王为文、武。俞樾推之曰：荀子生于周末，以文、武为后王，可也。若汉人则必以汉高祖为后王，唐人则必以唐高祖、太宗为后王。设于汉唐之世，而言三代之制，是所谓舍己之君，而事人之君矣。岂其必以文、武为后王乎？在清季，以荀子之说讲史学，固亦甚当。朱一新示学者曰：史愈近者愈切实用。故国朝掌故，必须讲求。亦所谓久则论略，近则论详，略则举大，详则举小之术也。

《无邪堂答问》：汉时去古未远，制度风俗皆于经义为近，故致用在乎穷经，犹今人之言经济当读史也。史愈近者愈切实用，故国朝掌故必须讲求。《明史》亦须熟读，明嘉靖以后之事，即稗史皆须博览，其朝局民风边才军政，无一非取证之资。第其书最多亦最杂，又皆参以恩怨之私，标榜之说，非博观而约取之不见也。《明史》于此持论最详慎，然不博观野史，不知《明史》抉择之精。汉之视周，犹今之视明耳。郑君注《礼》，每以汉制况周制，本朝掌故之学也。

又：《史》《汉》《通鉴》，史学之纲领，熟此后当读范《书》、陈《志》、《新五代》、《明史》、《通典》。其余诸史以次及之。稗史则惟力是视。国朝掌故，尤宜讲求。典章制度，兵河漕盐，以逮国家大政，名臣事迹，各以类从，毕力搜讨。治一事已，复治一事，此东坡自言读书之法也。近儒史学校订最精，但恐劳而鲜获，且不必为。

顾在今日，外镜列邦，内新庶政，举凡立国交邻，选贤兴学，民治兵役，地政路工，反惟古制可以取资，而近史转多隔阂。盖圣哲创垂之制，多积极而运以精心，后史补苴之为，多演变而失其原理。故不独作述迥殊，其中联贯之精神，且非囿于后世心习者所能了解。例如国防必本征兵，役政必基乡治，户口版图之核实，又必施教受教者，皆明于其义，而后可以合群力而切实推行，非官吏奉行具文所能善其事。此中甲乙相因，子午相贯，他国之制然，吾国古制亦然。而宋、元、明、清之记载，乃只可证明其窳弊颓惰之由，初无提高改进之要。此治史者所不可不知也。

知类通达之术，源出于《易·同人卦·象》曰：君子以类族辨物。盖自庖牺仰观俯察，近取远取之余，乃画卦以迪神明之德，类万物之情。而一切政教，遂出于此。《系辞》曰：方以类聚，物以群分。《易》其吾国类书之祖乎？顾《乾卦·文言》，已有本乎天者亲上，本乎地者亲下，各以其类之说。《坤卦·象辞》又曰：牝马地类，行地无疆。西南得朋，乃与类行。何卦何爻，不以类示象，而独于《同人》，曰类族辨物者，以人类心同理同，精究之无不可通也。然其《象》曰：惟君子为能通天下之志。知小人必不通矣。《易》之六十四卦象，言君子以者五十有三，先王八，后二，大人一。以者用也，用其术以应人事也。人之与人，类也。而君子即大人为一类，小人为一类。小人只谋其一身一家，君子大人则必通其志于国家天下。故先王之道，仁义之统，将为天下生民之属长虑顾后，而保万世，而偷生浅知之属不之知也。（《荀子·荣辱篇》语。）秦汉以降，圣哲政教陵迟衰微矣，然励志笃学者，犹往往为天下长虑顾后。范滂为清诏使，登车揽辔，慨然有澄清天下之志。陈蕃曰：大丈夫处世，当扫除天下，安事一室乎？范仲淹先天下之忧而忧，后天下之乐而乐，是则古先大人君子流风余韵所孕育者也。此又读后世之史，当与古之经传通观而类择者也。

道家与儒同源，尤精于知类通达之术，惟视史籍事迹为糟粕，不屑屑依六艺为说，然其通天下之志则一。舌存齿敝，老聃以喻刚柔；暮四朝三，庄周以判名实。其言虽约，若就史迹证之，固贯通古今莫之能外也。（略举其例，如唐改租庸调为两税，明合银差、力差为一条鞭，及近日改田赋征收货币为实物，皆不过一转移耳。）庄生曰：不龟手一也，或以封，或不免于洴澼绕，则所用之异也。《吕览》亦曰：古之人贵能射也，以长幼养老也；今之人贵能射也，以攻战侵夺也。其细者以劫弱暴寡也，以遏夺为务也。仁人之得饴，以养疾侍老也；跘与企足（高注：企足，庄跻也）得饴，以开闭取楗也（《异用》）。故史籍之用，亦视学者之用心何如。用之当，则可为人类谋幸福，为国家臻治平；用之不当，则可以启乱饰奸，如王莽、王安石用《周官》之不得其效。而骛博溺心哗众取宠者，更无论矣。

《文史通义·释通》首述《易》曰：惟君子为能通天下之志。又曰：先王惧人之有匿志，于是乎以文明出治，通明伦类，而广同人之量焉。是其意亦隐以《同人卦·象》所谓类族辨物者，为一切学术之来源。惟谓人官分职，绝不为通，则犹泥于形式，而未察其贯通之妙。

《文史通义·释通》：《易》曰：惟君子为能通天下之志。说者谓君子以文明为德，同人之时，能达天下之志也。《书》曰：乃命重黎绝地天通。说者谓人神不扰，各得其序也。夫先王惧人有匿志，于是乎以文明出治，通明伦类，而广同人之量焉。先王惧世有棼治，于是乎以人官分职，绝不为通，而严畔扰之防焉。自六卿分典，五史治书，学专其师，官守其法，是绝地天通之义也。（此文盖推本官守以言专门之学，其意实从《汉志》某家者流出于某官而来。然后世之不该不遍，实与古官守有殊。即以五史而论，典法则枋，以春官之属而与天官相通，其他可知。）数会于九，书要于六，杂物撰德，同文共轨，是达天下志之义也。

又其下盛论撰著之通，历举诸书类例，谓经解之通失其本旨，史部之通亡其大原。

《释通》：师法失传，而人情怯于复古；末流浸失，而学者囿于见闻。训诂流而为经解，一变而入于子部儒家，再变而入于俗儒语录，三变而入于庸师讲章。不知者习而安焉，知者鄙而斥焉，而不知出于经解之通，而失其本旨者也。载笔汇而为通史，一变而流为史钞，再变而流为策士之括类（《文献通考》之类，虽仿《通典》，而分析次比，实为类书之学。书无别裁通识，便于对策敷陈之用），三变而流为兔园之摘比。不知者习而安焉，知者鄙而斥焉，而不知出于史部之通而亡其大原者也。

而于周、孔、孟、荀、老、庄之学通者，未之及也。（第亦散见《易教》诸篇。未可谓章氏无所见，惟章氏生清中叶，实不敢言史之大用。虽标举《春秋》经世，要偏重撰著之通识别裁，他非所及。）夫就史书而论史学，固仅为商榷历代撰著之类例；若就史学而言通，则必就史学与心身家国天下之关系而言。不独孔、老之史学如是，即马、班之书所谓俟后世圣人君子、穷人理该万方者，亦必由吾说而后知其言之非夸诞也。夫后世撰著之类例，亦自古先圣哲类族辨物之全体中演变而为一部分之术，必以远大眼光求之，始可观其会通。姑就读史而言，如顾氏《日知录》，赵氏《廿二史札记》，所为治史之方法，何一非类族辨物及推十合一之术？然顾氏之治史，求通之于心身家国天下；赵氏之治史，只求通于史籍耳。

史术之正，在以道济天下，参赞位育，礼乐兵刑，经纬万端，非徒智效一官，行比一乡，德合一君，能征一国已也。第人事之对待，安危存亡祸福利害，亦演变而无穷。治史者必求其类例，以资鉴戒。则原始察终，见盛观衰，又为史术所最重者也。《诗》曰：殷鉴不远，在夏后之世。召穆公述文王曰咨者七，是鉴观前史，文王之法也。

《诗序》：《荡》，召穆公伤周室大坏也。厉王无道，天下荡荡，无纲纪文章，故作是诗。荡荡上帝，下民之辟。疾威上帝，其命多辟。天生烝民，其命匪谌。靡不有初，鲜克有终。文王曰咨，咨女殷商。曾是强御，曾是掊克，曾是在位，曾是在服。天降慆德，女兴是力。文王曰咨，咨女殷商。而秉义类，强御多怼。流言以对，寇攘式内。侯作侯祝，靡届靡究。文王曰咨，咨女殷商。女炰烋于中国，敛怨以为德。不明尔德，时无背无侧。尔德不明，以无陪无卿。文王曰咨，咨女殷商。天不湎尔以酒，不义从式。既愆尔止，靡明靡晦。式号式呼，俾昼作夜。文王曰咨，咨女殷商。如蜩如螗，如沸如羹。小大近丧，人尚乎由行。内奰于中国，覃及鬼方。文王曰咨，咨女殷商。匪上帝不时，殷不用旧。虽无老成人，尚有典刑。曾是莫听，大命以倾。文王曰咨，咨女殷商。人亦有言，颠沛之揭，枝叶未有害，本实先拨。殷鉴不远，在夏后之世。（郑玄《诗谱序》云：勤民恤功，昭事上帝，则受颂声。弘福如彼，若违而不用，则被劫杀，大祸如此。吉凶之所由，忧娱之萌渐，昭昭在斯，足作后王之鉴。此吾国之诗所以为史，而学诗即可达之于政，非徒抒情感为文艺也。）

召公奭本此术，以诰成王、周公。

《召诰》：我不可不监于有夏，亦不可不监于有殷。我不敢知曰有夏服天命，惟有历年。我不敢知曰不其延，惟不敬厥德，乃早坠厥命。我不敢知曰有殷受天命，惟有历年。我不敢知曰不其延，惟不敬厥德，乃早坠厥命。

周公亦本此术，历举殷周先王劳逸修短，资成王之监戒。

《无逸》：周公曰：呜呼！我闻曰：昔在殷王中宗，严恭寅畏，天命自度，治民祗惧，不敢荒宁。肆中宗之享国，七十有五年。其在高宗，时旧劳于外，爰暨小人。作其即位，乃或亮阴，三年不言。其惟不言，言乃雍。不敢荒宁，嘉靖殷邦。至于小大，无时或怨。肆高宗之享国，五十有九年。其在祖甲，不义惟王，旧为小人。作其即位，爰知小人之依，能保惠于庶民，不敢侮鳏寡。肆祖甲之享国，三十有三年。（此以贤劳而享祚久者。）自时厥后立王，生则逸；生则逸，不知稼穑之艰难，不闻小人之劳，惟耽乐之从。自时厥后，亦罔或克寿，或十年，或七八年，或五六年，或四三年。（此以逸乐而短祚者。）周公曰：呜呼！厥亦惟我周太王、王季，克自抑畏。文王卑服，即康功田功。徽柔懿恭，怀保小民，惠鲜鳏寡。自朝至于日中昃，不皇暇食，用咸和万民。文王不敢盘于游田，以庶邦惟正之供。文王受命惟中身，厥享国五十年。周公曰：呜呼！继自今嗣王，则其无淫于观于逸，于游于田，以万民惟正之供。无皇曰：今日耽乐，乃非民攸训，非天攸若，时人丕则有愆。无若殷王受之迷乱，酗于酒德哉！

故周之国史，明于得失之迹（《诗大序》）。而师氏掌国中失之事，以教国子弟（《周官·地官》）。史之专重鉴戒，遂垂为数千年定法。《周书》载左史戎夫取遂事之要戒，朔望以闻于穆王，所举亡国二十有四，国之分裂者二，民叛及君走各一。盖最古之史记足资鉴戒者多矣，戎夫撷其要以儆危亡，读之可以使人懔然耸惧。

《逸周书·史记解》：维正月，王在成周。昧爽，召三公左史戎夫曰：今夕朕寤遂事惊予。乃取遂事之要戒，俾戎夫主之，朔望以闻。（序曰：穆王思保位惧难，恐贻世羞，欲自警悟，作《史记》。《竹书纪年》穆王二十四年，命左史戎夫作记。）信不行，义不立，则哲士凌君政，禁而生乱，皮氏以亡。谄谀日近，方正日远，则邪人专国政，禁而生乱，华氏以亡。好货财珍怪，则邪人进；邪人进，则贤良日蔽而远。赏罚无位，随财而行，夏后氏以亡。严兵而不仁者，其臣慑；其臣慑，则不敢忠；不敢忠，则民不亲吏，刑始于亲，远者寒心。殷商以亡。乐专于君者，权专于臣；权专于臣，则刑专于民。君娱于乐，臣争于权，民尽于刑，有虞氏以亡。（有虞，商均之后。）奉孤以专命者，谋主必畏其威，而疑其前事，挟德而责数日疏，位均而争，平林以亡。大臣有锢职哗诛者危。昔者质沙三卿朝而无礼，君怒而久拘之，哗而弗加，三卿谋变，质沙以亡。外内相闲，下挠其民，民无所附，三苗以亡。弱小在强大之间，存亡将由之，则无天命矣。不知命者死。夏之方兴也，扈氏弱而不恭，身死国亡。嬖子两重者亡。昔者义渠氏有两子异母，皆重。君疾，大臣分党而争，义渠以亡。功大不赏者危。昔平州之臣功大而不赏，谄臣日贵，功臣日怨而生变，平州之君以走出。召远不亲者危。昔有林氏召离戎之君而朝之，至而不礼，留而弗亲，离戎逃而去之，林氏诛之，天下叛林氏。昔者曲集之君伐智而专事，强力而不信其臣，忠良皆伏，愉州氏伐之，君孤而无使，曲集以亡。昔者有巢氏有乱臣而贵，任之以国，假之以权，擅国而主断，君已而夺之。臣怒而生变，有巢以亡。斧小不胜柯者亡。昔有邻君啬俭，减爵损禄，群臣卑让，上下不临，后邻小弱，禁罚不行。重氏伐之，邻君以亡。久空重位者危。昔有共工自贤，以为无臣，久空大官，下官交乱，民无所附，唐氏伐之，共工以亡。犯难争权疑者死。昔有林氏、上衡氏争权，林氏再战而胜，上衡氏伪义弗克，俱身死国亡。知能均而不亲并重事君者危。昔有南氏有二臣贵宠，力钧势敌，下争朋党，君弗能禁，南氏以分。昔有果氏好以新易故，故者疾怨，新故不和，内争朋党，阴事外权，有果氏以亡。爵重禄轻比□不成者亡。昔有毕程氏损禄增爵，群臣貌匮，比而戾民，毕程氏以亡。变故易常者亡。昔阳氏之君自伐而好变，事无故业，官无定位，民运于下，阳氏以亡。业形而愎者危。昔榖平之君愎类无亲，破国弗克，业形用国，内外相援，榖平以亡。武不止者亡。昔阪泉氏用兵无已，诛战不休，并兼无亲，文无所立，智士寒心。徙居至于独鹿，诸侯畔之，阪泉以亡。很而无亲者亡。昔者县宗之君，很而无听，执事不从，宗职者疑发大事，群臣解体，国无立功，县宗以亡。昔者玄都贤鬼道，废人事天，谋臣不用，龟策是从，神巫用国，哲士在外，玄都以亡。文武不行者亡。昔者西夏性仁非兵，城郭不修，武士无位，惠而好赏，财屈而无以赏。唐氏伐之，城郭不守，武士不用，西夏以亡。美女破国。昔者绩阳强力四征，重丘遗之美女，绩阳之君悦之，荧惑不治，大臣争权，远近不相听，国分为二。宫室破国。昔者有洛氏宫室无常，池囿广大，工功日进，以后更前，民不得休，农失其时，饥馑无食。成商伐之，有洛以亡。

《大学》引《康诰》惟命不于常，释之曰：道善则得之，不善则失之。又引《诗》云：殷之未丧师，克配上帝，仪监于殷，峻命不易。释之曰：道得众则得国，失众则失国。古之大学教人学史，亦惟此为兢兢耳。

《中庸》言中和位育之功，始于戒慎恐惧。《大学》陈絜矩治平之效，亦本于诚意慎独。古人岂故偏于畏葸怯劣，不示人以奋

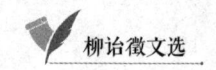

厉振兴哉！历睹成败存亡，推求因果，知人心一念之纵肆欺诈，可推演而成无涯之祸。谓非兢兢业业，无一时之不慎，不能成盛德大业。且以此通天下之志，知世人同此心理，无一人可以受欺诈而愿侵陵，欲其同情于我，惟有以至诚极恕感之，舍此更无妙术。凡恃己之私智，谓人甘受其愚者，皆至愚之见也。秦汉以来有国者亦知鉴于前事，惟未能彻底率循儒术，而略取其一部分之制度，或微师其一二端之精神。故其鉴往史而植国基者，亦不无高下差等。汉光武鉴于西汉王莽，而能存儒道之精神，行以柔道，不事四夷，而其后世尚能摧灭匈奴，历久而后失国。宋太祖鉴于唐季五代，亦知操儒家之八枋，优待士夫，以靖国内，而其后世卒至屈于异族，矫枉病其过中。由是可知鉴于前史，而精神意量之中，微有等差，其得失即悬绝。而不知鉴戒肆无忌惮者，更无论矣。

《后汉书·光武帝纪》：建武十七年，宗室诸母因酣悦相与语曰：文叔少时谨信，与人不款曲，唯直柔耳，今乃能如此。帝闻之大笑曰：吾理天下，亦欲以柔道行之。（此语最堪玩味。以许书儒柔也证之，柔道者儒术也。亦即道家君人南面之术也。《易·大有·象》曰：柔得尊位。大中而上下应之曰大有。盖《易》义为儒道所同遵。内刚外柔，知雄守雌，其术一也。）

又《臧宫传》：匈奴饥疫，自相分争。帝以问宫。宫曰：愿得五千骑以立功。帝笑曰：常胜之家，难与虑敌，吾方自思之。二十七年，宫乃与扬虚侯马武上书曰：匈奴贪利，无有礼信，穷则稽首，安则侵盗。缘边被其毒痛，内国忧其抵突。虏今人畜疫死，旱蝗赤地，疫困之力，不当中国一郡。万里死命，县在陛下。福不再来，时或易失。岂宜固守文德而堕武事乎？今命将临塞，厚县购赏，喻告高句骊、乌桓、鲜卑攻其左，发河西四郡、天水、陇右、羌胡击其右。（此即晁错以蛮夷攻蛮夷之术。臧、马等具有将略，非徒自恃其勇。）如此北虏之灭，不过数年。臣恐陛下仁恩不忍，谋臣狐疑，令万世刻石之功，不立丁圣世。诏报曰：《黄石公记》曰：柔能制刚，弱能制强。柔者德也，刚者贼也。弱者仁之助也，强者怨之归也。故曰：有德之君以所乐乐人，无德之君以所乐乐身。乐人者其乐长（孟子曰：以大事小者乐天者也。乐天者保天下。光武其知之矣。后汉此时力足以覆匈奴，而光武不轻用兵者，其所以为有德。宋初之力即不足以制契丹，而宋初惟约束武人，其事不同），乐身者不久而亡。舍近谋远者，劳而无功；舍远谋近者，逸而有终。逸政多忠臣，劳政多乱人。故曰：务广地者荒，务广德者强。有其有者安，贪人有者残。残灭之政，虽成必败。（欧史英雄，皆陷此辙。）今国无善政，灾变不息，百姓惊惶，人不自保，而复欲远事边外乎？孔子曰：吾恐季孙之忧，不在颛臾。且北狄尚强，而屯田警备传闻之事，恒多失实。诚能举天下之半以灭大寇，岂非至愿？苟非其时，不如息人。自是诸将莫敢复言兵事者。论曰：山西既定，威临天下，戎羯丧其精膽，群帅贾其余壮，是诚雄心尚武之几，先志玩兵之日。臧宫、马武之徒，抚鸣镝而抵掌，志驰于伊吾之北矣。光武审黄石，存苞桑，闭玉门以谢西域之质，卑辞币以礼匈奴之使。其意防盖已弘深，岂其颠沛平城之围忍伤黥王之陈乎？

又《儒林传》：光武中兴，爱好儒术。未及下车，而先访儒雅，采求阙文，补缀漏逸。先是四方学士，多怀挟图书，遁逃林薮，自是莫不抱负坟策，云集京师。建武五年，乃修起太学，稽式古典，笾豆干戚之容，备之于列。（王莽以经术饰其奸，光武戒其欺饰，而仍尊经崇儒，不因噎废食也。）论曰：自光武中年以后，干戈稍戢，专事经学，自是其风世笃焉。其服儒衣，称先王，游庠序，聚横塾者，盖布之于邦域矣。所谈者仁义，所传者圣法也。故人识君臣父子之纲，家知违邪归正之路。（此段上论汉儒分争王廷，树朋私里，繁其章条，穿求崖穴，以合一家之说之弊。然其根本之美在此，此亦可见范氏史识。）自桓、灵之间，君道秕僻，朝纲日陵，国隙屡启，自中智以下靡不审其崩离。而权强之臣，息其窥盗之谋；豪俊之夫，屈于鄙生之议者（注谓董卓欲大起兵，郑泰止之，卓从其言），人诵先王言也，下畏逆顺势也。（注言政化虽坏，而朝久不倾危者，以经籍道行，下人惧逆顺之势。）至如张温、皇甫嵩之徒，功定天下之半，声驰四海之表，俯仰顾盼，则天业可移，犹鞠躬昏主之下，狼狈折札之命，散成兵就绳约而无悔心。暨乎剥挠自极，人神数尽，然后群英乘其运，世德终其祚。迹衰败之所由致，而能多历年所者，斯岂非学之效乎？故先师垂典文褒励学者之功，笃矣切矣。（此论推究因果，不但可为后汉一朝总论，亦可谓为历代总论。自汉以降，政法虽不及周，崇儒亦不尽用。要以人诵先王之言，识父子君臣之纲，故历久而不敝。此中国史迹最大之因果，亦即司马谈所谓百家弗能易者矣。）

　　宋叶适《上孝宗皇帝札子》：国家规模，特异前代。本缘唐季陵夷，其极为五代废立士卒断制之祸，是以收揽天下之权，铢分以上，悉总于朝，上独专操制之劳，而下获享其富贵之逸。故内治柔和，无狡悍思乱之民，不烦寸兵尺铁，可以安枕无事，此其得也。然外网疏漏，有骄横不臣之虏，虽聚重兵勇将，而无一捷之用，卒不免屈意损威，以就和好，此其失也。论者方偏乐安靖，以为宁有外虞，而无使内变，课其功效，固已过于汉唐远矣。且靖康之事，未闻我有一城一邑敢为叛命，而坐视胡虏长驱直入，惕息待死，屠戮之惨，与五代何异？则得失之算，岂不明哉！夫徒鉴五代之致乱，而不思靖康之得祸，故李纲请裂河南为镇，范宗尹尝割边面为镇抚，皆随以废格。陛下循守旧模，而欲驱一世之人以报君仇，则形势乖阻，诚无展力之地。

儒、道二家之学，皆精于用兵。孔子曰：我战则克，盖得其道矣。老子曰：以正治国，以奇用兵。皆可见其深有以自信。而禁攻寝兵之说，亦为儒道二家所屏。（观《吕氏春秋·荡兵》等篇之言可见。）然又极戒兵祸，此非徒执一端者所能喻也。孟子曰：吾今而后知杀人亲之重也。杀人之父，人亦杀其父；杀人之兄，人亦杀其兄。然则非自杀之也一间耳。其论用兵之因果，深切著明，迄今不可易也。史家持论，亦多与此合者，观班书《武五子传论》可见。

《汉书·武五子传赞》：曰巫蛊之祸，岂不哀哉！此不惟一江充之辜，亦有天时，非人力所致焉。建元六年，蚩尤之旗见，其长竟天。后遂命将出征，略取河南，建置朔方。其春戾太子生，自是之后，师行三十年，兵所诛屠夷灭死者不可胜数。及巫蛊事起，京师流血，僵尸数万，太子子父皆败。故太子生长于兵，与之终始，何独一嬖臣哉！秦始皇即位三十九年，内平六国，外攘四夷，死人如乱麻，暴骨长城之下，头卢相属于道，不一日而无兵。由是山东之难兴，四方溃而逆秦。秦将吏外畔，贼臣内发，乱作萧墙，祸成二世。故曰兵犹火也，弗戢必自焚。信矣！是以仓颉作书，止戈为武。圣人以武禁暴整乱，止息兵戈，非以为残而兴纵之也。

夫积善馀庆，积不善馀殃。普通人事之因果，岂至立国而遂不同？故谓国家道德与寻常人事道德相殊者，必未切究历史之因果也。马迁述白起、陈平、李广事，及论蒙氏受祸之由，虽若止为个人鉴戒，要以见佳兵不祥，而不仁之祸为尤酷也。

《史记·白起列传》：武安君引剑将自刭曰：我何罪于天而至此哉！良久曰：我固当死，长平之战，赵卒降者数十万人，我诈而尽坑之，是足以死。

又《蒙恬列传》：蒙恬喟然太息曰：我何罪于天，无过而死乎？徐曰：恬固当死矣，起临洮属之辽东城堑万余里，此其中不能无绝地脉哉！此乃恬之罪也。乃吞药自杀。太史公曰：吾适北边，自直道归，行观蒙恬所为秦筑长城亭障，堑山堙谷，通直道，固轻百姓力矣。夫秦之初灭诸侯，天下之心未定，痍伤者未瘳，而恬为名将，不以此时强谏振百姓之急，养老存孤，务修众庶之和，而阿意兴功。此其兄弟遇诛，不亦宜乎，何乃罪地脉哉！

又《陈丞相世家》：始陈平曰：我多阴谋，是道家之所禁。吾世即废亦已矣，终不能复起，以吾多阴祸也。其后曾孙陈掌以卫氏亲贵戚愿得续封陈氏，然终不得。

又《李广列传》：广尝与望气王朔燕，语曰：自汉击匈奴，而广未尝不在其中。而诸部校尉以下才能不及中人，然以击胡军功取侯者数十人。而广不为后人，然无尺寸之功以得封邑者，何也？岂吾相不当侯邪，且固命也？朔曰：将军自念岂尝有所恨乎？广曰：吾尝为陇西守，羌尝反，吾诱而降，降者八百余人，吾诈而同日杀之，至今大恨独此耳！朔曰：祸莫大于杀已降，此乃将军所以不得侯者也。

《大学》曰：一家仁，一国兴仁；一家让，一国兴让；一人贪戾，一国作乱。其机如此。此谓一言偾事，一人定国。儒书究国家治乱兴衰之因果，以柄国者负责最多，故归本于一人一家。然切究其旨，则社会中人固无一不与社会相为因果。孟子称殷之故家遗俗，微子痛殷之草窃奸宄，其义相反而相成。

《孟子》：纣之去武丁未久也，其故家遗俗，流风善政，犹有存者。又有微子、微仲、王子比干、箕子、胶鬲，皆贤人也，相与辅相之，故久而后失之也。

《书·微子》：殷罔不小大，好草窃奸宄。卿士师师非度，凡有辜罪，乃罔恒获。小民方兴，相为敌仇。

鱼烂土崩，必归于多人之积因。

《公羊传·僖公十九年》：梁亡。此未有伐者，其言梁亡何？自亡也。其自亡奈何？鱼烂而亡也。

《穀梁传》：梁亡，自亡也。湎于酒，淫于色，心昏耳目塞，上无正长之治，大臣皆叛，民为寇盗。梁亡，自亡也。

《汉书·徐乐传》：天下之患，在于土崩，不在瓦解，古今一也。何谓土崩？秦之末世是也。民困而主不恤，下怨而上不知，俗已乱而政不修，此三者陈涉之所以为资也，此之谓土崩。

故观周初之兴盛，兔罝野人可备干城。

《诗·兔罝序》：《关雎》之化行，则莫不好德，贤人众多也。肃肃兔罝，椓之丁丁，赳赳武夫，公侯干城。

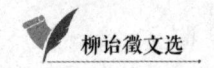

论汉宣之时世，技巧工匠皆足称述。

《汉书·宣帝纪赞》：孝宣之治，信赏必罚，综核名实，政事文学法理之士，咸精其能。至于技巧工匠器械，自元、成间鲜能及之，亦足以知吏称其职，民安其业也。遭值匈奴衰乱，推亡固存，信威北夷，单于慕义，稽首称藩，功光祖宗，业垂后嗣，可谓中兴，侔德殷宗、周宣矣。（论汉宣帝之能伸威北夷，不但政事文学法理之士，与有关系，即技巧工匠器械之精，亦其成功之原因。此义古今一也。读史者必于此等因果特加注意。晁错《言兵事书》谓劲弩长戟，射疏及远，匈奴之弓弗能格；坚甲利刃，长短相杂，游弩往来，什伍俱前，匈奴之兵弗能当。匈奴之长技三，中国之长技五。可见汉之工匠技术，在汉初已优越异族；推其原且当溯之先秦考工之法矣。陈汤称胡兵五而当汉兵一，何者？兵刃朴钝，弓弩不利，今闻颇得汉巧，然犹三而当一。汉之能制匈奴，岂徒恃武宣之主，卫霍之将哉！读史者不知注意，且厚诬吾民族，谓自来器械工巧不逮异族矣。）

而干宝论西晋之窳败曰：朝寡纯德之士，乡乏不贰之老。风俗淫僻，耻尚失所。学者以庄老为宗，而黜六经；谈者以虚薄为辩，而贱名检。行身者以放浊为通，而狭节信；进仕者以苟得为贵，而鄙居正；当官者以望空为高，而笑勤恪。又曰：选者为人择官，官者为身择利。而秉钧当轴之士，身兼官以十数，大极其尊，小录其要，机事之失，十恒八九。又曰：妇女装栉织纴，皆取成于婢仆，未尝知女工丝枲之业，中馈酒食之事。先时而婚，任情而动。故皆不耻淫佚之过，不拘妒忌之恶。有逆于舅姑，有反易刚柔，有杀戮妾媵，有黩乱上下。父兄弗之罪也，天下莫知非也。又况责之闻四教于古，修贞顺于今，以辅佐君子者哉（《晋纪总论》）！夫汉族沦胥，由于黜经鄙正，苟得奔竞，且由士夫及于妇女之不耻淫佚，为国亡本颠之证。痛哉言乎！顾亭林谓：易姓改号，谓之亡国；仁义充塞而至于率兽食人，人将相食，为亡天下。又曰：保国者，其君其臣肉食者谋之；保天下者，匹夫之贱，与有责焉（《日知录·正始》）。以干氏之言衡之，当推广顾氏之语曰：保天下者，匹夫匹妇之贱，与有责焉矣。（曾国藩《原才》曰：能移习俗而陶铸一世之人，非特居高明之地者然也，凡一命以上皆与有责焉者也。亦本顾氏之说。其实讲学者何必待受一命，但知天下国家之休戚与一己相通，则此志自不容不立矣。）

史化第十

食稻菽，衣丝麻，持箸而运笔，尚陶而饮茶。单音之语，遐迩皆通；形声之文，流播至广。建筑合于卫生，医药多所全活，艺术有其特色，工作不惮勤劬。乡党尚齿，贸迁贵信。处事咸知讲理，教子恒期成人。重贞淑而贱淫邪，守分际而耻攘窃。武术兼具刚柔，娱乐亦存风雅。设塾则敬礼文士，论治则崇尚清官。刑禁协于伦理，教宗未酿战争。方志绵延，木刻普遍。坊表碑碣，散见于僻壤遐陬；楣语楹联，广及于穷檐茆屋。宗祠谱牒之联系，以氏族为里巷村庄；燕粤海陇之迢遥，虽疏逖若家庭兄弟。外史多具录于吾籍，学人每卓著于异邦。此非吾之史化耶？悉数之不能终其物也。

史之为化，有因有革。其初因天因地因物，其继因人之性，因人之情，因先觉、因旧习而成史。分至因日，朔望因月，裘葛因寒暑，州域因山川，水工因地势。城郭宫室，相阴阳而观流泉。由是而因物因人，更仆难数。故圣哲之说多言因，如：

《论语》：因民之所利而利之，斯不亦惠而不费乎？
《中庸》：故天之生物，必因其材而笃焉。故栽者培之，倾者覆之。

《王制》：凡居民材，必因天地寒暖燥湿。广谷大川异制，民生其间者异俗，刚柔轻重迟速异齐，五味异和，器械异制，衣服异宜。修其教不易其俗，齐其政不易其宜。

《礼器》：是故昔先王之制礼也，因其财物而致其义焉尔。故作大事，必顺天时，为朝夕必放于日月，为高必因丘陵，为下必因川泽。是故天时雨泽，君子达亹亹焉。

《周官》：大司徒以土会之法，辨五地之物生。一曰山林，其动物宜毛物，其植物宜皂物，其民毛而方。二曰川泽，其动物宜鳞物，其植物宜膏物，其民黑而津。三曰丘陵，其动物宜羽物，其植物宜核物，其民专而长。四曰坟衍，其动物宜介物，其植物宜荚物，其民皙而瘠。五曰原隰，其动物宜臝物，其植物宜丛物，其民丰肉而庳。因此，五物者民之常，而施十有二教焉：一曰以祀礼教敬，则民不苟；二曰以阳礼教让，则民不争；三曰以阴礼教亲，则民不怨；四曰以乐礼教和，则民不乖；五曰以仪辨等，则民不越；六曰以俗教安，则民不偷；七曰以刑教中，则民不虣；八曰以誓教恤，则民不怠；九曰以度教节，则民知足；十曰以世事教能，则民不失职；十有一曰以贤制爵，则民慎德；十有二曰以庸制禄，则民兴功。

《荀子·解蔽篇》：由天谓之，道尽因矣。

《吕氏春秋·贵因篇》：三代所宝莫如因，因则无敌。禹通三江五湖，决伊阙，沟回陆，注之东海，因水之力也。舜一徙成邑，再徙成都，三徙成国，而尧授之禅位，因人之心也。汤、武以千乘制夏、商，因民之欲也。……夫审天者，察列星而知四时，因也。推历者，视月行而知晦朔，因也。禹之裸国裸入衣出，因也。墨子见荆王锦衣吹笙，因也。孔子道弥子瑕见釐夫人，因也。

汤、武遭乱世临苦民，扬其义成其功，因也。故因则功，专则拙。因者无敌。国虽大，民虽众，何益？（《慎大览》首曰："贤主愈大愈惧，愈强愈恐。"盖惧敌之因其强大而覆之也。此篇末语与之相呼应。）

《孙子·作战篇》：善用兵者役不再籍，粮不三载，取用于国，因粮于敌。《虚实篇》：水因地而制流，兵因敌而制胜。《用间篇》：因间者因其乡人而用之，内间者因其官人而用之。反间者因其敌间而用之，

《公羊传·隐公元年》：三月，公及邾娄仪父盟于眛。与公盟者众矣，曷为独褒于此？因其可褒而褒之。

《史记·管仲列传》：下令如流水之原，令顺民心，故论卑而易行。俗之所欲，因而予之；俗之所否，因而去之。其为政也，善因祸而为福，转败而为功。

又《货殖列传》：故善者因之，其次利道之，其次教诲之，其次整齐之，最下者与之争。

又《太史公自序》：道家无为，又曰无不为。其实易行，其辞难知。其术以虚无为本，以因循为用。（率循不越，是为因循。其流弊亦曰因循。）无成势，无常形。故能究万物之情。不为物先，不为物后，故能为万物主。有法无法，因时为业；有度无度，因物与会。故曰：圣人不朽，时变是守。虚者道之常也，因者君之纲也。

皆最精之言。班孟坚谓凡民函五常之性，而其刚柔缓急音声不同，系水土之风气，故谓之风；好恶取舍动静无常，随君上之情欲，故谓之俗。推论风俗，得其主因，而因之革之之道寓焉。是故知因然后知革。

《易·革卦·象》曰：君子以治历明时。盖古代历法改革，最为立国临民务农行政之要事，故举此为说。然历之原则，因日月者

也。行之久而与原则不符，则必革之，以求复合于所因之原则焉。推之汤武革命，顺乎天而应乎人，亦缘国君之原则，因天人者也。（《书》曰：天降下民，作之君，作之师。荀子曰：天之生民非为君也，天之立君以为民也。故古者列地建国，非以贵诸侯而已；列官职，差爵禄，非以尊大夫而已。大明。）夏商行之久而与原则不符，故汤武必革之以求复合于所因之原则焉。推之后世，嬴秦、新莽，违背因天因人之原则，而群雄纷起，犹之他国之以政术竞选。然陈胜、项籍、更始、隗嚣、公孙述等皆失败，而刘邦、刘秀乃当选焉，亦以其用兵立政有渐合于所因之原则者在也。孔子曰：殷因于夏礼，所损益可知也；周因于殷礼，所损益可知也。其或继周者，虽百世可知也。损者革也，革其渐行渐久不合于所因之原则者。又就当时之需要，益以若干合于原则者，而所因之原则故未尝变。此其所以百世可知也。《戴记·大传》曰：圣人南面而听天下，所且先者五，民不与焉。一曰治亲，二曰报功，三曰举贤，四曰使能，五曰存爱。五者一得于天下，民无不足无不赡者；五者一物纰缪，民莫得其死。圣人南面而治天下，必自人道始矣。立权度量，考文章，改正朔，易服色，殊徽号，异器械，别衣服，此其所得与民变革者也。其不可得变革者则有矣，亲亲也，尊尊也，长长也，男女有别。此其不可得与民变革者也。此观史化者所宜深味也。

王国维《殷周制度论》有精言曰：周之所以纲纪天下，其旨则在纳上下于道德，而合天子、诸侯、卿大夫、士、庶民以成一道德之团体。又曰：古之所谓国家者，非徒政治之枢机，亦道德之枢机也。使天子、诸侯、大夫、士各奉其制度、典礼，以亲亲、尊尊、贤贤，明男女之别于上，而民风化于下，此之谓治，反是则谓之乱。故天子、诸侯、卿大夫、士者，民之表也；制度、典礼者，道德之器也。周人为政之精髓实存于此（《观堂集林》卷十）。王氏精研周制，谓中国政治与文化之变革，莫剧于殷周之际。且究其立制之本意，出于万世治安之大计，其心术与规摹，迥非后世帝王所能梦见。故其例证，多就周之宗法服术之类言之。实则所谓合天下以成一道德之团体之精髓，周制独隆，而前此必有所因，虽周亡而其精髓依然为后世之所因，不限于有周一代也。以近今而论，祠祭丧服，远异于周，然其意何尝不由周而来？犹存什之一二。故千古共同之鹄的，惟此道德之团体。历代之史，匪帐簿也，胪陈此团体之合此原则与否也；地方志乘、家族谱谍、一人传记，亦匪帐簿也，胪陈此团体中之一部分合此原则与否也。吾谓史出于礼，熟察之，莫非王氏所谓精髓之所寄也。

为国以礼，为史以礼。礼者理也，以故迄今大多数之人犹都明理，此其化之源远流长，有如李白诗所谓"抽刀断水水更流"者，不易以时代画分也。第有一事，往往为今人所不喻，盖礼莫大于等威之辨，而与今人所持平等观念凿枘也。荀卿最精于礼，而极言制礼义以分之谓之至平。

《荀子·荣辱篇》：夫贵为天子，富有天下，是人情之所同欲也。然则从人之欲，则势不能容，物不能赡也。故先王案为之制礼义以分之，使有贵贱之等，长幼之差，知愚能不能之分。皆使人载其事而各得其宜，然后使愨（俞樾曰：愨当作谷）禄多少厚薄之称，是夫群居和一之道也。故仁人在上，则农以力尽田，贾以察尽财，百工以巧尽械器，士大夫以上至于公侯，莫不以仁厚知能尽官职，夫是之谓至平。故或禄天下，而不自以为多；或监门御旅抱关击柝，而不自以为寡。故曰斩而齐，枉而顺，不同而一。夫是之谓人伦。

又其表示最平等之义曰：虽王公士大夫之子孙，不能属于礼义，则归之庶人；虽庶人之子孙也，积文学正身行能属于礼义，则归之卿士大夫（《王制篇》）。此自《春秋》讥世卿，以至后世之重世族门第终归于考试之原理，具于是矣。强不平为平，何如因其智愚贤不肖为之差等之为平乎？

抑又有进者。他族之言平等，多本于天赋人权之说。吾国之言平等，则基于人性皆善之说。然人性皆善，特原其始耳。至列于礼之阶级，则相差而不平矣。吾之圣哲又为之下一定义曰：自天子以至于庶人，壹是皆以修身为本（《大学》）。则礼之阶级为表，而修身之平等为里，显示阶级制度不足以限人，而人之平等者，惟在道德。何其言之无滕义也！孟子曰：人皆可以为尧舜。荀子亦曰：涂之人可以为禹（《性恶篇》）。是从原始言，孟荀之说或殊（后世多本孟子）；从标准言，孟荀之说无二也。《大学》言修身平等，《中庸》更就知行言平等，曰：或生而知之，或学而知之，或困而知之，及其知之一也。或安而行之，或利而行之，或勉强而行之，及其成功一也。《大学》《中庸》皆言礼之书也。礼之精髓，能合智愚贤不肖而平等，此吾史所以无阶级争斗之故欤？

他国以宪法制裁君主之强暴，吾国则惟以教育觉悟权贵之昏愚。贾生《陈政事疏》及《大戴记·保傅篇》，言之綦备。是即天子必以修身为本之见于实事者。观其所引《学礼》之言，虽未能断为何时之制度，然以《吕氏春秋·尊师篇》所言证之，盖必自古相传。居高位者必从师而受学，可断言也。

《保傅篇》：《学礼》曰：帝入东学，上亲而贵仁，则亲疏有序而恩相及矣。帝入南学，上齿而贵信，则长幼有差而民不诬矣。帝入西学，上贤而贵德，则圣智在位而功不遗矣。帝入北学，上贵而尊爵，则贵贱有等而下不逾矣。帝入太学，承师问道，退习而考于太傅，太傅罚其不则而匡其不及，则德智长而治道得矣。此五学者既成于上，则百姓黎民化辑于下矣。

《吕氏春秋·尊师篇》：神农师悉诸，黄帝师大挠，帝颛顼师伯夷父，帝喾师伯招，帝尧师子州支父，帝舜师许由，禹师大成贽，汤师小臣，文王、武王师吕尚、周公旦，齐桓公师管夷吾，晋文公师咎犯、随会，秦穆公师百里奚、公孙枝，楚庄王师孙叔敖、沈尹巫，吴王阖庐帅伍子胥、文之仪，越王勾践师范蠡、大夫种。此十圣人六贤者，未有不尊师者也。

秦人蔑学，而始皇坑儒之时，扶苏谏曰：天下初定，远方黔首未集。诸生皆诵法孔子，今上皆重法绝之，臣恐天下不安。是秦自扶苏以至天下诸生，皆诵法孔子也。史称汉高祖不修文学，然楚元王交好书，多材艺，少时尝与鲁穆生、白生、申公俱受《诗》于浮丘伯。伯者，孙卿门人也（《汉书·楚元王交传》）。兄弟之间，岂无濡染？叔孙通制朝仪，亦及帝左右之为学者。（《汉书·叔孙通传》注：左右谓近臣也，为学谓素有学术。）陆贾为帝著秦所以失天下汉所以得之者，及古成败之国，凡十篇；每奏一篇，帝未尝不称善（《汉书·陆贾传》）。后世若司马光之《资治通鉴》、范祖禹之《唐鉴》、真德秀之《大学衍义》、邱濬之《大学衍义补》，皆此意也。而凡临雍视学、养老乞言、开经筵、献图说诸事，抑此政权所集至高无上之身，俯同学子；视台谏争执于后，史家贬斥于终者，尤有先事图维之妙用。虽不学或学而不行者，历世多有，而其隐销残暴，牖启仁明，盖已多矣。

王船山最恶异族之袭吾文化，故谓石勒起明堂、辟雍、灵台，拓跋宏修礼乐，立明堂，皆败类之儒鬻道统而教之窃，而君臣皆自绝于天（《读通鉴论》卷十三）。又谓自胡后死，宏始亲政，以后五年之间，作明堂，正祀典，定祂庙，祀圜丘，迎春东郊，定次五德，朝日，养老，修舜、禹、周、孔之祀，耕籍田，行三载考绩之典，禁胡服胡语，亲祠阙里，求遗书，立国子大学四门小学，定族姓，宴国老庶老，听群臣终三年之丧，小儒争艳，称之以为荣。凡此者，典漠之所不道，孔孟之所不言。立学终丧之外，皆汉儒依托附会，逐末舍本，杂谶纬巫觋之言，涂饰耳目，是为拓跋宏所行之王道而已。尉元为三老，游明根为五更，岂不辱名教而羞当世之士哉（卷十六）！其义峻矣。然异族袭吾华化，固未得吾圣哲之真精神，第即其狁裘毳幕战斗嚚顽之习，能折服于吾礼法。虽曰涂饰观瞻，要亦不无影响。推圣哲有教无类之义，亦未始不可以进之。故由种族而言，固宜力严其辨；而由文化而论，则又宜容保无疆。观唐裴光庭请许赐吐蕃诸书，欲使忠信礼义，化流无外，则知后来女真、满清诸帝之向学，赵、曾诸氏称之，亦未为失当矣。

　　《通鉴》二百十三：开元十九年，吐蕃使者称公主求《毛诗》《春秋》《礼记》正字。于休烈上疏以为：东平王，汉之懿亲，求《史记》、诸子，汉犹不与，况吐蕃国之寇仇。今资之以书，使知用兵权略，愈生变诈，非中国之利也。事下中书门下议之，裴光庭等奏：吐蕃聋昧顽嚚，久叛新服，因其有请，赐以《诗》《书》，庶使之渐陶声教，化流无外；休烈徒知书有权略变诈之语，不知忠信礼义，皆从书出也。上曰：善。遂与之。

　　《廿二史札记》：金代文物远胜辽元。（《曾国藩先正事略序》可参考。）

　　史迹之蜕变，有由简质而渐臻繁赜者，有由广博而渐即单纯者，未可一概论也。由邃古之榛狉，累进而至有周之礼教，此由简质而臻繁赜也。秦汉以降，虽亦由周制而演变，而论其教化，则时时有由广博而趋单纯之势。周之为教也，曰知、仁、圣、义、忠、和，曰孝、友、睦、姻、任、恤，曰礼、乐、射、御、书、数，又曰中和、祗庸、孝友，曰兴道、讽诵、言语，曰《云门》《大卷》《大咸》《大磬》《大夏》《大濩》《大武》，又曰三德，曰六艺，曰六仪，其目繁矣。其举人也，闾书敬敏任恤，族书孝弟睦姻有学，党书德行道艺，州考德行道艺（均见《周官》）。亦与所教之繁赜相应。越数百年，典籍渐湮，制度渐废，乃变为专事读书及游说干进二途。（如苏秦读《阴符》，简炼以为揣摩历说列国之类。）自汉以降，教学亦惟读书，而选士取人，往往设科虽多，而惟重其一二。如汉时虽有贤良方正、直言极谏、茂材异等、可使绝国及敦朴有道、贤能直言、独行高节、质直清白敦厚之属（参《汉书·武帝纪》《后汉书·左雄传论》）。而仕进之途，惟选举孝廉及博士弟子为重。简言之，行则孝廉，学则读书而已。唐制常贡之科，有秀才，有明经，有进士，有明法，有书，有算，自京师郡县皆有学，而士族所趋向，唯明经、进士二科（《通典·选举三》）。简言之，则读书作文而已。古意之渐演渐湮，由礼乐政教之胥替，而蜕化之中，亦自有其精髓者存，是不可以不察也。

汉自惠帝四年，诏举民孝弟力田者复其身。高后元年，置孝弟力田二千石者一人。不知为何人所倡议也。至武帝元光元年，初令郡国举孝廉各一人。又制郡国口二十万以上，岁察一人；四十万以上，二人；六十万，三人；八十万，四人；百万，五人；百二十万，六人。不满二十万，二岁一人；不满十万，三岁一人。后汉和帝时，又令缘边郡口十万以上，岁举孝廉一人；不满十万，二岁举一人；五万以下，三岁举一人。（《通典》注推当时户口，一岁所贡不过二百余人，然其立法甚均平，由内地及于边郡，无不察举。故视周之比闾族党之选举，德目为简；而悬孝与廉为选人之标准，则各地易知易行也。）其于人之所求，孝与廉而已。择德目能知其要，教国民深探其本，不可谓无识也。虽自武帝时政俗已敝，议者力言宜贵孝弟、贱贾人、进真贤、举实廉。知贵孝弟举实廉，非帝王一人之所偏向，而为士大夫所共祈求矣。

《汉书·贡禹传》：禹又言，孝文皇帝时贵廉洁，贱贪污，贾人、赘婿及吏坐赃者，皆禁锢不得为吏。赏善罚恶，不阿亲戚，罪白者伏其诛，疑者以与民，亡赎罪之法。故令行禁止，海内大化。天下断狱四百，与刑错亡异。武帝始临天下，尊贤用士，辟地广境数千里。自见功大威行，遂从耆欲，用度不足，乃行一切之变，使犯法者赎罪，入谷者补吏。（此法与选孝廉之义相矛盾。）是以天下奢侈，官乱民贫，盗贼并起，亡命者众。郡国恐伏其诛，则择便巧史书，习于计簿，能欺上府者，以为右职；奸轨不胜，则取勇猛能操切百姓者，以苛暴威服下者，使居大位。故亡义而有财者显于世，欺谩而善书者尊于朝，悖逆而勇猛者贵于官。故俗皆曰：何以孝弟为？财多而光荣。何以礼义为？史书而仕宦。何以谨慎为？勇猛而临官。故黥劓而髡钳者犹复攘臂为政于世，行虽犬彘，家富势足，目指气使，是为贤耳。故谓居官而置富者为雄桀，处奸而得利者为壮士。兄劝其弟，父勉其子，俗之坏败，乃至于是。（此皆俗人之观念。在有识者观之，是为坏败。）察其所以然者，皆以犯法得赎罪，求士不得真贤，相守崇财利，诛不行之所致也。今欲兴至治，致太平，宜除赎罪之法，相守选举不以实及有赃者，辄行其诛，亡但免官。则争尽力为善，贵孝弟，贱贾人，进真贤，举实廉，而天下治矣。

游牧之俗，迁徙无常，贱老贵壮，故以夫妇为本位，而父子可不相闻。农稼之俗，世业相承，老幼一体，故以父子为本位，而夫妇重其相代。（《冠义》：冠于阼，以著代也。《昏义》：舅姑共飨，妇以一献之礼，奠酬，舅姑降自西阶，妇降自阼阶，以著代也。）故吾谓丧考妣三年之俗，盖在唐虞之前已有之。缘国族之由渔牧而进于农耕，殆已经若干万年，圣哲之倡孝德，特因其俗而为之节文耳。孔子曰：天地之性，人为贵，人之行莫大于孝。又曰：父子之道，天性也，君臣之义也。父母生之，续莫大焉。上原天性，下推相续。盖农业民族，天性特厚，有非游牧民族之习于凉薄所得喻者。且即喻之，而于吾圣哲之制为节文之精，犹难体察也。《士礼·丧服传》最精之言曰：禽兽知母而不知父。野人曰：父母何算焉？都邑之士，则知尊祢矣；大夫及学士，则知尊祖矣。故不知孝者无论；知矣，而知母不知父，其去禽兽未远也。又进而曰：父母何算焉？犹是野人之见也。至都邑之士之尊祢，始为由野蛮而进于文明。此吾国之文明所以早轶于他族也。（唐明之改服制，已由周之都邑之士之见，退而至于野人。然更有由野人而益降者，则墨家兼爱之说也。墨家之说曰：视人之父若己之父。骤聆之，似若较儒家之说为博大。然人之父恶得若己之父？此即其说之最不通者，故曰由野人而益降也。析理不精，反若说理之粗者为可贵，世之欲以墨易儒者多矣。）

　　《庄子》虽有翻十二经之语，而先秦诸子引据《诗》《书》，未有以《诗经》《书经》称者。惟《吕氏春秋·察微篇》引高而不危、满而不溢等语，明著曰《孝经》。而蔡邕《明堂论》曾引魏文侯《孝经传》，其书更早于《吕览》矣。《公羊疏》引《孝经钩命决》曰：孔子在庶，德无所施，功无所就，志在《春秋》，行在《孝经》。以《春秋》属商，《孝经》属参。而曾子之名，最著于战国，庄子多以曾、史并称（《胠箧篇》曰：削曾、史之行，钳杨、墨之口。《在宥篇》曰：曾、史之术。《天地篇》曰：跖与曾、史，行义有间矣）。盖以曾、史为忠孝之代表。然史鳅为魏名臣，曾子之位不之逮。荀卿多诋史䲡，于曾子无间然。盖由人性之尚孝，故信向曾子若是笃也。秦人家富子壮则出分；家贫子壮则出赘；借父钮耰，虑有德色；母取箕帚，立而谇语；抱哺其子，与公并倨；妇姑不相说，则反唇而相稽；其慈子耆利，不同禽兽者亡几耳（《汉书·贾谊传》）。而秦儒为吕不韦著书，作《孝行览》

曰：夫孝，三皇五帝之本务，而万事之纪也。夫执一术而百善至、百邪去，天下从者，其惟孝也。使非人性有所同然，其说恶能鸣之于秦国？吾以是知汉惠帝、吕后及武帝之以孝教天下，殆由于秦儒之说；而秦儒之说，又自尧、舜、禹、契、周公及孔、曾而来，汉人乃因此远源以为教也。贡禹述俗人之言曰：何以孝弟为？财多而光荣。汉末之谚曰：举秀才，不知书；举孝廉，父别居见（《抱朴子》）。俗之易浇而难化可见矣。然汉代诸帝皆以孝为谥，而天下皆诵《孝经》。（《后汉书·荀爽传》）：汉制使天下皆诵《孝经》。盖自天子以至于庶人，皆以孝为本务之义。汉武帝雄才大略，不拘拘于儒说也，而其行之无愧于孝武之谥者有二焉，一曰：援《公羊》之谊而征匈奴。

《汉书·匈奴列传》：汉既诛大宛，威震外国。天子意欲遂困胡，乃下诏曰：高皇帝遗朕平城之忧，高后时单于书绝悖逆。昔齐襄公复九世之仇，《春秋》大之。是岁太初四年也。

一曰：守先帝之法而诛昭平君。

《汉书·东方朔传》：隆虑公主子昭平君尚帝女夷安公主。隆虑主病，因以金千斤钱千万为昭平君豫赎死罪，上许之。隆虑主卒，昭平君日骄醉，杀主傅，狱系内官。以公主子，廷尉上请请论，左右人人为言：前又入赎，陛下许之。上曰：吾弟老，有是一子，死以属我。于是为之垂涕叹息良久，曰：法令者，先帝所造也，用弟故而诬先帝之法，吾何面目入高庙乎？又下负万民。乃可其奏，哀不能自止。

而《东方朔传》叙昭平君事，尤可见帝之至性过人，不以私情而损国法。俗人恶知此之为孝乎？读史者知此义，然后知宋光宗不过重华宫，张居正夺情恋政，以君相之尊为举世所非。宋之濮议，明之大礼，皆帝王家事，无与于国事，而徇私情以为孝，不合于礼，士大夫不惮昌言力争，均由天子至于庶人以孝为修身之本之谊深中于人心。其身不修，即不能宴然居于臣民之上，士大夫之持清议者，不容不辨。此当时所以认为大事，史家所以必为详书。否则以今日之心习眼光观之，何能解此意义耶？

教、孝一术耳，而秦儒言其广义曰：凡为天下治国家，必务其本而后末。所谓本者，非耕耘种植之谓，务其人也。（此所谓人本主义。）务其人，非贫而富之，寡而众之，务其本也。务本莫贵于孝。人主孝，则名章荣，下服听，天下誉。人臣孝，则事君忠，处官廉，临难死。士民孝，则耕芸疾，守战固，不罢北。其言盖自曾子所谓居处不庄，事君不忠，莅官不敬，朋友不信，战陈无勇，皆非孝而来。夫人群至涣也，岂惟生存竞争，盖必有同情互助之为，其群始可以胶固而发达。世之立国者，或以宗教，或以法律，或以经济，皆以胶此涣散之群，而使之发展者也。然不本于性情之正，其胶也反以促其争。惟吾圣哲以孝为教，实本于天性，而合于人情，而国家社会缘以永久而益弘。其为义曰：资于事父以事母，而爱同；资于事父以事君，而敬同。故母取其爱，而君取其敬，兼之者父也。又曰：爱亲者不敢恶于人，敬亲者不敢慢于人。建国家，安社会，胥从孝出。盖人子之于父母，同情出于天性，由是而服劳奉养，由是而屈己受教。其牺牲私利私见，以助他人，以从他人之心习，自童稚至成人时已于家庭无形养成，则其致身于社会国家，至顺之势也。故曰：圣人因严以教敬，因亲以教爱，其所因者本也（《孝经》）。历代政教，惟曹操有或不仁不孝而有治国用兵之术，其各举所知，勿有所遗之令（《魏志》注）。外此未有不以孝为重者。夫以孝为重，即训练一世之人不自私而利人之基础；由其基础深厚，虽亦未尝无儇薄横逆悖于家族害于群众之流，而爱群奉法砥节首公明于致身之义者，不可胜数。极之精忠大节取义成仁，皆自其真性情中发出，非浮慕虚名，漫拼一死，或宗教法律经济诱惑而约束之，由是国族绵延，疆宇恢扩。广之任恤睦婣如范文正设义庄之类，敛之循分守法，斯岂无故而然哉！

孝廉之选，北周以降不复举。（北周宣帝大成元年，诏州举高才博学者为秀才，郡举经明行修者为孝廉。）孝弟力田之科，至中唐而遂罢。（唐代宗广德二年五月，礼部侍郎杨绾奏岁贡孝弟力田无实状，及童子科皆侥幸，悉罢之。）宋苏轼谓设科立名以取之，是教天下相率而为伪也。上以孝取人，则勇者割股，怯者庐墓；上以廉取人，则敝车羸马，恶衣菲食。凡可以中上意者，无所不至。德行之弊，一至于此（《论贡举疏》）。虽至清世俗之称，犹目举人为孝廉。（《陔馀丛考》：今世俗别称举人曰孝廉，以孝廉本郡国所举也。）每帝即位，直省府县各举孝廉方正一人，固与汉制迥殊矣。然风化所重，实深入于人心，不系于科目之有无。观于古礼渐久渐湮，惟丧服之名相承不坠，虽衰麻升数，等差莫辨，礼之深于文者，惟经生知之，而俗尚所沿，未始不存其意。百行孝为先之语，普及于社会。（即《吕氏春秋》所谓，执一术百善至、百邪去之意。）史化之深，无有过于此者矣。迁、固二大史家，皆由继承父志。姚思廉、欧阳修之行业，亦犹迁、固也。读龙门执手垂泣之言，味泷冈其来有自之语，其精神能感人于百世，此其史之所以不朽者乎？

汉之以廉与孝并重也，有近因焉，有远因焉。就其近者言之，六国之亡，汉室之兴，多由金钱之关系。用是知贪人败类，苟相率于拜金，则举国家军队，皆可为多金者所市。故虽出身狗屠之樊哙，犹知劝沛公勿为富家翁。此汉家开国君臣共同之意识。

《史记·信陵君列传》：公子威振天下，秦王患之，乃行金万斤于魏，求晋鄙客，令毁公子于魏王。

又《李牧传》：秦多与赵王宠臣郭开金，为反间，言李牧、司马尚欲反。赵王乃使赵葱及齐将颜聚代李牧。

又《李斯列传》：秦王乃拜李斯为长史，听其计，阴遣谋士赍持金玉以游说诸侯。诸侯名士可下以财者，厚遗结之；不肯者，利剑刺之，离其君臣之计。

又《高祖本纪》：使郦生、陆贾往说秦将，啖以利，因袭攻武关破之。

又：闻豨（陈豨）将皆故贾人也，上曰：吾知所以与之。乃多以金啖豨将，豨将多降者。

又《陈丞相世家》：绛侯、灌婴等咸谗陈平曰：平受诸将金，金多者得善处，金少者得恶处。汉王召让平。平曰：臣裸身来，不受金，无以为资。大王诚能出捐数万斤金，行反间，间其君臣，以疑其心，项王为人意忌信谗，必内相诛。汉因举兵而攻之，破楚必矣。汉王以为然，乃出黄金四万斤与陈平，恣所为，不问其出入。陈平多以金纵反间于楚。

又《留侯世家》：沛公入秦宫，宫室、帷帐、狗马、重宝、妇女以千数，意欲留居之。樊哙谏沛公出舍，沛公不听。良曰：夫秦为无道，故沛公得至此。夫为天下除残贼，宜缟素为资。今始入秦，即安其乐，此所谓助桀为虐。且忠言逆耳利于行，毒药苦口利于病，愿沛公听樊哙言。沛公乃还军霸上。《集解》：徐广曰：一本哙谏曰：沛公欲有天下邪？将欲为富家翁耶？沛公曰：吾欲有天下。哙曰：今臣从入秦宫，所观宫室、帷帐、珠玉、重宝、钟鼓之饰，奇物不可胜极。入其后宫，美人妇女以千数，此皆秦所以亡天下也。愿沛公急还霸上，无留宫中。（《通鉴》采此语。）又《项羽本纪》：范增说项羽曰：

沛公居山东时，贪于财货，好美姬。今入关，财物无所取，妇女无所幸，此其志不在小。

故自文帝即以廉吏为民之表。

《汉书·文帝纪》：十二年诏曰：孝悌，天下之大顺也；力田，为生之本也；三老，众民之师也；廉吏，民之表也。

景帝又以廉士失职、贪夫长利为戒。

《汉书·景帝纪》：后二年诏曰：人不患其不知，患其为诈也；不患其不勇，患其为暴也；不患其不富，患其亡厌也。其惟廉士，寡欲易足。今訾算十以上乃得官（应劭曰：古者疾吏之贪，衣食足知荣辱，限訾十算乃得为吏。十算，十万也。贾人有财不得为吏，廉士无訾又不得官，故减訾算得官矣），廉士不必众，有市籍不得官（即所谓贾人有财不得官也），无訾又不得官，朕甚愍之。訾算四得官，亡令廉士久失职，贪夫长利。

武帝既创举孝廉之法，又置部刺史，以六条察州，而侵渔百姓聚敛为奸、通行货赂割损正令之弊，占六条之二。

《汉书·百官公卿表》：武帝元封五年，初置部刺史，掌奉诏条察州。注引《汉官·典职仪》云：刺史班宣周行郡国，省察治状，以六条问事。……二条：二千石不奉诏书遵行典制，倍公向私，旁诏守利，侵渔百姓，聚敛为奸。……六条：二千石违公下比，阿附豪强，通行货赂，割损正令。

以贡禹之言观之，似武帝时贪风甚炽。然张汤与贾人钱通，而其死也，家产直不过五百金，皆所得奉赐，无他业。霍去病以外戚为大将，能知匈奴未灭无以家为。其尚廉之化，固行于贵近矣。

《史记·酷吏列传·张汤传》：汤之客田甲虽贾人，有贤操。始汤为小吏时，与钱通。及汤为大夫，甲所以责汤行义过失有烈士风。汤死，家产直不过五百金，皆所得奉赐，无他业。

又《霍去病传》：天子为治第，令骠骑视之。对曰：匈奴未灭，无以家为也。

至论其远原，则自盘庚已以无总于货宝生生自庸为训，卒以草窃奸宄亡国。故周之六计，以廉为本。

《周官》：小宰以官府之六计弊群吏之治，一曰廉善，二曰廉能，三曰廉敬，四曰廉正，五曰廉法，六曰廉辨。

盖必廉而后可善、可能、可敬、可正、可法、可辨，未有不廉而善且正者也。《管子》以廉为四维之一，而释之曰：廉不蔽恶。盖廉之本义为廉隅，即凡事皆有界限之谓。临财毋苟得者，即审于群己公私之界限，不敢为恶而肆为欺蔽也。

《管子·牧民》：国有四维。一维绝则倾，二维绝则危，三维绝则覆，四维绝则灭。倾可正也，危可安也，覆可起也，灭不可复错也。何谓四维？一曰礼，二曰义，三曰廉，四曰耻。礼不逾节，义不自进（尹注：自进谓不自

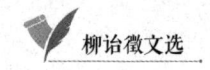

荐举也），廉不蔽恶（注：隐蔽其恶非贞廉也），耻不从枉。（注：诡随邪枉无羞之人。）故不逾节则上位安，不自进则民无巧诈，不蔽恶则行自全，不从枉则邪事不生。

儒者制行，砥厉廉隅，不陨获于贫贱，不充诎于富贵（《儒行》），与《周官》《管子》之持义一也。然其精义，则在胸襟之高，有超乎富贵贫贱之境。《中庸》曰：素富贵行乎富贵，素贫贱行乎贫贱。君子无入而不自得。故孔子饭疏食饮水，曲肱而枕之，乐亦在其中。有此境界，始能视不义之富贵如浮云。自孔子以身示范，战国时人即已诵述其说。如蔡泽说应侯曰：圣人曰：飞龙在天，利见大人。不义而富且贵，于我如浮云（《史记·蔡泽传》）。可见战国时人心服此说，尊孔子为圣人，举其说与《易》并重也。孟子严义利之辨，视孔子之说尤详。穿窬乞墦，譬喻痛切；斥垄断嗜利者为贱丈夫，而定大丈夫之标准曰：富贵不能淫，贫贱不能移，威武不能屈。汉孝文时，《孟子》已立博士，其学说为汉人所信仰可想。故汉之举士，以廉与孝并重，又有此等远源，非徒鉴于秦楚之际矣。

古之为政，正德与利用厚生相剂。其言理财，以生之者众、为之者疾为主，初非不知经济，惟事消极保息养民，亦曰：安富。而其惩游惰之不生产者，又有法焉，曰：凡宅不毛者有里布，田不耕者出屋粟，无职事者出夫家之征。又曰：凡无职者出夫布，凡庶民不畜者祭无牲，不耕者祭无盛，不树者无椁，不蚕者不帛，不绩者不衰（均见《周官》）。其重生计至矣。然此为凡民言耳，至于士大夫，则不能假口于此。孔子曰：君子仕则不稼，田则不渔，食时不力珍，大夫不坐羊，士不坐犬（《坊记》）。孟献子曰：畜马乘，不察于鸡豚；伐冰之家，不畜牛羊；百乘之家，不畜聚敛之臣。与其有聚敛之臣，宁有盗臣。盖经济宜分公私，士大夫当为国民谋公经济，不得以其地位与凡民争私经济。士大夫与国民争私经济，则公经济何自增进而平均乎？董生知此义，举公仪休以告汉武。

《汉书·董仲舒传》：受禄之家，食禄而已，不与民争业，然后利可均布，而民可家足。此上天之理，而亦太古之道，天子之所宜法以为制，大夫之所当循以为行也。故公仪子相鲁，之其家，见织帛，怒而出其妻，食于舍而茹葵，愠而拔其葵，曰：吾已食禄，又夺园夫红女利乎？古之贤人君子在列位者皆如是，是故下高其行而从其教，民化其廉而不贪鄙。及至周室之衰，其卿大夫缓于谊而急于利，亡推让之风，而有争田之讼。故诗人疾而刺之曰：节彼南山，惟石岩岩。赫赫师尹，民其尔瞻。尔好谊，则民乡仁而俗善；尔好利，则民好邪而俗败。由是观之，天子大夫者，下民之所视效，远方之所四面而内望也。近者视而放之，远者望而效之，岂可以居贤人之位而为庶人行哉！夫皇皇求财利，常恐乏匮者，庶人之意也；皇皇求仁义，常恐不能化民者，大夫之意也。《易》曰：负且乘，致寇至。乘车者君子之位也，负担者小人之事也。此言居君子之位，而为庶人之行者，其患祸必至也。若居君子之位，当君子之行，则舍公仪休之相鲁，亡可为者矣。

史迁亦知此义，故举公仪休以式循吏。后史之美清廉，贬贪墨，及历朝之重除贪，罔非本此义也。

《日知录》：汉时赃罪被劾，或死狱中，或道自杀。唐时赃吏，多于朝堂决杀，其持宥者，乃长流岭南。睿宗太极元年四月制官典，主司枉法赃一匹已上并先决一百。而改元及南郊赦文每曰：大辟罪已下，已发觉未发觉，已结正未结正，系囚见徒罪，无轻重咸赦除之。官典犯赃，不在此限。然犹有左降迁方、谪官蛮徼者。而卢怀慎重以为言，谓屈法惠奸非正本塞源之术。是知乱政同位，夏后作其丕刑；贪以败官，《夏书》训之必杀。三代之王，罔不由此道者矣。……宋初郡县吏承五季之习，黩货厉民，故尤严贪墨之罪。开宝三年董元吉守英州，受赃七十余万，帝以岭表初平，欲惩掊克之吏，特诏弃市。而南郊大赦，十恶故劫杀及官吏受赃者不原。史言宋法可以得循吏者三，而不赦犯赃其一也。天圣以后，士大夫皆知饰簠簋而厉廉隅，盖上有以劝之矣。（参阅《廿二史札记》明代重惩贪吏条。）

史家持论，或有愤疾浊世，故为激宕之言。如《史记·游侠列传序》，谓季次原宪，闾巷人也，读书怀独行君子之德，义不苟合当世，当世亦笑之。又曰：伯夷丑周，饿死首阳山，而文武不以其故贬王。跖跷暴戾，其徒诵义无穷。由此观之，窃钩者诛，窃国者侯，侯之门，仁义存，非虚言也。其感慨至矣，然其上文以何知仁义已向其利者为有德，属于鄙人之言。盖史公鄙王侯为跖跷之行，故设此论也。历观史事，廉正之能化人者多矣。张奂能化羌豪。

《后汉书·张奂传》：张奂字然明，敦煌酒泉人也。少游三辅，学欧阳《尚书》。……永寿元年，迁安定属国都尉。初到职，而南匈奴左薁鞬台耆、且渠伯德等七十余人寇美稷，东羌复举种应之。而奂壁唯有二百许人，闻即勒兵而出。军吏以为力不敌，叩头争止之。奂不听，遂进屯长城，收集兵士，遣将王卫招诱东羌，因据龟兹，使南匈奴不得交通。东羌诸豪遂相率与奂和亲，共击薁鞬等。连战破之，伯德惶恐，将其众降，郡界以宁。羌豪感奂恩德，上马二十匹，先零酋长又遗金镮八枚。奂并受之，而召主簿于诸羌前，以酒酹地曰：使马如羊，不以入厩；使金如粟，不以入怀。悉以金马还之。羌性贪而贵吏清，前有八部都尉，率好财货，为所患苦，及奂正身洁己，威化大行。

袁绍畏见许劭。

《后汉书·许劭传》：同郡袁绍，公族豪侠，去濮阳令归，车徒甚盛。将入郡界，乃谢遣宾客曰：吾舆服岂可使许子将见。遂以单车归家。

毛玠之倡廉节，杨绾之格豪侈，知风气固亦惟人所转移。

《魏志·毛玠传》：玠尝为东曹掾，与崔琰并典选举。其所举用，皆清正之士，虽于时有盛名，而行不由本者，终莫得进，务以俭率人。由是天下之士，莫不以廉节自励。

《通鉴》二百二十五：大历十二年夏四月壬午，以太常卿杨绾为中书侍郎，礼部侍郎常衮为门下侍郎，并同平章事。绾性清俭简素，制下之日，朝野相贺。郭子仪方宴客，闻之，减坐中声乐五分之四。京兆尹黎干驺从甚盛，即日省之，止存十骑。中丞崔宽第舍宏侈，亟毁撤之。

至如武侯佐蜀，宣公相唐，遗表矢无赢财，史征其实，馈遗一皆拒绝，诏知其清。伟人长德，其高洁之出于至诚者，信当时而垂弈世。则有守而又有猷为，非徒以廉靖镇俗矣。

《蜀志·诸葛亮传》：亮自表后主曰：成都有桑八百

株，薄田十五顷，子弟衣食，自有余饶。至于臣在外任，无别调度，随身衣食，悉仰于官，不别治生，以长尺寸。若臣死之日，不使内有余帛，外有赢财，以负陛下。及卒，如其所言。

《通鉴》三百三十四：贞元九年，上使人谕陆贽曰：卿清慎太过，诸道馈遗，一皆拒绝，恐事情不通。如鞭靴之类，受亦无伤。贽上奏曰：监临受贿，盈尺有刑。（胡注：律诸监临之官受所监临财物者，一尺笞四十；诸监临主司受财而枉法者，一尺杖一百。）至于士吏之微，尚当严禁，矧居风化之首，反可通行？贿道一开，展转滋甚，鞭靴不已，必及金玉。目见可欲，何能自窒于心？已与交私，何能中绝其意？是以涓流不绝，溪壑成灾矣。又曰：若有所受，有所却，则遇却者疑乎见拒而不通矣；若俱辞不受，则咸知不受者乃其常理，复何嫌阻之有乎？

孟子曰：无恒产而有恒心者，惟士为能。历代士风，虽隆污不一，而以其习于教训，慎于名检，与商贾胥吏殊科。有时以士人治财务，而见特效。刘晏之治盐运，湘军之举厘金，皆得士力。原士之多廉者，浸淫渐渍于儒史之化也。此又治史者所当深察也。

《通鉴》二百二十六：刘晏常以为办集众务，在于得人，故必择通敏精悍廉勤之士而用之，至于句检簿书，出纳钱谷，必委之士类。吏惟书符牒，不得轻出一言。常言士陷赃贿，则沦弃于时，名重于利（此亦可见唐时风化），故士多清修。吏虽洁廉，终无显荣，利重于名，故吏多贪污。

王闿运《湘军志·筹饷篇》：刑部侍郎雷以諴治军扬州，用钱江谋，奏榷商税，关税正则，本千而取三，榷之廛肆，则入千而取十。谓之厘金，言金取一厘也。厘金虽始于扬州，然无所得。（盖雷所用者多官吏，徒以滋弊。）曾国藩克武昌，下九江，乃令胡大任、何玉棻、孙谋于汉口行之。奸民诉之总督，下檄名捕大任等。大任者，礼部主事，故国藩亦移咨杨霈争之。霈不得已，委过藩司。未几，武昌、汉口复陷，而湖南厘局兴矣。郭嵩焘尤喜言厘金，始倡用士人，使其弟佐总局，而府县厘局，皆举贡生员（彼时举贡生员皆读孔孟书，不染胥吏商贾之习，故能奏效），商民便之。院司虽或委员，总成列衔而已。（实则湘军成功，多由士学，不止于办厘金专用士人。淮军不逮湘军，以其将领不皆士也。然李鸿章师友曾、左，犹足为晚清伟人，士学之效如是。）

古之为学，自童时舞勺舞象，学射御；长而学干戈羽籥，习射习乡，不惟以讽诵为事也。孔子谓立于礼，成于乐。又曰：执御乎？执射乎？至孟子始专言诵《诗》读《书》。荀子曰：学恶乎始？恶乎终？曰：其数则始乎诵经，终乎读礼（《劝学篇》）。于礼言读，与孔子之执礼，已不尽同。《吕氏春秋·尊师》亦曰：疾讽诵，问书意。后世之学偏重读书，所由来远矣。汉法，学僮能讽书九千字以上乃得为吏。司马迁十岁则诵古文，东方朔虽尝学击剑及孙吴兵法、战阵之具、钲鼓之教，然所自诩者在能诵若干万言。

《汉书·东方朔传》：年十二学书，三冬文史足用。十五学击剑，十六学《诗》《书》，诵二十二万言。十九学孙吴兵法、战阵之具、钲鼓之教，亦诵二十二万言。凡臣朔固已诵四十四万言。（学兵法亦是读书。赵括徒读父书，可与朔言相证。）

故董遇教学者，初不为讲解，第曰：读书百遍，而义自见。

《三国志·王肃传》注：董遇性质讷而好学，人有从学者，遇不肯教，而云必当先读百遍。言读书百遍，而义自见。

锺会自述四岁读《孝经》，至后按年读诸经。可以见其时士大夫家教子弟之程序。

《三国志·锺会传》注：会为其母传曰：夫人性矜严，明于教训。会虽童稚，勤见规诲。年四岁授《孝经》，七岁诵《论语》，八岁诵《诗》，十岁诵《尚书》，十一诵《易》，十二诵《春秋左氏传》、《国语》，十三诵《周礼》、《礼记》，十四诵成侯《易记》，十五使入太学。

以段玉裁十三岁所读书证之，汉魏及清，世家之教读书，前后一轨。而天资之高者，十三四岁即能读若干古书，初不损其脑力也。

段玉裁《朱子小学跋》：乾隆丁卯，余年十三，先君子授以《小学》。是年，应学使者童子试，试之日，能背诵《小学》、四子书、《诗》、《书》、《易》、《周礼》、《礼记》、《春秋左氏传》。吏部侍郎尹公元孚为孺子可教，赐饭宠异之。

六代以降，世益尚文词之美。科举考试，竞于文艺。韩愈自述其学曰：非三代两汉之书不敢观（《答李翊书》）。又曰：上规姚姒，浑浑无涯。周《诰》殷《盘》，佶屈聱牙。《春秋》谨严，《左氏》浮夸。《易》奇而法，《诗》正而葩。下逮《庄》《骚》，太史所录，子云、相如，同工异曲（《进学解》）。柳宗元曰：文者以明道。是固不苟为炳炳烺烺，务采色夸声音而以为能也。又曰：本之《书》以求其质，本之《诗》以求其恒，本之《礼》以求其宜，本之《春秋》以求其断，本之《易》以求其动，此吾所以取道之原也。参之穀梁氏以厉其气，参之孟、荀以畅其支，参之庄、老以肆其端，参之《国语》以博其趣，参之《离骚》以致其幽，参之太史以著其洁，此吾所以旁推交通而以为之文也（《答韦中立书》）。故虽专尚文章，去古益远，而其根本仍在读书，且所读惟周、秦、两汉之书。此岂迷信及功令使然，其必出于读及惟此是读者，实经若干时代若干人物选择考虑，知他途之不逮是也。

宋以来学者读书之程序，见于程端礼《读书分年日程》。大抵先读《朱子小学》，次读《大学》《论语》《孟子》《中庸》，次读《孝经》《易》《书》《诗》《仪礼》《礼记》《春秋经》及"三传"，次看《通鉴》，读韩文，读《楚辞》。其言读法尤详。

《读书分年日程》：日止读一书，自幼至长皆然。随日力资性，自一二百字渐增至六七百字，日永年长，可近千字而已。每大段内必分作细段，每细段必看读百遍，倍读百遍，又通倍读二三十遍。（如此用功，便可终身不忘。）后凡读经书仿此……每夙兴，即先自倍读。已读册首书至昨日所读书一遍。内一日看读，一日倍读。生处、误处、记号以待夜间补正遍数。其间日看读，本为童功文理未通误不自知者设。年十四五以上者，只倍读。师标起止于日程空眼簿。凡册首书烂熟，无一句生误，方是工夫已到，方可他日退在夜间，与平日已读书轮流倍温。如未精熟，遽然退混诸书中，则温倍渐疏，不得力矣。凡倍读熟书，逐字逐句，要读之缓而又缓，思而又思，使理与心浃。朱子所谓精思，所谓虚心涵泳；孔子所谓温故知新，以异于记问之学者，在乎此也。

数百年间，塾师之教，虽不尽同，大都先倍诵而后理解，世多病其戕贼儿童。不知人生数十寒暑，惟童时记忆力最强，前人深知此意，利用天机，不使浪费，而多读有用之书。如农种谷，非朝莳而暮获，必俟秋至而后丰收；如贾储金，非旦入而夕支，必俟年久而得厚利。且其法抑人浮躁，勉使沉潜，养其恒心，归于笃实。故对所读之书能切实从事者，长而执业服务，求所未知未能之学，即亦不惮繁难，而必求其精当。养成良好之心习，实基于读书焉。自汉以来，经师文士，层出叠进，传世名家，各有独造者，以其读之熟也。且自群经之外，天文历算、地记史志、医药方术，名著如林，非科目所必治，非学校所尝授，而为之者光溢前史。盖读书之习既成，弓冶箕裘，知类通达，故能就其性之所近，锐精赴之也。（例如唐有三史科，宋则无此科目。然宋人史学最精，史部撰著最富，可以为证。）夫汉唐迄清，政法礼乐，远不及古；交通物质，又不逮今。而崛起竞兴，而为名臣名将循吏名贤者，项背相望。其原因固不一，盖必有一总因为此千数百年之中人物所自出。此总因者何？读书也。其读书之法，等于储金，年愈久而利愈厚，相率而支用不穷也。名人杰出者无论，即村塾童稚，家庭妇女，所诵不多，而寸语片言，深入心坎，触事值机，咸悟其用。吾国人多明理，殆基于此。衡其所读，固似远于治生常识及科学工艺之初基，然政治（如曰"政者正也"，及"为政在人"）、经济（如曰"不患寡而患不均，不患贫而患不安"，及"生财有大道，生之者众，为之者疾"诸语）、伦理（如"为人君止于仁，为人臣止于敬，为人父止于慈，为人子止于孝，与国人交止于信"之类）、教育（如"学而时习之，有教无类"之类），种种要言，及历史之经验即所谓历史哲学者，皆储之儿童脑中。自通都大邑，及于边鄙乡村，积千百年之教化，缅缅相承。当时习之者不之觉，今日反之者亦不之察。苟静思之，谓吾国旧教育乃举今日大学校中人文科学之各种原理原则，纳之于儿童教育之中，不亦奇耶？唐仇士良教其徒勿令人主读书，初不料清季以来之言教育者，乃持仇士良之术以对吾四万万之主人翁也。

《通鉴》二百四十七：会昌三年六月癸酉，仇士良以左卫上将军内侍监致仕。其党送归私第，士良教以固权宠之术曰：天子不可令闲，常宜以奢靡娱其耳目，使日新月盛，无暇更及他事，然后吾辈可以得志。慎勿使之读书，亲近儒生。彼见前代兴亡，必知忧惧，则吾辈疏斥矣。其党拜谢而去。

孔门重博学，儒行言强学（夙夜强学以待问）。董仲舒论学，谓事在强勉。

《汉书·董仲舒传》：自非大亡道之世者，天尽欲扶持而安全之，专在强勉而已矣。强勉学问，则闻见博而知益明；强勉行道，则德日进而大有功。此皆可使还至而立有效者也。

颇似前人立教，专强人所难。实则古之教义，最重因材而笃。即读书而论，亦非专举上智以督人。敏睿之资，如锺会、段玉裁者，十三四岁已遍诵群经，此为特出之人，而非定制所望。定制则为中人计，不强以读多书，儿童必读者，盖惟《孝经》《论语》。（汉昭帝年十三通保傅传《孝经》《论语》《尚书》。宣帝年十八，师受《诗》《论语》《孝经》，均著帝纪。可见汉时《孝经》《论语》，为自天子至于庶人所通习。唐试童子科者，十岁以下能通一经及《孝经》《论语》卷诵文十通予出身。国子生习《孝经》《论语》限一年业成。见《唐志》及《六典》。）长而治经，则止限一经或二经。汉之博士，各授一经，守其家法，传其章句，已足为学。唐分大中小经（《礼记》《左氏春秋》为大经，《周易》《毛诗》《周礼》《仪礼》为中经，《尚书》《春秋》《穀梁》《公羊》为小经）。国学生治一大经，即不兼他经，中小经乃使兼习。许、郑、贾、孔诸通儒，俟其自求，非悬格以相强也。明代至清乾隆中叶，试士以经分房，士子各占一经；其通习者，四子书耳。上智不加限制（分经试士时，亦有兼治五经得第者）。群材皆可勉为。前人制事之准情理若是，徒以上智无多，而常人不可不诏以困勉。困勉则可与生知安行者平等，而天下皆无弃材。必待其有兴味而自求，率不免于时过而后学。且于读书纵其惰性，何能期其莅事必矢恒心，讲求教化，其亦深虑及此乎？清初颜元、李塨，有鉴于宋明以来专知读书之弊，欲反之于《周官》三物之教。其实颜、李之学，正由读书得来。真读书者，自知尽己及人物之性。昔之教也偏于尽人，今之教也偏于尽物。由《周官》而通之，讽诵必兼六艺，即知格致亦必读书矣。

任何国族之心习，皆其历史所陶铸，惟所因于天地人物者有殊，故演进各循其轨辙。吾之立国，以农业，以家族，以士大夫之文化，以大一统之国家，与他族以牧猎，以海商，以武士，以教宗，以都市演为各国并立者孔殊。而其探本以为化，亦各有其独至。骤观之，若因循而不进，若陈腐而无当，又若广漠而不得要领；深察之，则其进境实多。（如疆域之推广，种族之镕化，物产之精制，文艺之深造等。）而其本原不二。近世承之宋明，宋明承之汉唐，汉唐承之周秦。其由简而繁或由繁而简者，固由少数圣哲所创垂，要亦经多数人民所选择。此史迁治史，所以必极之于究天人之际也。《大学》曰：物有本末，事有终始。知所先后，则近道矣。又曰：其本乱而末治者否矣。吾之人本主义，即王氏所谓合全国为一道德之团体者。过去之化若斯，未来之望无既。通万方之略，弘尽性之功，所愿与吾明理之民族共勉之。